ハヤカワ文庫 NF
〈NF408〉

ロングテール

「売れない商品」を宝の山に変える新戦略

クリス・アンダーソン
篠森ゆりこ訳

HAYAKAWA NONFICTION

早川書房

7380

THE LONG TAIL

Why the Future of Business Is Selling Less of More

by

Chris Anderson

Translated by
Yuriko Shinomori
Published 2014 in Japan by
HAYAKAWA PUBLISHING, INC.
This book is published in Japan by
direct arrangement with
BROCKMAN, INC.

アンへ

目次

本書の情報は、断わりがない限り原書刊行時の二〇〇八年現在のものです（編集部）。

ロングテール

「売れない商品」を宝の山に変える新戦略

登場する企業・団体・ブランドについて

iTMS（アイチューンズ・ミュージックストア） アイチューンズというソフトを使ったアップルコンピュータの有料音楽配信サービス。二〇〇三年に運営を開始し、現在は音楽だけでなく動画、アプリ、ゲームなども配信している。

アリブリス 古書店を中心に全国の書店とネットワークでつながり、その在庫を表示して販売を仲介するオンライン書店。一九九七年設立。現在は映画と音楽についても似たようなサービスをおこなっている。

イーベイ 中古品を中心とした世界最大のオークション・サイト。一九九五年設立。現在の事業は電子商取引における決済サービス〔PayPal〕、求人や不動産などの掲示板サイト〔kijiji〕、チケットの取引サイト〔StubHub〕など多岐にわたる。

ウォルマート 世界最大の大型量販店チェーン。一九六二年創業。さまざまな店名で世界二七カ国に一万以上の店舗を持つ。日本では西友が子会社になっている。

Xbox マイクロソフトの家庭用ゲーム機。二〇〇一年発売。Xboxライブというオンライン・サービスもおこなっている。

NBC 米国三大ネットワーク（他にCBSとABC）と呼ばれるテレビ放送網の一つ。一九二六年にラジオ放送を、一九三九年にテレビ放送を開始。現在はコムキャストの子会社となったNBCユニバーサルの傘下にある。

MTV　音楽専門のケーブルテレビ局として一九八一年に開局。その後音楽番組はMTV2に移行して、MTVでは主にドラマやリアリティ番組を放送。現在はバイアコムの子会社となったMTVネットワークスの傘下にある。

クリエイティブ・コモンズ　作品の著作権を保持しながらも一定の使用の自由を許諾するライセンスを出している非営利団体。二〇〇一年の設立以来、三〇カ国以上の政府や公的機関でライセンスが利用され、世界的に認知されつつある。

クレイグスリスト　求人や不動産など地域の情報交換が無料でできるコミュニティ・サイト。一九九五年にサンフランシスコで始まり、現在は七〇カ国七〇〇以上の地域でサービスをおこなっている。

シアーズ　大手百貨店。一八九三年にシカゴでシアーズ・ローバックを設立し、カタログによる通信販売で成功。二〇〇五年にKマートと合併し、シアーズ・ホールディングス・コーポレーションを設立。

CDベイビー　インディーズ系ミュージシャンのCDの委託販売をおこなうオンライン・レコード店。一九九八年設立。現在ではオンライン音楽配信もおこなっている。

ティーボ　ハードディスクにテレビ番組を自動録画する家庭用デジタル・ビデオ・レコーダー。予約したものだけでなく、興味のありそうな番組まで録画する。一九九九年発売。

テクノラティ　ブログ検索サイト。二〇〇二年設立。タグで分類したりランキングを出したりする。日本でおこなっていたサービスは、二〇〇九年に閉鎖。

ナップスター　インターネットを通じて個人間で音楽データを交換できるソフト及びシステム。一九九九年設立。著作権侵害で告訴され、二〇〇二年に破綻した。その後買収されて有料で再開したものの、二〇一一年にラプソディと合併して消滅した（ヨーロッパではブランド名がいまだに使われている）。

ネットフリックス　オンライン・ビデオレンタル店。一九九七年設立。月額制で、ネットで注文するとDVDが郵送される。二〇〇七年からストリーミング配信もおこなっている。

バーンズ・アンド・ノーブル　大型書店チェーン。一九一七年創業の書店を一九七一年に買収し、その店名を引き継いだ。全米で約七〇〇店舗を持つ。オンライン書店のBN.comも運営している。

ビッグシャンパン　メディア関連の市場調査会社。二〇〇〇年設立。当初は主にＰ２Ｐのファイル交換ネットワークの動向を追っていたが、現在ではそれを含めたさまざまなデータをもとに音楽、映画、テレビ番組の人気度を測っている。
ビットトレント　インターネットを通じて不特定多数の人々が情報を共有し、高速でダウンロードできるシステムのプロトコル及びそれを用いたソフト。二〇〇一年開発。大容量のファイルを快適にダウンロードできるため人気となり、現在では月に一億七〇〇〇万人以上のユーザーに利用されている。
ブロックバスター　大型ビデオレンタル店チェーン。一九八五年創業。二〇一〇年に破綻し、翌年ディッシュ・ネットワークに買収された。その後アメリカ国内の全店舗（フランチャイズ加盟店は除く）を閉鎖したが、現在でもストリーミング配信は続けている。
ベスト・バイ　おもに家電、パソコン、カメラなどを扱う大型量販店チェーン。一九六六年創業。カナダやメキシコなど国外にも進出し、現在では年間売上が四〇億ドルを超える。
ホール・フーズ・マーケット　オーガニック食品やグルメ食品を中心とする自然食品スーパーマーケット・チェーン。一九八〇年創業。現在はカナダやイギリスなど三六〇以上の店舗を持つ。
マイスペース　ソーシャル・ネットワーキング・サービス。誰でもプロフィールや音楽ファイルなどを公開でき、アクセスできる。二〇〇三年設立。フェイスブックの台頭によって二〇〇八年頃から利用者数が減少し、現在は約一〇〇〇万人。
ラプソディ　オンライン定額制音楽配信サービス。二〇〇一年設立。リッスン・コムの所有だったが、リアルネットワークスに買収され、その後完全に独立。モバイルアプリの提供を始めてからはスマートフォンで聴く利用者が増えている。
ランチキャスト　オンライン無料音楽配信サービス（一部有料）。聴き手の好みに合わせて自動的に選曲する。一九九九年設立。ランチメディアからヤフーが買収し、その後 Yahoo! Music Radio に改名した。現在はアイハートラジオと提携しているが、サービスは廃止された。
ルル・コム　自費出版の代行サービスをおこなうサイト。二〇〇二年設立。作品をオンデマンド印刷で出版し、オンラインで販売する手助けをする。現在、六カ国語に対応。

（二〇一四年五月現在の概況）

はじめに

いまいちばんの売れ筋は何か、国中が追いかけている。文化はヒット競争の巨大スタジアムだ。僕らはヒット商品をつくり、選び、語り、トレンドに振り回され、すっかり消耗している。

週末にはヒット映画が集客力を競い合い、木曜夜にはテレビ番組が翌週への生き残りをかけた生存競争にさらされる。またラジオは数少ないヒット曲ばかり繰り返し流す。その間もこうしたエンタテインメント産業の幹部たちは、血眼になって次のヒット作を求めつづけている。

これがヒットの世界だ。ここ半世紀の間、大ヒット映画やゴールドディスク、二桁のテレビ視聴率などに支えられて、巨大メディアやエンタテインメント産業はみるみる膨れあがった。当然僕たちはヒットを通して文化を眺めるようになった。時代は人気女優や大量生産品によって定義され、ヒット商品はみんなの共通の思い出をつなぐ機能を持つ。ハリウッドが八〇年前にはじめた。スターを生むシステムは、いまや靴から人気シェフにいたるまで商業活動の隅々に行き渡っている。そのトレンドをメディアがどこまでも追いかけていく。つまり、すべてがヒットを中心に回っている。

でも現状をちょっと観察すれば、戦後のラジオとテレビ放送時代にはじまったヒットの構造が、いまや端から崩れつつあるのがわかる。ヒットはもう威力を失ってきた。いちばん売れる商品はあい変わらずいちばんだけれど、販売数が減っている。

歴代の販売ランキング上位五〇枚のアルバムＣＤ[1]は、大半が一九七〇年代から八〇年代の作品だ（イーグルスやマイケル・ジャクソンなど）。二〇〇〇年を過ぎてからつくられたものは一つもない。また映画人口は増えても映画館まで出かける観客は減っているのが現実で、ハリウッド映画の興行収入の下落率は二〇〇五年には六％を超えた。ＮＢＣやＣＢＳのようなテレビ放送網は、年々ニッチなケーブルテレビ局に多くの視聴者を奪われている[2]。特に広告主が狙う一八歳から三四歳の男性視聴者は、いっせいにテレビを消してインターネットやビデオゲームのほうに向かいはじめた。人気テレビ番組の視聴率もここ数十年下がりつづけており、いまいちばん人気の番組でも視聴率では一九七〇年の一〇位の番組に及ばないだろう。

要するに、ヒット作はいまだに注目の的ではあるけれど、もう昔のような富は生まないということだ。気まぐれな消費者たちが向かう先はどこなのか。それは一カ所ではないだろう。大市場がさまざまなニッチ市場に分裂し、その中へ消費者は拡散していく。唯一の大きな成長分野はインターネットだが、これは無数の場を包みこむ広大な海のようなもので、それぞれの場がそれぞれに、これまでのメディアやマーケティングの論理に従うことを拒む。

未来の市場の姿

僕は、大衆文化の時代（七〇年代〜八〇年代）の真っ只中で青春期を過ごした。当時、普通のティーンエイジャーが観ることのできるテレビのチャンネル数は六つで、みんなが同じ数の番組から好きなものを選んで観ていた。それからどの町にもロック専門のラジオ局が三つ四つあって、みんなの聴く曲目はほぼそれで決定されていた。数少ない幸運なお金持ちの子だけがレコードを収集し、みんなより進んでいた。全員が映画館で同じ夏休み向けのヒット映画を観て、同じ新聞や放送でニュースを知る。主流をはずれたものを楽しめる所は図書館とコミック書店ぐらいしかない。憶えているかぎり、大衆文化以外で僕が触れたものは友達か自分がつくったもの、もしくは本だけだ。自宅の庭より外にはどこへも出られないような感じだった。

そんな若い頃の僕と、インターネットで育った一六歳のベンを比べてみよう。ベンはカリフォルニア州バークレー市北部にある高台の高級住宅地に住む裕福な両親の一人っ子だ。自分の部屋にマックを持ち、iPod《アイポッド》をアイチューンズ・ミュージックストア［iTunes Music Store、以下：iTMS］のアローアンスアカウントを使って満タンにし、同じ製品を持つ仲間と遊ぶ。友達同様、ベンもブロードバンド、携帯電話、MP3、ティーボ、オンライン・ショッピングのない世界を知らない。こうした手段を使えるから、メジャーなものからアングラの末端にいたるまで、あらゆる文化や情報が誰の選別も受けず無制限に手に入る。

ベンは、僕とは違う世界で大人になろうとしている。旧来のメディアやエンタテインメント産業の支配をあまり受けない世界だ。これからこの本に書かれていることがぴんと来なかったら、ベンを頭に思い浮かべてほしい。ベンの現実は僕らの未来の最先端だ。彼の目にうつる文化は、高尚なものから低俗なものまで全体が切れ目なく連続している。商業コンテンツにもアマチュアのコンテンツにも同じように注目し、メジャーなヒットとアングラなニッチを区別しない。無限にあるメニューの中に、ビデオゲームのプレイヤーがつくるスタント画像とハリウッド映画が肩を並べ、そこから彼は純粋に好きなものを選ぶ。

ベンは、普通のテレビは週に二時間ぐらいしか観ない。ほとんどが『ザ・ホワイトハウス』（もちろん録画して後で観る）と、打ち切りになったがティーボにためておいた宇宙ものの連続ドラマ『ファイヤーフライ』だ。アニメもテレビのうちに入るが、これは日本のテレビでまず放映されるのでP2P《ピアツーピア》ファイル交換ソフトのビットトレントでダウンロードして観ている（ファンの手で英語の字幕が入っていることが多い）。

でも、こと映画となると彼はSFのファンで、かなり主流派だ。『マトリックス』のときもそうだったが、『スターウォーズ』の新作にも熱を上げている。でもアマチュアのつくったマシニマ（ビデオゲームのキャラクターを動かしてつくった映画のことだ）のような作品もダウンロードして観る。ファンによるアマチュア映画『スターウォーズ・レベレーションズ』の特殊効果はルーカスのオリジナル作品に見劣りしないほどだが、そういうインディーズ系の作品も好きだ。

ベンのiPodにはiTMSからダウンロードした曲も入っているけれど、ほとんどは友達からもらった曲だ。仲間の一人がCDを買うと、たいてい他のみんなのためにコピーをつくる。ベンの好みは主にクラシック・ロック（レッド・ツェッペリンやピンク・フロイド）で、ビデオゲームのサウンドトラックも少し聴く。ラジオは両親が車でNPR（ナショナル・パブリック・ラジオ）をつけるときしか聴かない。

ベンは小説の『スターウォーズ』から日本のマンガまで読むが、ウェブコミックで読むことも多い。数人の友達と一緒に日本のサブカルチャーにはまっていて、学校では日本語を学んでいる。僕が学生だった頃、日本語を勉強するのは日本が経済大国で日本語能力が就職に有利だったからだ。いまの学生が日本語を勉強するのは、自分でアニメの字幕をつくりたいからか、すでに翻訳されたメジャーなマンガだけではなく、もっといろいろ楽しみたいからだ。

ベンは暇さえあればインターネットをやっている。ネット・サーフィンしたり、ゲームソフトの『ヘイロー』や『スターウォーズ』のユーザーフォーラムに参加したりしている。ニュースには興味がない――新聞も読まないしテレビのニュース番組も観ない――けれど、スラッシュドット［Slashdot］（オタクのニュースが読める）やファーク・コム［Fark.com］

（ヘンなニュースが読める）というサイトで、先端のテクノロジーやサブカルチャーについてのチャットを読む。また親しい友達一〇人ぐらいを相手に日がな一日インスタント・メッセージのやりとりをしている。あまり携帯メールは使わないが、使っている友達を持つ（携帯メールはよく外で動き回る人に好まれる。いっぽうインスタント・メッセンジャー（IM）は自室で過ごすことが多い人が好むチャット・チャンネルだ）。友達とビデオゲームで遊ぶときはたいていオンラインだ。『ヘイロー2』は、ユーザーがマップをつくれたりするところがすごくいい、と彼は思っている。

もし二五年遅く生まれていたら、僕の一〇代もこうだったろうと思う。ベンと僕の青春を大きく分けたのは選択肢《チョイス》だ。僕の選択肢は電波で放送されるものにかぎられていたが、彼にはインターネットがある。僕にはティーボが（いやケーブルテレビすら）なかったけれど、彼はそれどころかビットトレントだって使える。僕は日本のマンガみたいなものの存在すら知らなかったし、手に入れる方法ときたらもっとわからなかった。でもベンはそのすべてにアクセスできる。もしも僕がネット上で友達とゲームの『ワールド・オブ・ウォークラフト』で遊べたとしたら、ドラマ『ギリガン君SOS』の再放送を観たかどうかは疑問だ。

テレビ番組がいまより七〇年代に人気があったのは、そっちのほうがいい作品だったからじゃなく、観られる作品が他にほとんどなかったからだ。概ね文化に勢いを与えていたのは、ハリウッドの優れた才能というよりも、大衆を操作する放送の影響力のほうである。

放送のすごいところは、一つの番組を何百万人もの人々に効率的に届けられることだ。ただし逆——一〇〇万の番組を一人一人に届ける——は不可能。ところがインターネットがそれを可能にした。放送時代の経済性は多くの視聴者を逃さないようヒット作品——全員を入れる大きな箱——を必要とするが、その公式が根本からひっくり返った。インターネットという一対一のコミュニケーションに合わせた優れた配信ネットワークからすれば、同時に数百万人に同じものを送る放送のやり方は莫大なコストがかかって無駄である。

文化を席捲する大きな箱への需要はまだあるけれど、唯一の市場ではなくなった。ヒット市場はいまやあらゆる大きさの無数のニッチ市場と競い合い、消費者はもっとも選択肢の多い所にますます引きつけられている。「全員にフリーサイズ」時代は終わりを告げ、新しい傾向が見えてきた。マルチ市場だ。

これが本書のテーマだ。

主流の一枚岩が割れて、厖大な数の小さなかけらに散っていくというので、旧来のメディアとエンタテインメント産業はひどくあたふたしている。幹部たちはヒット作をつくり、仕掛け、売りこむ技術を何十年と磨いてきたのに、突然ヒット作だけではやっていけなくなった。視聴者はどこか別のものへと向かっている。でたらめに増えつづけてまだもやもやしているこの……、ヒットしなかった作品群を指すうまい言葉がない。もともと大当たりなんか狙っちゃいないんだから「失敗作」と呼べないのはわかっている。「その他大勢」だろうか。

このカテゴリーが見過ごされるなんておかしい。圧倒的多数の話なんだから。そのほとんどはヒット映画じゃないし、人気ランキングに入る曲じゃないし、ベストセラーでもない。

またほとんどのテレビ番組はゴールデンタイムの番組みたいな集金力がないのはもちろん、ニールセン・メディア・リサーチで視聴率調査すらされない。でもそれはヒット作と見なされないので数に入らなかっただけであり、実は世界中で何百万という視聴者がその多くを観ている。

この「その他大勢」こそ、これまでメディアに従順だった大衆市場が分散していくところだ。数少ないヒット作品が大事であとはどうでもいい、そんな単純な図式が、多数のミニ市場とミニ・スターでできた複雑なモザイク模様に変わりつつある。ますます大衆市場はニッチの集合体になっていく。

ニッチの市場は昔からあることはあったが、いまや文化的にも経済的にもあなどれない大きな力となって躍り出てきた。ニッチ商品を手に入れる——消費者がニッチを見つけ、ニッチが消費者を見つける——ためのコストが安くなったからだ。

新しいニッチ市場は、これまでのヒット市場にとって代わるのではなく、ただ市場という一つの舞台をはじめて分かちあうのだ。これまで一世紀にわたって、高くつくスクリーンやチャンネルや商品棚、加えて消費者のかぎりある注目量などを最大限生かしきるため、売れ筋以外の商品はふるい落とされてきた。しかし消費者がネットワークで直接つながり、すべてがデジタル化される新時代が来れば、こうした流通の経済性は根っこから変わっていく。インターネットがこれまでよりずっと安いコストで店舗や映画館や放送局の代わりをして、あらゆる産業を呑みこんでいくからだ。

流通コストが下落していく昨今の様子を、潮が遠のいて水位が落ちるさまにたとえることができる。水が引くと新しい地面が姿をあらわすが、その地面はそれまでもずっと存在していて、水面下に隠れていた。同様に、これまで経済的に非効率だったニッチ商品の市場は大いなる未知の領域だった。ニッチ商品はもともとあったのに目につかなかったか、見つけるのが容易ではなかったのである。たとえば近所の映画館に来なかった映画や、地元のロック専門のラジオ局にかからなかった曲や、ウォルマートで売っていなかったスポーツ用品がそうだ。いまならネットフリックス［Netflix］やiＴＭＳやアマゾンがあるし、そこになければグーグルで検索したどこかの店で買えばいい。見えざる市場が、消費者の目に届くようになった。

いっぽうでまったく新しいニッチ商品もある。営利と非営利の領域が重なるところ、つまりプロとアマチュアの境が曖昧な世界に新たな業界が誕生し、そこからニッチ商品が生み出されている。ブログやビデオ製作やガレージ・バンドの世界だ。誰もがあの目覚ましいデジタル配信の経済性のおかげで、自分の客を見つけることができるようになったのだ。

九八パーセントの法則

さて、まずあるクイズのことを話そう。実は、その答えを僕は正しく言えなかった。

テクノロジーのトレンドについて講演をするのは、『ワイアード』の編集者である僕の仕事の一つだ。僕は理科系の仕事からはじめて『エコノミスト』で経済を学んだので、トレンドを知りたいときはまずデータを見る。運よくデータはたっぷりある。イーベイやウォルマートなど、僕たちをとり巻く企業のサーバーの中に二一世紀経済を知る手がかりが隠れているのだ。生の数値データを理解するのはそうたやすいことではないが、企業の幹部たちは毎日そのデータに埋もれているので、重要なことを見抜ける優れた勘を持っている。トレンドをいち早くキャッチするコツは、彼らに訊くことだ。

そういうわけで僕は二〇〇四年一月、デジタル・ジュークボックスの会社イーキャストのCEO（最高経営責任者）ロビー・ヴァンアディベ[3]のオフィスを訪れた。デジタル・ジュークボックスはまさしく普通のジュークボックス——よくバーなどにある、スピーカーと電飾がついた大きな箱——に似ているのだが、CD一〇〇枚が入っているのではなく、ブロードバンドでインターネットに接続されている。ローカルのハードディスクドライブにダウンロードして保存してある無数の曲から、利用者は好きな曲を選べる。

話の途中でヴァンアディベが、ジュークボックスに入っている一万枚のアルバムのうち、三カ月に少なくとも一曲は売れるアルバムは何パーセントだと思うか、と訊いてきた。

もちろん、彼が何かたくらんでいるのは知っていた。八〇対二〇の法則があるので、普通なら答えは二〇パーセントだ。商品の二〇パーセントが売上の八〇パーセントを占める（利益では一〇〇パーセントであることが多い）というこの法則は、経験からして実際どこにでも当てはまる。でもヴァンアディベの場合はデジタル・コンテンツのビジネスだから少し事情が違うかもしれない。そこで僕は間違いを覚悟で、三カ月に少なくとも一曲は売れるアルバムは五〇パーセントだという、とんでもない数字を言ってみた。ちょっと聞くと笑えるほど高い数字だ。

典型的な大型書店の販売ランキング上位一万タイトルの半数は三カ月に一冊も売れないし、ウォルマートの上位一万枚のCDの半数もそうだ。それどころか、そこまで多くのCDをウォルマートは置かない。一万もの在庫から五〇パーセントという高い割合で商品が売れる市場というのは、ちょっと思いつかない。でも僕の感覚だとデジタルの世界はどうも違うようだ。そこで高めの数字に賭けることにした。

ところが言うまでもなく、予想は大きくはずれた。答えは九八パーセントだった。

「驚くだろ。みんな間違えるんだ」ヴァンアディベが言った。彼自身がびっくりしていた。ほとんどのレコード店の在庫をはるかに超えるほど曲数を増やし、その中にニッチとサブカルチャーの世界が食いこんできても、なお売れつづけた。曲数を増やせば増やすほど売れる。ヒット曲以外の曲の需要はまるで際限がないみたいだった。一曲が何度も売れるわけじゃないのは確かだけれど、ほぼすべてが少しは売れていく。そして曲はデータベース内のビットにすぎず、保管と輸送のコストがゼロに近いので、ちょっとしか売れない曲でも次々に加えるようになった。

ニッチ音楽の市場全体が巨大で、事実上限界がないことを発見したヴァンアディベは、それを「九八パーセントの法則」と呼んだ。そして後にこう語ってくれた。「梱包にかかるコストがほぼゼロで、ほぼすべてのコンテンツにすぐアクセスできる世界では、消費者は一貫した行動をとる。つまり商品をほぼ全部見るんだよ。コンテンツ制作側は大きく変わらなきゃいけないと思う。ただどう変わればいいのかが、はっきり見えないんだ」

僕はその疑問の答えを探ることにした。予想を覆したあの数字に、デジタル時代のエンタテインメントの新たな経済性に関する、重要な真実が潜んでいるのを感じたのだ。

供給が無制限にあると、ヒットとニッチの相互関係に対する思いこみは何もかも通用しない。ヒット商品が必要とされるのは、希少性のせいである。つまり、もし商品棚や電波に少ししかスペースがなければ、いちばんよく売れるものだけを並べるのが賢いのであり、そして他に選択肢がないなら、人々はそれしか買わない。でもスペースが無限にあれば、ヒット商品は商売の方向として間違っているかもしれない。なにしろヒットしない商品のほうがヒット商品よりもずっと多いのであり、いまは両方が手に入るのだ。

もし売れない商品――優良ニッチ商品からまったくの失敗作まで――が全部束になって、売れ筋商品の市場より大きいとまではいかなくても、せめて同じぐらいの大きさの市場になったらどうなるか。答えははっきりしている。世界最大級の市場のいくつかが劇的に変わるだろう。

こうして調査プロジェクトに乗り出した僕は、アマゾンやiTMSをはじめとする新しいデジタル・エンタテインメント産業のリーダー全員と会った。するとどこでも同じく、ヒット商品は大きな存在だが、ニッチ商品も新たな大市場として浮上しつつあった。九八パーセントの法則はほぼどこにでも通用していたのである。アップルコンピュータによれば、iTMSの一〇〇万曲（二〇〇八年時点で約二倍）のすべてが少なくとも一度は売れた。インターネットの宅配レンタルビデオ店であるネットフリックスの計算では、二万五〇〇〇枚（同九万枚）のDVDの九五パーセントが少なくとも三カ月に一度は貸し出された。オンライン書店のアマゾンは正確な数字を見せてくれなかったが、独立した書籍販売の学術調査によれば、販売ランキング上位一〇万タイトルのうち、やはり九八パーセントが少なくとも三カ月に一冊は売れた。

あちこちの企業でそんな状況が見られた。利益の点で隅に追いやられがちだったカテゴリーにも需要があったことを知り、それぞれの企業が感心していた。ネットフリックスで英国のテレビシリーズのDVDが驚くほど人気があったり、iTMSで旧作の曲が売れたりする。僕は、文化が本当は何を求めているのか、その真の姿がはじめて見えたのだと思った。希少の経済に影響を受けない姿だ。

でもその姿ははっきり言って実に妙である。並べたものが基本的には全部売れるなんて考えはおかしい。おかしいと感じるのは、通常、三カ月に一度しか売れないもののことは考えないからだ。旧来の小売業者の場合、何がたくさん売れるかは考えるが、ときどきしか売れない商品にはあまり興味を持たない。なぜなら三カ月に一枚しか売れないCDも、一〇〇枚売れるCDとまったく同じ一センチ幅を棚から奪うからだ。そのスペースにコスト――賃貸料、光熱費などの諸経費、人件費など――がかかっている以上、毎月ある程度在庫を回転させてそれをとり返さねばならない。ちょっとしか売れない商品を置くとスペースの無駄遣いになるのだ。

　しかしそのスペースにまったくコストがかからなければ、売れない商品もまた日の目を見ることになる。商品価値が上がるのだ。この読みが、アマゾン、ネットフリックスをはじめ、僕が声をかけた全企業につながるわけだ。どの企業も、旧来の小売業者のやり方が力を失っていくいっぽう、オンライン小売業者の勢いがいいということに気づいていた。ちょっとしか売れない商品はいまだにちょっとしか売れないが、厖大に種類がある。全部を足せばビッグ・ビジネスだ。

　二〇〇四年の前半を通して、僕はこの調査を講演を通じて具体的な形にした。語るたびに理論は発展していく。もともと講演のテーマは「九八パーセントの法則」だったが、その後「新しいエンタテインメント経済の新法則」（いつもはもっといい名前をつけるんだけど）になった。

　その頃にはもうデータを少し手に入れていた。オンライン音楽配信サービスのラプソディ［Rhapsody］が、顧客の利用データを一カ月分僕にくれたのだ。それをグラフにしてみると、これまで見たこともないような曲線になった。

　横軸に商品を人気の高さ順に並べると、グラフは左端で普通の需要曲線のようにはじまる。曲線のもっとも高いあたりでは、少数の商品が厖大な回数、ダウンロードされている。それから人気のない商品へと曲線が急降下する。でもおもしろいことに、その曲線はどこまで行ってても決してゼロにならない。一〇万位の商品までたどっていき、そこでグラフを拡大してみたが、一カ月あたりのダウンロード数はまだ何千とあった。それからそのまま曲線は二〇万、三〇万、四〇万位の商品――どんな店だってここまでたくさんの音楽を置くことはできないだろう――へとつづくが、どこまで行っても需要があるのだ。曲線が消える寸前の最後の商品は一カ月に四、五回しかダウンロードされていなかったが、それでもゼロじゃなかった。

統計学では、そうした曲線のことを「ロングテールド・ディストリビューション（裾の長い分布）」と呼ぶ。曲線の裾《テール》が上部《ヘッド》に比べてとても長いからだ。だから、僕はただ曲線のテールの部分に注目し、それを固有名詞にしただけのことだ。こうして「ロングテール」は生まれた。ロングテールは例の「新法則」のプレゼンテーションの中で、スライド二〇番としてはじめてお目見えした。それから、確かネットフリックスのCEOリード・ヘイスティングスだったと思うが、彼にこの特ダネを埋もれたままにする気かと言われて、確かにそうだと思った僕は、ロングテールを講演だけにとどまらず、自分が編集している雑誌の記事にも登場させることにした。そして二〇〇四年の夏にはその記事をほぼ書き終えた。

そして一〇月、『ワイアード』にロングテールの記事が掲載されると、創刊以来もっとも注目度の高い記事となった。記事の要点は三つだ。①手に入る商品のテールは思ったよりずっと長い。②経済的に、テールの商品にも手が届くようになった。③全部足せばニッチは重要な市場になりうる。どれも異論の余地はなかったようだ。なにしろそれまで表に出てこなかったデータの裏づけがある。

テールはあちこちにあった

記事の反響は圧倒的だったが、とりわけさまざまな業界が強い反応を示したことに僕はふるいたった。記事はそもそもエンタテインメントとメディア産業の新経済分析として生まれたもので、僕はただちょっとだけ手を広げて、（中古品販売の）イーベイや（小さい広告を載せる）グーグルのような会社もロングテール・ビジネスだとついでに書いただけだった。ところが読者はロングテールの存在を、政治や広報活動から楽譜や大学スポーツにいたるまで、あらゆるところに見出したのである。

流通、製造、マーケティングの新たな効率性が、商売として成り立つものの定義を一律に変えつつある。それを人々は直観的に感じとっていた。わかりやすく言えば、新たな効率性が、利益をもたらさない顧客や商品や市場を、利益を生むものに変えつつあるということだ。この現象はエンタテインメントとメディア産業でもっとも顕著だが、イーベイなんかにしてみれば車から手芸用品までもっと幅広く起きていることなのである。

おおまかに見れば、明らかにロングテールというのは潤沢の経済の話なのだ。文化の需要と供給の間にあるボトルネック（システムの性能を下げる原因となっている部分）が消え、みんなにすべてが手に入るようになったときに起こることだ。

ではロングテール経済に適さない商品カテゴリーはどれか。僕はよくそう訊かれるので、それは多様性が求められていない画一的な商品、たとえば小麦粉だと答えていた。小麦粉といえばスーパーマーケットで「小麦粉」と書いた大きな袋で売っているものだと思いこんでいた。でもその後、たまたま地元の食料品スーパーのホール・フーズに寄ったとき、それが間違いだったことに気づいた。全粒やオーガニックのような基本的なものから、アマランスやブルーコーンミールのような外来の代替商品まで、二〇種類を超える小麦関連商品が最近のスーパーには並んでいる。驚いたことに、すでに小麦粉にもロングテールがあったのだ。

潤沢になるにつれ、他者と異なる小さなこだわりをあれこれ持った僕たちの選り好みはかなえられ、有名ブランドの（ときには無名ブランドの）商品を買っていたセール好きの客たちもちょっとした通になっていく。というわけで僕らはいま、いろいろ新しい消費者行動をとっているのだが、それはわざと自家撞着したこんな言葉で呼ばれたりする。「マスクルーシビティー」（大衆向け商品を厳選して顧客の満足度を高めること）、「スリバーキャスティング」（かぎられた人々にだけ配信すること）、「マス・カスタマイゼーション」（大量生産品を個人の特別仕様にすること）。どれもが同じ方向を指している。ロングテールだ。

二一世紀の経済を予測する

本書は経済研究プロジェクトであり、スタンフォード大学、マサチューセッツ工科大学、ハーバード大学の経営大学院に所属する教授や学生たちの助力に支えられている。また一〇〇を超える講演、ブレーンストーミングのための会合、ロングテールが世界を変えつつあると見抜いている企業や業界団体への訪問などが実を結んだ結果でもある。メガバイト級の内部データを見せてくれた多くの企業の幹部たちとの共同研究と言ってもいいだろう。彼らはインターネット時代の市場で育ちつつあるミクロ経済のまったく新しい見方を示してくれた。

世界中のグーグル、アマゾン、ネットフリックス、iTMSのような企業のデータベース内に、すでに二一世紀経済の輪郭がはっきり見えているのだからわくわくしてしまう。彼らのユーザーの行動に関するテラバイト級に厖大なデータの中に、無限の選択肢が存在する市場で消費者がどう行動するか、その手がかりが潜んでいる。つい最近までこの問題は見過ごされがちだったが、もう理解しておかなければならない時期だ。

驚くべきことだが、ほとんどの経済学者はこうしたデータを見ていない。たいていは見せてくれと頼んだことがないという理由からだ（僕が関わった研究者はおもに経営大学院に所属し、そのうち経済学者はほんの数名だ）。例外もいる――カリフォルニア大学バークレー校の経済学者ハル・ヴァリアンはグーグルに非常勤で雇われているし、オークション理論の経済学者たちは当然ながらイーベイがお好きだ――が、珍しい。この本に出てくるデータには、一度も外部に露出したことがないものもあるのだ。

未知なる航海へと乗り出した僕は、各方面の専門家に多くの助力を頼んだ。また実験的に、ややこしい概念や表現の問題についてはブログ（thelongtail.com）で公開しながらとり組んだ。通常の作業プロセスは次の通り。たとえば八〇対二〇の法則がどう変わりつつあるか説明する努力をある程度したら、それをブログに書く。するとそれを読んだ頭のいい人たちが、コメントやメールやトラックバックを通じて改善のための提案をしてくれる。このくそまじめな公開ブレーンストーミングは、なぜか一日平均五〇〇〇件を超えるアクセスを集めるにいたった。

ソフトウェアの開発者は、マニアックなユーザーに対して初期バージョン（ベータ版）のソースコードを発表する。プログラムをいち早く見られる特権と引き換えに、ユーザーは自分のパソコンを使って独自にテストをし、開発者が見落としたエラーを発見する。このようなベータ・テストは、しっかりしたソフトのアプリケーションをつくるうえで重要だ。僕は、それと同じプロセス──アイディアの多くを公開で負荷テストにかける──によって本書がもっといい本になることを望んでいた。少なくともまっとうな本になるように、と。

ここでアイディアを公開してベータ・テストすることと、本の内容を公開しながら書くこととの違いについて触れておかねばならない。多くの人が後者をやろうとしてきた──一部の下書きをインターネットに投稿したり、ときには多くの人に手を入れてもらえるよう原稿を開放したり──けれど、僕はブログをおもに研究の公開日誌として使うほうを選ぶ。実際の本書の執筆、つまりこれからめくるページに書かれている文章のほとんどは、オフラインで書いた。

最後にもう一つ。誰が生みの親かという話をしておこう。「ロングテール」という言葉は僕がつくった。でも、オンライン小売業者が効率的な経済性でもって大量の売れない商品の在庫を統合する、というコンセプトをつくったのは自分だと主張するわけにはいかない。主張できるのはアマゾンのジェフ・ベゾスだろう（一九九四年頃のことだ）。ベゾスや、ネットフリックスやラプソディの創業者など、長年オンライン小売業に携わってきた人たちとの会話から、僕はほとんどのことを学んだのである。

その点、彼ら創業者たちは真の発明家だ。僕がしようとしたことは、その結果を一つの枠組みにまとめることだ。もちろんそれが経済学というものであって、経済学は現実世界の現象をあらわす、わかりやすく整理された枠組みを見つけようとする。そして確かに枠組みを思いつくこと自体は進歩だけれど、最初にその現象を発見してとり組んだ人たちの本物の発明の前では、色あせて見える。

第1章　ロングテール——大衆市場から無数のニッチ市場へ

一九八八年、ジョー・シンプソンという英国の登山家が『死のクレバス——アンデス氷壁の遭難』（岩波現代文庫、中村輝子訳、二〇〇〇年）という本を書いた。ペルーのアンデス山脈で死にかけたときの手に汗握る体験を綴ったノンフィクションで、本の評判はよかったがそこそこの売れ行きにとどまり、やがて忘れ去られた。それから一〇年後、不思議な現象が起こった。ジョン・クラカワーの『空へ——エヴェレストの悲劇はなぜ起きたか』（文春文庫、海津正彦訳、二〇〇〇年）という、これまた登山の過酷さを描いた本が出版されて話題をさらうと、『死のクレバス』が再び売れ出したのである。

書店は『死のクレバス』を『空へ』の隣に並べはじめ、その後も『死のクレバス』の販売部数は伸びつづけた。そして二〇〇四年初頭にIFCフィルムズがこの本をもとにしたドキュメンタリードラマを製作して好評を得ると、すぐに出版社のハーパーコリンズが改訂版のペーパーバックを出した。するとそれが『ニューヨークタイムズ』のベストセラー・リストに一四週間入り、結果として同じ年の中頃までに『死のクレバス』は『空へ』の倍以上売れていたのである。

さて何が起こったのだろうか。インターネット版口コミ効果だ。まず『空へ』が出版されたとき、少数の読者がアマゾンのサイトに『空へ』の書評《レビュー》を書きこんだ。その際、当時無名の『死のクレバス』は『空へ』と共通点があり、しかもすばらしい作品だとべたぼめした。そこでそれを読んだ他の人々が『死のクレバス』をチェックし、ショッピングカート（購入リスト）に入れる。するとすぐさまアマゾンのソフトがその購入パターンに気づき——「『空へ』を買った人は『死のクレバス』も買っています」——二冊をセットにして推薦しはじめる。人々はそのすすめに従い本を読んで、本当にいい本だったと納得し、レビューにもっと熱心な賛辞を書きこむ。このようにして売れれば売れるほどアマゾンのソフトにあおられて推薦が増える。販売部数を伸ばすいい循環（正のフィードバック・ループを指す）がはじまったわけだ。

注目すべきなのは、『空へ』が発売されたとき『死のクレバス』がほとんど絶版状態だったことだ。これが一〇年前だったら、『空へ』の読者は『死のクレバス』を知らずに終わっただろう。たとえ知ったにせよ本を見つけられなかったのではないか。そこに突破口を開いたのはオンライン書店だ。トレンドや巷の評判などリアルタイムの情報を、無限の商品棚に並ぶ厖大な数の本一冊一冊に反映させ、あの『死のクレバス』現象を生み出した。結果的に、無名の本の需要を高めたことになる。

これはオンライン書店には強みがあるというだけの話ではない。メディアとエンタテインメント産業でめきめき頭角をあらわしはじめた、まったく新しい経済モデルの一例だ。商品の選択肢を厖大に増やして――ネットフリックスのDVDやiTMSの音楽など――サービスを繰り返すうちに、消費者が本当は何を求めているのか、それをどう手に入れたいのかが見えてきた。

インターネットでは選択肢が実に多く、ビデオレンタル店のブロックバスターやタワーレコードに置いてある量をはるかに超えている。人々は商品をどんどん見ていき、新しい発見をすればするほど欲しい物が増える。やがて他の人たちが注目する主流商品からそれたところへ行くと、自分の趣味が思ったほど（選択肢不足や宣伝やヒット中心主義文化によって信じこまされていたほど）主流派ではないことにも気づく。

新しいデジタル・エンタテインメント経済は、今日の大衆市場とはまったく異なるものになっていく。それはこうしたオンライン・サービスの販売データやトレンドが示している。二〇世紀のエンタテインメント産業がヒットで成り立っていたなら、二一世紀にはニッチで成り立つようになるだろう。

実に長い間、僕たちは大衆の最低水準に合わせた商品を押しつけられても堪え忍んできた。夏休み向けのくだらないヒット映画や安っぽいポピュラー音楽にも甘んじてきた。それが経済だからだ。でもそこで前提とされている普通感覚というものは、たいてい実は誰かが創作したものであって需要と供給の掛け違い――市場が非効率な流通に反応した結果だ――から来ている。問題と言っていいのかわからないが、とにかくその主な問題点は僕らが物理的な世界に生きていて、しかもつい最近まで大半のエンタテインメント・メディアもそうだったということだ。物理の法則はエンタテインメントに致命的な限界を強いるのである。

地域限定という制約

旧来の店舗型小売業者の問題点は、店舗周辺の地域内だけで顧客を見出す必要があることだ。平均的な映画館では、二週間で少なくとも一五〇〇人を集客できる映画しか上映しない。それ以下ではスクリーンの賃貸料のもとをとれないからだ。また普通のレコード店ではCD一タイトルを一年に最低四枚は売らないと、店頭に置く意味がなくなる。それが商品棚一センチ分の賃貸料だからだ。ビデオレンタル店、ゲームソフト店、書店、駅の売店でも同じことだ。

どんな店舗でも、維持にかかるコストを回収できるコンテンツしか置かない。しかし地元の客の人口はかぎられている――たぶん普通の映画館なら半径一五キロ以内で、音楽や書店はもっと狭く、ビデオレンタル店はさらにずっと狭くなる（ほんの二、三キロだ）。だから優れたドキュメンタリー映画でも、国内に観客が五〇万人潜在するというだけではだめで、メリーランド州ロックビル市北部に何人いるか、カリフォルニア州ウォルナット・クリーク市にどのくらいいるかが焦点となる。

多くの熱狂的ファンを獲得する可能性がありながら、店舗型小売業者のそうした基準を超えられない優れた作品はごまんとある。たとえば『ベルヴィル・ランデブー』は批評家から高い評価を受け、二〇〇四年のアカデミー賞長篇アニメーション映画部門にノミネートされたが、公開時上映していたのは全米でたった六カ所だ。もっと驚くのはアメリカでボリウッド映画が苦戦していることだ。インドの映画産業は毎年八〇〇点を超える長篇映画を製作しており、しかもアメリカに住むインド人は推定で一七〇万人もいる。ところがヒンズー語の一流映画『ラガーン』はその年アメリカで配給にこぎつけた、ほんの一握りのインド映画の一つだ。しかも『ラガーン』が上映されたスクリーンは、全米で二つしかない。地理に支配される世界では、ぱらぱらと分散した観客は、いないも同じになってしまうのである。

もう一つの物理的制約は物理の性質そのものだ。無線周波スペクトルを利用できるのは決まった数のラジオ局だけだし、同軸ケーブルを利用できるのもかぎられたテレビ局のみ。そしてもちろん番組にも一日二四時間という制約がある。放送技術の弱点は、ふんだんに使わねばならない資源がかぎられていることだ。やはり結果として、その地域にいる幾多の視聴者を十把一絡げにせねばならない。この高いハードルを越えるため、本当はもっと多いはずのコンテンツのほんの一部しか提供できないのである。

前世紀、エンタテインメント産業はこうした制約を解決するため安易な手を使った。ヒット作を出すことだけに集中したのだ。なんといってもヒット映画は映画館で上映され、ヒット商品はどんどん売れ、人気番組は視聴者を引きつけておける。それは本質的には悪いことではない。社会学者は、ヒット作は人間の心理に組みこまれている——社会順応性と口コミが組み合わさった結果だ——と言うだろう。確かにたくさんのヒット作が重要な地位を占めている。ノリのいい曲や元気になれる映画や刺激的な本は、多くの人々の目を引きつけられる。

でも、ほとんどの人はヒット作以上のものを求めている。みんなの嗜好は主流から離れ、どこかへ向かいつつある。新しい選択肢を開拓すればするほど、その世界にすっかりはまってしまう。ただここ数十年は不運にも、産業界が切実に求めてつくった、誇張して売りこむようなマーケティング手段によって、売れない選択肢が脇へ押しやられてきたのである。

後でもっと突っこんで話すが、ヒット主導型の経済は、すべての人にすべてのものを提供する余裕がない時代の申し子にすぎない。この時代には、すべてのCDやビデオゲームを並べられるスペースはないし、すべての映画を上映できるスクリーンもないし、すべてのテレビ番組を放送できるチャンネルもないし、すべての音楽を流せる電波もない。それにこれらのどこであれ、すべてを詰めこむには一日に二四時間では足りない。

まさに希少の世界だ。でもいまやインターネットの流通と小売によって、潤沢の世界がやってきた。この違いは計り知れない。

市場から限界がなくなる

潤沢の世界をもっとよく見てみることにしよう。たとえばオンライン音楽配信サービスの

ラプソディにおける曲のダウンロード数（ウォルマートの在庫に等しい曲数を示す）

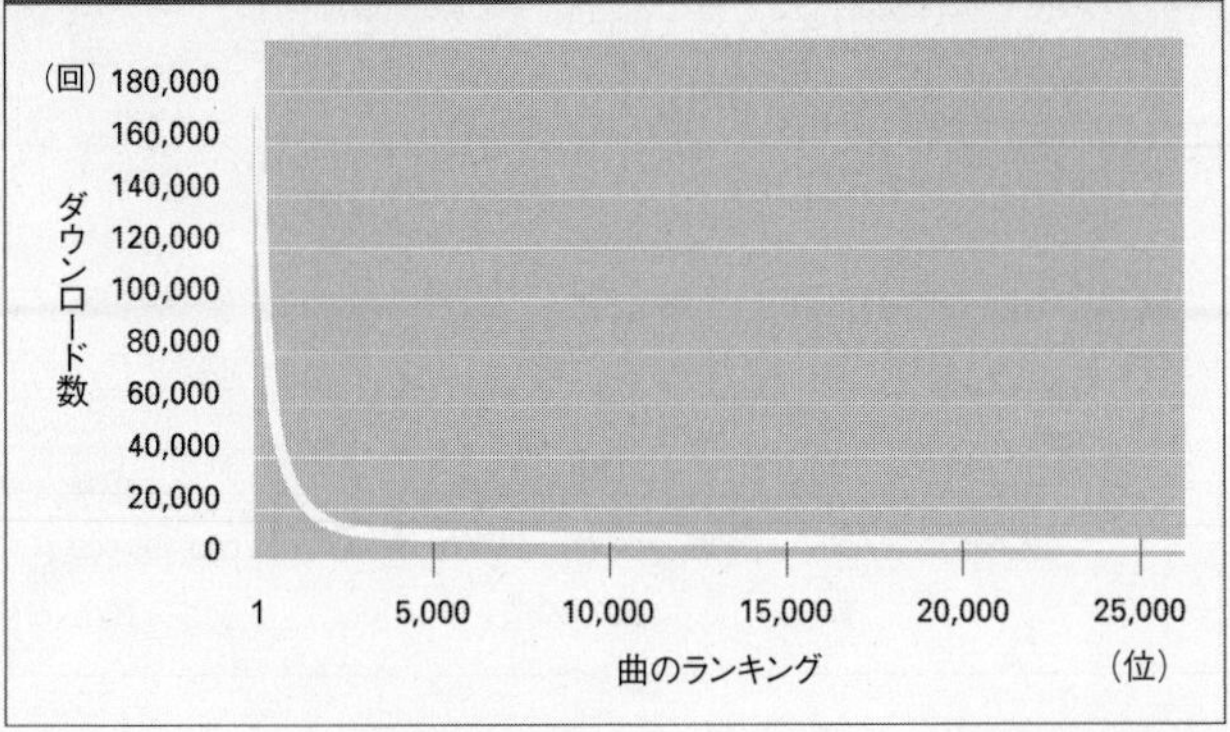

ラプソディだ。これはリアルネットワークス傘下の登録制ストリーミングサービスで、現在四〇〇万を超える曲を提供している。

ラプソディの月ごとの統計値をグラフにすると、ほかのレコード店とよく似た曲線が得られる。上位の曲に人気が大きく集中し、人気のない曲へテールが一気に落ちていく。上のグラフは、二〇〇五年一二月にラプソディでダウンロードされたランキング上位二万五〇〇〇曲をあらわしたものだ。

まず気がつくのは、左側の少数の曲ですべての商売が成り立っているように見えるということだ。それがヒット曲というものなので驚くには当たらない。もしレコード店を経営していてかぎられたスペースしかなかったら、当然どこで曲を切り捨てるか考えるだろうし、やはり上位のところで切るだろう。

全タイトルを集めれば何百万曲にもなるのに、大型量販店チェーンでアメリカ最大の音楽小売業者でもあるウォルマートは、在庫をかなりヘッドに近い

テールの先に進んでいくと……（25,000－100,000位）

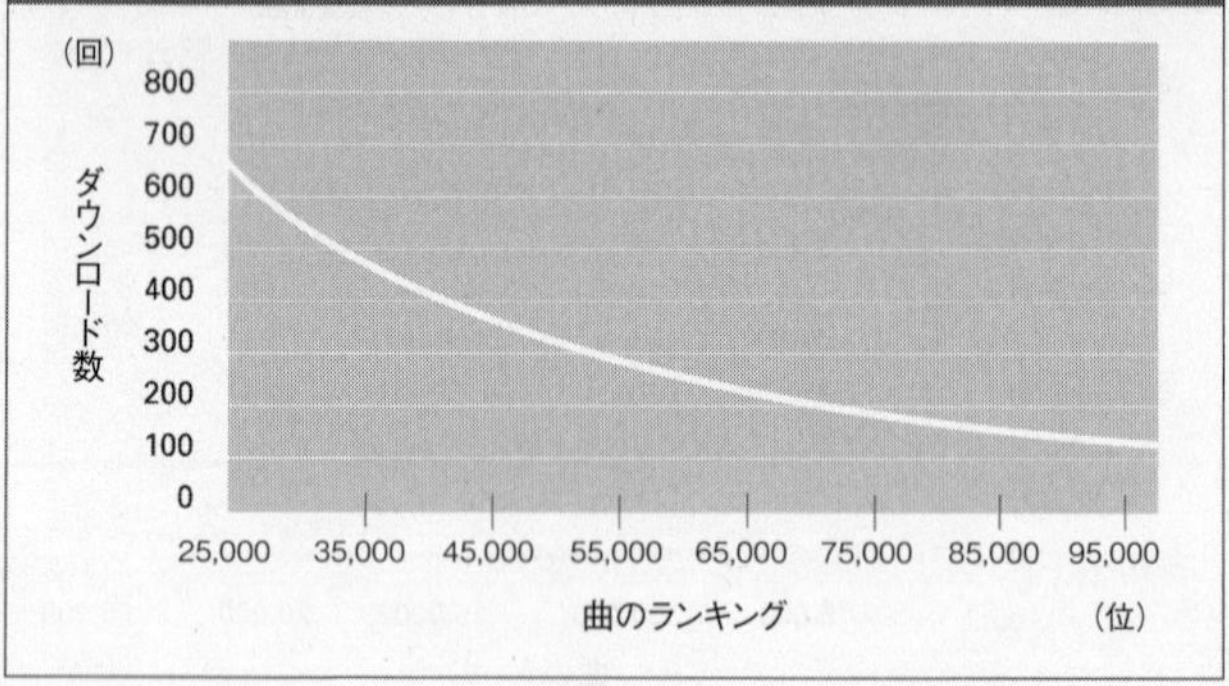

ところで切り捨て、店頭には約四五〇〇タイトルのCDしか置かない。ラプソディの上位二万五〇〇〇曲は、ウォルマートの四五〇〇タイトルのCDと等価なので、グラフの右端はとりあえずそこまでにしてある。[4]だからこれはウォルマートの在庫グラフでもあり、上位二〇〇タイトルが販売数の九〇パーセントを超える。

確かにヒット曲が市場のシェアの大半を占めている以上、そこに照準を合わせるのは理にかなったことだ。上位五〇〇〇曲や一万曲より下になると、販売数はゼロに近い。わざわざこんな底辺のダメ作品にかかずらうこともないだろう。これが前世紀の市場に対する考え方だった。どの小売業者も経済的許容水準を持っていて、店に置く商品をどこかで切り捨てる。必要なだけ売れそうなものが置かれ、売れそうにないものは置かない。ヒット主導型の文化では、曲線の左部分に神経を集中させ、何が当たるか予測することで成功する。

でもちょっと気分を変えて違った行動をとってみよう。ここ一世紀の間、曲線の左側ばかり見つめてきた

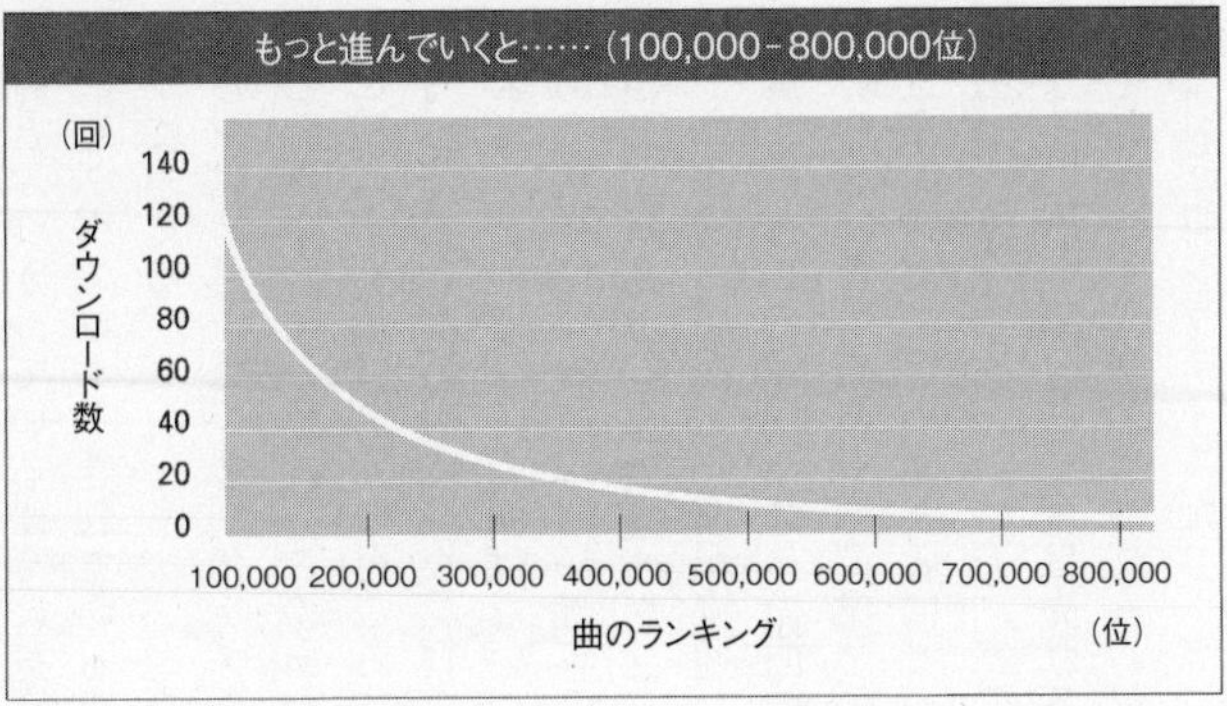

けれど、右側を向くのだ。とまどうのもわかる。右には何もなさそうだから。でも実はそうじゃないのだ。先ほどのグラフをじっくり眺めてほしい。もっと近づいて見れば、二つのことがわかる。

まず一つめ。曲線はゼロにならない。ゼロのように見えるのは、ヒット作の販売数が大きすぎて縦軸の一目盛が小さくなっているからだ。ではニッチの実態をさらにつかむため、売れ筋にはグラフから完全に消えてもらって、曲線をもっと拡大してみよう。二つめのグラフは、前のグラフの後に続く二万五〇〇〇位から一〇万位までの曲線だ。曲線が横軸にくっつかないように、縦軸の一目盛りを広げた。見ればわかる通り、曲のダウンロードの回数はまだまだあるなどれないほどある。このあたりはたいした需要がないとずっと思われていたが、一カ月平均二五〇回ダウンロードされているのだ。ところで、売れない曲は各販売数が少ないものの、わんさとあるので合わせれば一気にたいした数になる。これが二つめのポイントだ。遠くからだと横軸とぶつかっているように見える曲線の下にある曲すべてを足すと、実は月に約二二〇〇万回もダウンロードされている計算になるのであり、これはラプソディの総事業のほぼ四分の一に当たる。

いや、まだまだ。再びグラフを拡大し、さらに右へと突き進もう。テールの先っぽにある一〇万から八〇万位だ。このあたりの曲はよほどの専門店でないと見つからない。

ご覧のように、こんなところまで来てもまだゼロにならない。実にこのグラフの曲線だけで月に一六〇〇万ものダウンロード数になり、これは全体の一五パーセントを超える。もちろんどれ一つとして人気はないのだが、あまりにもたくさんあるため、合わせればかなり価値ある市場になる。二〇〇五年のラプソディの在庫は一五〇万曲ほどだったが、現在では四〇〇万を超える（非公式のP2P《ピアツーピア》ファイル交換ネットワーク（インターネットを通じて不特定多数の人々と情報を共有できるシステム）では、九〇〇〇万を超える曲が流通している）。

驚くべきことは、これらの曲のすべてが実際に売れているということだ。ウォルマートのような店にとって、音楽産業というのは六万曲を超える世界ではない。しかしラプソディのようなオンライン小売業者にとっては、市場は限界がないように見える。ラプソディの上位六万曲はもちろん、一〇万、二〇万……それどころか九〇万、いやもっと多くの曲すべてが少なくとも一カ月に一度は売れる。たとえそれが月に一握りだとしても、世界のどこかにそれを聴く人があらわれる。

これがロングテールだ。

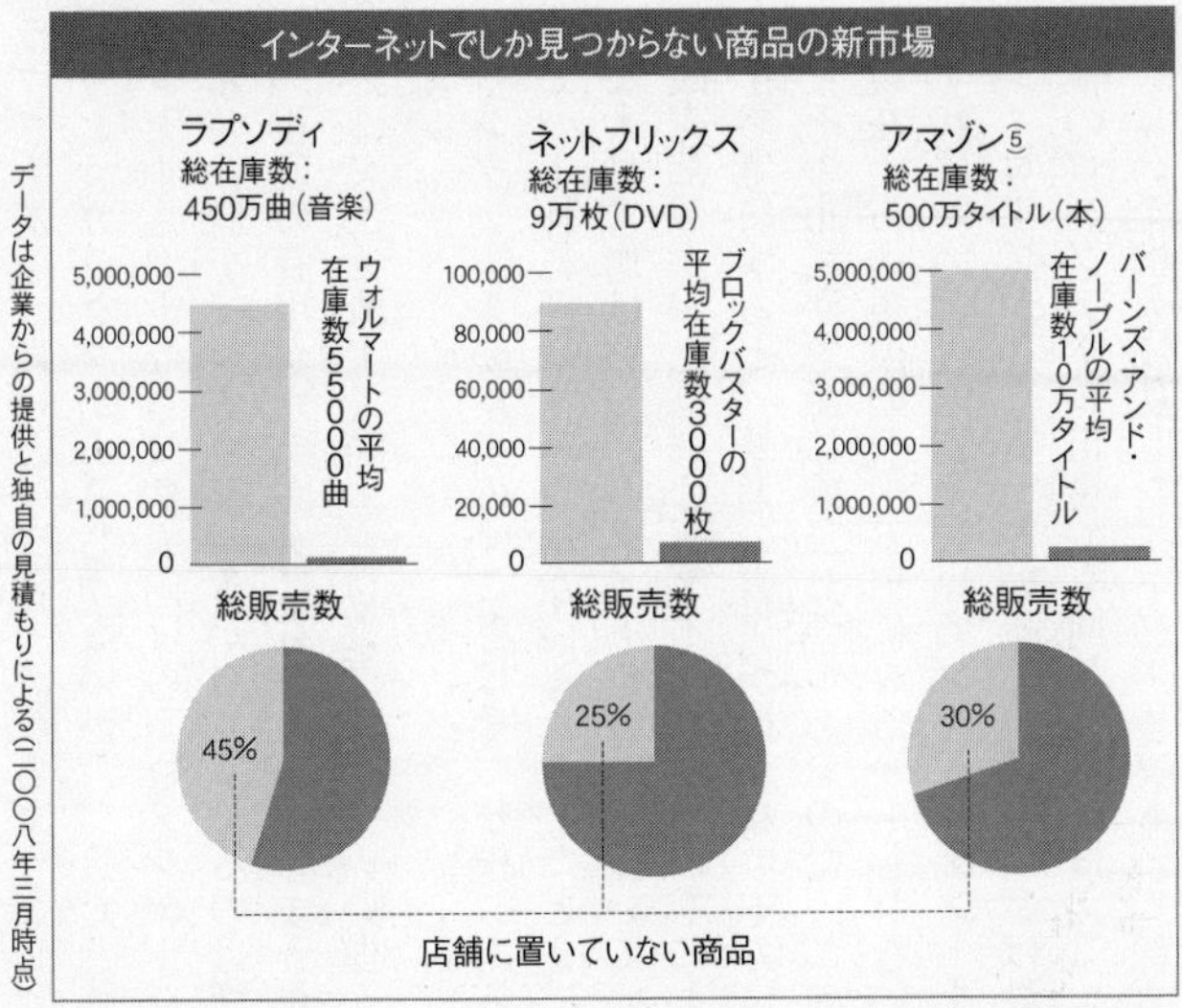

データは企業からの提供と独自の見積もりによる（二〇〇八年三月時点）

ロングテールの中なら何でも見つかる。旧作アルバムが昔のファンに懐かしがられたり、新たに誰かに発掘されたり。他にもライブ、B面、リミックス、カバーバージョンなどいろいろだ。たくさんのジャンルの中に細かく分かれたジャンルがいくつもあって、その中にニッチ作品が何千と眠っているのである（八〇年代のヘアメタル・バンドやアンビエント・ダブだけにタワーレコードの店全体が使われているところを想像してみてほしい）。かつて輸入盤の棚で高い値段をつけられていて手が届かなかった外国のバンドもあるし、聞いたこともないレーベルのよく知らないバンド――その多くは流通力がなくてタワーレコードにたどり着けない――も見つかる。

確かにロングテールにはたくさんのガ

ラクタもある。だけどラジオで流れるようなヒット曲が入っているアルバムの中にだって、そうとうガラクタがあるじゃないか。CDだと聴いている途中で飛ばす必要があるけれど、インターネットなら（個人向けのレコメンデーションを参考にしながら）アルバムからいちばんいい曲を一つずつ選べるから、よけるのは簡単だ。またCDだと一枚一五ドルの一二分の一程度の費用がガラクタにもかかってしまうが、インターネットのガラクタはどこかのサーバーでおとなしく待つだけだ。そしていい曲かどうかで純粋に評価する市場には相手にされない。

ロングテールの本当のすごさはその規模にある。繰り返すが、ヒットしない商品を集めればヒット作に匹敵する市場がつくれる。たとえば本だ。バーンズ・アンド・ノーブルの平均的な大型書店は約一〇万タイトルの本を置いているが、いっぽうアマゾンの四分の一を超える販売部数が、上位一〇万タイトル以外の本による。これはどういうことか。アマゾンの数値を参考にすると、普通の書店が置かない本の市場はすでに現在の市場規模の三分の一を占め、その市場が急激に成長しつつあるのだ。このまま伸びつづけたら、潜在市場規模は本当に現在の市場規模の一・五倍になるかもしれない。これまでの希少経済のあり方を克服しさえすればいい。以前音楽業界でコンサルタントをしていたベンチャー・キャピタリストのケビン・ローズがこう言っている。「最大の金は最小の販売にあり」

他のロングテール市場でも同じことが言える（先ほどのグラフを参照）。

そういえば大成功したインターネット・ビジネスは、何らかの形でロングテールを利用し

インターネットによる音楽の販売状況（ラプソディ 2005年12月）

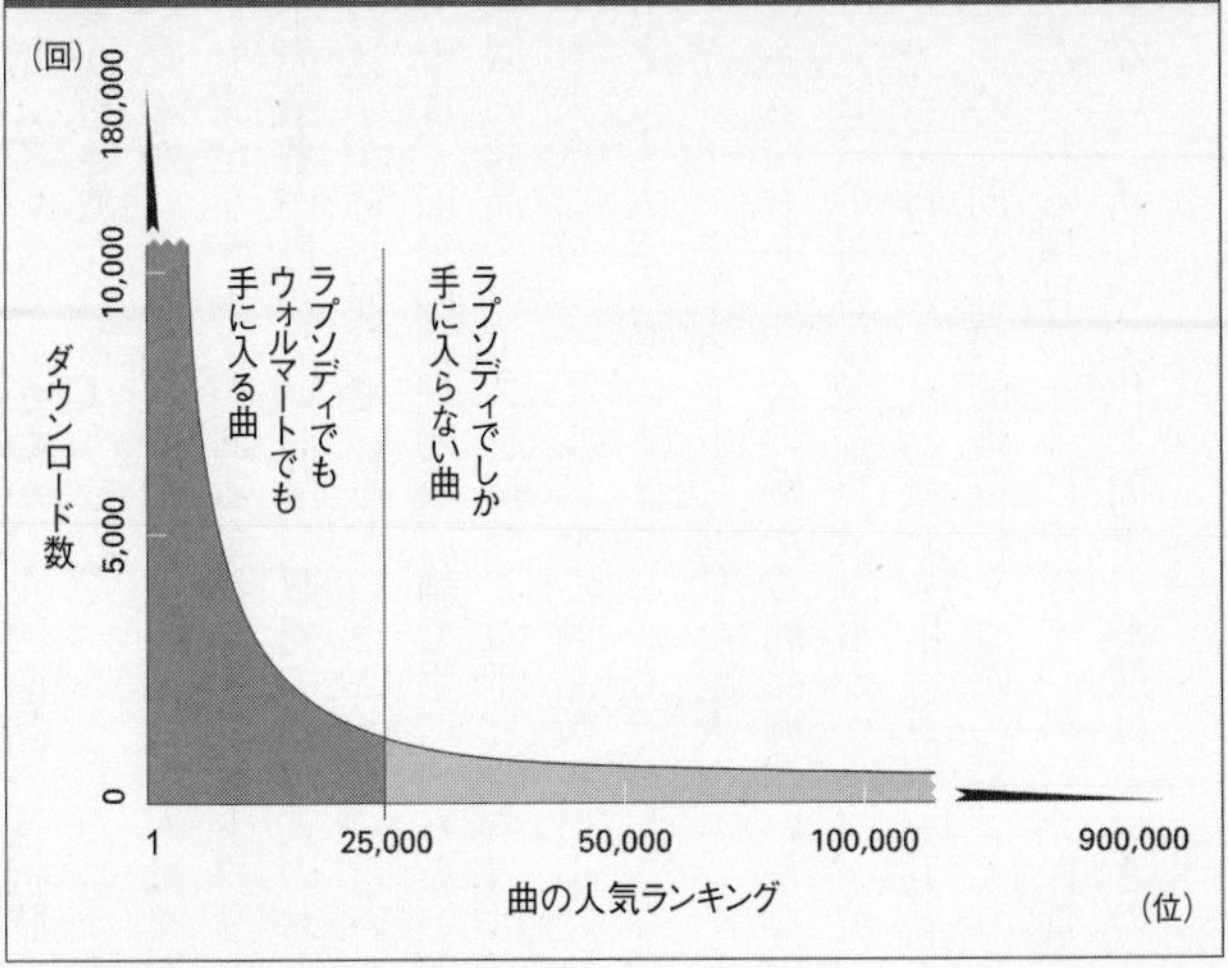

ている。たとえばグーグルは、大企業ではなく小さな会社からほとんどの収入を得ている。広告のロングテールだ。イーベイもほとんどテール——レアものの車やカスタマイズしたゴルフクラブなどのニッチ商品——で成り立っている。地理や規模の制約がなくなったことによって、これらの企業は既存の市場を広げただけではない。完全に新しい市場を発見したのであって、むしろこっちのほうが重要だ。さらにいずれの場合も、店舗型小売業者の手の届かないところにあるこうした新しい市場は、予測をはるかに超えて巨大であることがわかった。しかもひたすら膨張しつづけている。

事実、こうした企業が商品をどんどん増やしていくにつれ（できるんだからそりゃそうする）、需要がその供給につられて増えていくことがわかった。商品の選択肢を莫大に増やすことによって、潜在していた需要が解き放たれるようなのだ。こうしたニッチ商品への需要は、もともとあったのに隠れていたのか、それとも新たに生まれたのかはまだわからない。わかっているのは、手元にもっとも完全なデータがある企業——ネットフリックス、アマゾン、ラプソディ——は、店舗型小売業者が置かない商品の販売で総収入のおよそ四分の一から三分の一近くを得ており、その数字が毎年伸びているということだ。言いかえれば、彼らのビジネスのいちばん速い成長分野は、旧来の物理的な店舗で手に入らない商品の販売なのである。

無限の商品スペースを持つこの新ビジネスは事実上、新数学《ニューマス》の学習をしたわけだ。つまり、とても大きな数（テールにある商品数）に小さな数（各商品が売れる数）を掛けると、やっぱりとても大きな数のまま。しかもその大きな数が、まだまだ大きくなる一方だ。

また、インターネットを通じた厖大なニッチ商品の販売は、コストのかからない効率的なビジネスでもある。金のかかる商品棚がいらない——iTMSなどの完全にデジタル化されたサービスの場合は製造コストもかからず、流通コストもほとんど不要——ので、ニッチ商品を売って得られる利益はヒット商品と変わらない（むしろいい）。ヒットとニッチが、史上はじめて同じ経済的地位に立ったのだ。どちらも、需要があったときにデータベースから呼びだされる項目の一つにすぎず、等しく保管する価値がある。人気はもう利益の独占を意味しない。新しい文化と商業の形態はさっきのグラフのようになる。

隠れていた宝の山

選択肢が豊富にある現在と比べると、制限されていた昔は、文化という海にヒット作の島だけが浮かんでいた、というふうに考えてもいい。水面にはヒット・アルバムの音楽島や大当たり映画島に、人気テレビ番組諸島などが点在していた。水面の高さはそのカテゴリーの経済的許容水準で、流通経路を満たすのに必要な販売量である。そして島は、水面上に出てこられるほど人気があって、普通の小売業者の棚スペースが求める程度の、乏しい容量しかない流通経路に置いてもらえるぐらいは利益を生む商品だ。だから文化の海を見渡すと、波間からのぞく人気の頂点が目を引く。

でも島は、水面下に潜む巨大な山のほんの一部でしかない。流通コストが減ると水面が下がって、隠れていた数々の物が急に見えてくる。しかもこの水面の上より、下のほうがずっとたくさんある。オンライン小売業者が目覚ましい経済的効率性を発揮しだすと、以前はてっぺんしか見えなかった水面に、選択肢の大きな山が姿をあらわす。その現場を、僕らは目撃しようとしているのだ。

市場にある音楽アルバムのうち、九九パーセントを超えるアルバムがウォルマートでは手に入らない。同様に映画、テレビ番組、ドキュメンタリーなど二〇万を超える商業ベースの映像作品のうち、平均的なブロックバスターの店舗にあるのは三〇〇〇点だけだ。すべての大手小売業者とほとんどの商品——本から台所設備まで——がそんな状況だ。近所の店では商品の大半が買えないのである。これまでのヒット主導型の小売業者の経済性では、必然的に選択肢はかぎられてしまう。

でも需要と供給を結ぶコストをがくんと減らせれば、数字だけでなく市場の性格そのものが変化する。量も変わるが質も変わるのだ。まずニッチを手に届くようにすると、あまり金にならないコンテンツにも実は需要があることがわかる。そして需要がニッチへ向かうにつれ、ニッチを供給する経済性がいっそう向上する。そんなこんなでいい循環ができ、そのせいで産業界全体が——そして文化も——数十年かけて変貌を遂げる。

第2章　ヒットの興亡――融通がきかない文化に縛られて

産業革命以前、文化は地域に密着していた。農業経済において人々は各地に散らばり、距離で引き離され、ばらばらの文化から土着のなまりや民謡などが生まれた。その文化は輸送と伝達をすみやかにおこなう術を持たないためお互いなかなか融合せず、新しい思想や流行が伝わるのも遅かった。昔のニッチ文化は、趣味よりも地理で決まってしまうものだったのである。

また伝達手段があまりないため、町によって共通文化の普及度が異なっていた。演劇の巡業があったり、わずかな本が知識人の手に届いたりしていたのは別として、ほとんどの文化は人が移動するのと変わらない速さでしか広がらなかった。西ヨーロッパで、おもに教会が大衆文化を統合していたのにはわけがある。教会は最高の流通インフラとともに、グーテンベルクの活版印刷技術による最大の量産メディア（聖書）を持っていた。

しかし一九世紀初頭、近代産業と鉄道の整備が都市化の流れを生み、ヨーロッパで大都市が発展した。商業の場であり輸送の中継地《ハブ》でもあるこうした若い都市は、かつてなく人々を交流させて新文化誕生への原動力をはぐくんだ。後はマスメディアさえあれば、大衆文化が開花しようとしていた。

　そのマスメディア技術があらわれたのは一九世紀中頃から後半にかけてである。まず商業印刷技術が発達し、広く普及した。それから新しい湿板写真法によって写真が人気を集めた。そしてついに一八七七年、エジソンが蓄音機を発明する。これらの技術ははじめてポップカルチャーという流れを生み、挿絵付きの新聞や雑誌、小説、印刷された楽譜、政治活動のビラ、絵はがき、グリーティングカード、絵本、商品カタログなどのようなメディアを支えていく。新聞はニュースとともに、都市スタイルを生むニューヨーク、ロンドン、パリの最新の流行情報も広く伝えた。

　二〇世紀初頭、エジソンの活動写真によってもう一つ大衆市場が誕生する。舞台の上にいたスターたちは、この新しい記録メディアのおかげで多くの町で同時に上演でき、たくさんの観客の目に触れることができるようになった。人間は群れをつくる種で、他者の行動に影響されやすいものだが、映画というメディアは他者が何をしているかをただ見せるのではなく、思わずうっとりするような見せ方で披露することができた。セレブの時代の幕開きである。

　文化を運ぶこうした力強い技術は、時間と空間を超えて人々を結びつける強い影響力を備えており、社会に同時性を与えた。歴史上はじめて、隣人のみならず国中の人々と同じニュースを朝の新聞で読み、同じ音楽や映画の情報を知るようになったのである。

だが大衆文化におけるこの目覚ましい技術は、どこにでも諸手《もろて》を挙げて受け入れられたわけではない。一九三六年、マルクス主義の哲学者ヴァルター・ベンヤミンが、複製技術時代における「アウラ」（芸術の超越的性質）の喪失について考察している[6]。実演される音楽ではなく録音された音楽もそうだが、特に写真と映画をとりあげてベンヤミンはこう憂慮した。「芸術の複製技術は、芸術に対する大衆の反応を変化させる。人々はピカソの絵に対しては後進的な反応を示すのに、チャップリンの映画には進歩的な反応を見せるようになる。……因習的なものは無条件に歓迎され、真に新しいものは眉をひそめられ、批判される」

でも最終的に大きな変化を起こすのは、やがてはじまるラジオとテレビの放送メディアの急速な台頭だ。ベンヤミンはまだこれを知らなかった。電波は基本的に無料で全方向に伝わるが、この特徴をはじめて知った者にとっては、約五〇年後のインターネットの登場ぐらいに衝撃的なものだった。一つの放送の価格で数十キロ圏内の全員に届くというその力は、経済的にとても魅力的だ。そのためＲＣＡ（ラジオ・コーポレーション・オブ・アメリカ）は、放送もしていたが、一九二〇年代初頭には放送番組の受信機であるラジオの製造にも乗り出し、普及に努めた。しかしまだ地域放送が地元の人々に届く程度で、全国規模の広告主にとってじゅうぶんな大きさとは言えなかった。全国規模になるには、もう一つ技術が必要だ。

一九二二年、電話会社ＡＴ＆Ｔの長距離回線とベル・システムの地域回線によって、人の声や音楽を当時最新の長距離電話網にのせて送信する技術が開発された。そこでニューヨークで長らく放送技術の実験台的存在だったＷＥＡＦというラジオ局が、定期的な番組スケジュールをまとめあげ、はじめてコマーシャルやスポンサー紹介を入れた番組をいくつか放送した。これを長距離電話回線を通じてニューヨーク以外の放送局にも配信すると、ただちに成功をおさめ、他の放送局との回線も築かれた。こうして相互に配信しあうことで、地域内にとどまっていたスポーツや政治のイベントが全国的に伝えられるようになった。

これが当初「チェーン」放送とか「ネットワーク」放送と呼ばれるようになった放送網の誕生期である。それはまた、国民的な共通文化の始まりでもあった。一九三五年から五〇年代にかけてのラジオ黄金時代は、エドワード・Ｒ・マローやビング・クロスビーなどの国民的スターを生んだ。

しかしその後、ラジオは究極の画一文化メディアであるテレビに追い抜かれた。一九五四年には、テレビ所有総世帯の七四パーセントという驚くべき数の人々が毎週日曜夜の『アイ・ラブ・ルーシー』を観ていた。

テレビ黄金時代には、いわゆる井戸端会議《ウォータークーラー・エフェクト》が盛んになった。職場で共通の文化についてあれこれおしゃべりをするのだ。五〇年代から六〇年代には、職場のほぼ全員が前の晩同じ番組を観ていたと言って差し支えないだろう。ほとんどの同僚が、ウォルター・クロンカイトが晩のニュース原稿を読むところを観て、それから『じゃじゃ馬億万長者』や『ガンスモーク』や『メイベリー１１０番』など大人気の娯楽番組にチャンネルを替えたのである。

それからチャンネル数が増えても、テレビは八〇年代から九〇年代を通じてずっとアメリカを均一化しつづけ、それは二一世紀に入ってもなおつづいた。スーパーボウルの試合のハーフタイムの時間帯に、下水道使用率は決まってピークになった。電話の回線使用量の記録をいくつも持っているのは『アメリカン・アイドル』第一シーズンの電話投票だ。毎年、企業はゴールデンタイムにますます資金を投入し、テレビ広告の新記録をつくった。主流は何かを決めていたのはテレビなのだから、もっともな話だ。時間はゴールデンタイムばかりではないのに、本当に注目を浴びていたのはその時間帯だ。

九〇年代が終わる頃になってもまだテレビ放送網は商業的な成功に浸っていたが、その陰で文化の足場は動きつづけていた。それがはじめて表に出てくることになるのは、若者が反抗精神を表現する聖域、音楽である。

ちょっと音楽史をさかのぼろう。かつてはじめて音楽を単なる演奏ではないものにしたのは蓄音機だったけれど、ポップ・アイドルを生んだのはラジオだ。四〇年代から五〇年代、「アメリカ人のポピュラー音楽の好みを正確に集計した信頼できるデータ」と謳う『ユア・ヒット・パレード』が土曜の夜の定番になった。ロックンロールとR&Bの人気が若者の間で高まり、それとともにラジオのパーソナリティーによる選曲が影響力を持ち、DJの中にスターが生まれた。五〇年代にはアラン・フリードとマレー・コーフマン(「ザ・K」)というDJが登場して、ラジオは史上最高のヒット製造機になった。

ラジオがそのピークを極めた番組は『アメリカン・トップ40』だ。これはあちこちの放送局に販売された週に一度のラジオ番組で、一九七〇年にケイシー・ケイサムのDJではじまった。『ビルボード』誌の人気上位一〇〇曲の集計結果をもとにトップの四〇曲を下から順に発表していく三時間番組だったが、八〇年代初頭には四時間に延び、アメリカだけで五〇〇を超えるラジオ局から毎週日曜日に放送された。七〇年代から八〇年代に少年時代を過ごした世代にとって、この番組はポップカルチャーを伝える信号だった。毎週、国中の何百万人もの人々が、どのバンドが順位を上げどの曲が落ち目なのか、真剣に耳を傾けていた。全曲合わせてもレコード店の棚一つ分にすらならないのに。

ヒット・パレードの最期

二一世紀が明けた頃、音楽産業——究極のヒット製造機——が底力を発揮した。ブリトニー・スピアーズやバックストリート・ボーイズなどのティーンエイジャー向けポップ・ミュージックが商業的におおいに成功したことを見れば、音楽産業がアメリカの若者文化をしっかり把握したことがわかる。レコードレーベルはヒット曲をつくりだす定番プロセスをついに確立したのだ。いまやそのマーケティング部門は科学的正確さで何が求められているか予測できるだけではない。需要を創出することもできる。

その威力を証明してみせたのはジャイヴ・レコーズだ。二〇〇〇年三月二一日、当時いちばん新しくて人気のボーイズバンド、イン・シンクのセカンド・アルバムがリリースされた。このバンドはもっと大きなレーベルのＢＭＧ（ベルテルスマン・ミュージック・グループ）

で売り出されていたが、マーケティングのプロたちの助言で都会志向のジャイヴ・レコーズに移籍し、もっと都会っ子受けすること（それとちょっと幼いイメージをなくすこと）を狙った。これは正解だった。彼らのアルバム『ノー・ストリングス』は発売後一週間で二四〇万枚売れ、史上もっとも速いスピードで売れたアルバムになった。その後八週間第一位を更新しつづけ、その年だけで一一〇〇万枚売り上げた。

音楽産業はじゃんじゃん売りさばく仕組みを解き明かし、ヒットを生む難しい方程式をつかんだ。でも考えてみればその方程式は当たり前なのだ。若くかっこいい男を若い女に売るのだから。プレスリーの大成功がいま業界規模で繰り返されているのだろう。見た目のかっこよさとお仕着せのタレント性の問題だ。音楽そのものはほとんどどうでもよく、曲づくりは小さなプロ集団（『ノー・ストリングス』をつくったとされている人は五二人いる）に外注されている。

レーベル各社が自信をつけたのも当然だ。音楽ファンはレコード店に殺到し、一九九〇年から二〇〇〇年までの間に産業全体のアルバムの販売数は二倍になった。これは音楽産業が生まれてからもっとも速い伸びだ。史上もっとも売れた一〇〇アルバムの約半数がこの時期に販売されている。エンタテインメント産業におけるハリウッドの地位を目指し、音楽産業はひた走っていた。

しかしイン・シンクが爆発的ヒットに浮かれていたときですら、産業全体の土台は移動をはじめていた。『ノー・ストリングス』がリリースされる前の週、ナスダックの株価指数が

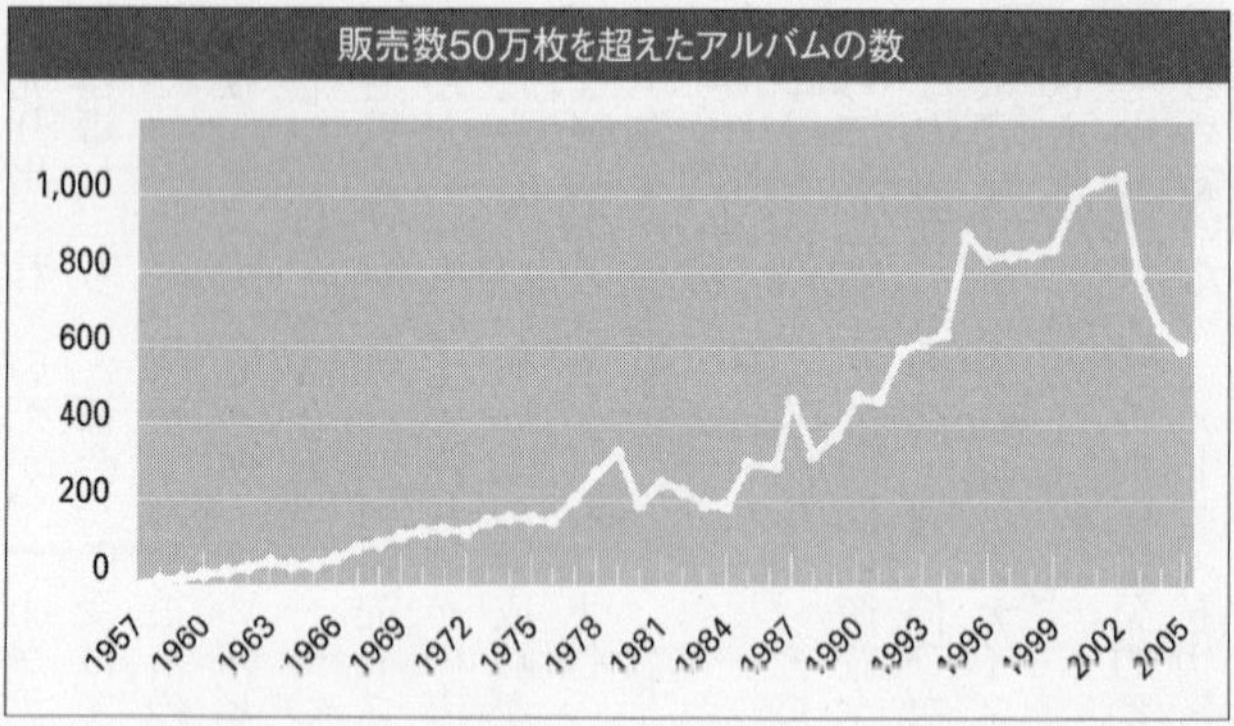

急落し、その年の終わりまで背筋が寒くなるほど下がりつづけた。「ドットコム・バブル」がはじけたのである。記録的なアルバムはもう出なかった。音楽産業全体の販売数も落ちたが、そんな事態は過去二〇年で二回しか起きたことがない。

その後二、三年して景気が全体的に回復しても、音楽産業の成績は悪くなる一方だった。二〇〇〇年に何かが根本的に変わってしまったのだ。販売数の減少率は二〇〇一年に二・五パーセントだったのが、二〇〇二年は六・八パーセントになり、そしてその後も大きくなりつづけている。二〇〇五年（七パーセント減）の終わりまでに、アメリカの販売数はピーク時の四分の一を上回る縮小を見せた。歴代ランキングの上位一〇〇タイトルのアルバムのうち二〇は一九九六年から二〇〇〇年までの五年間に出たものだ。その後の五年間につくられたアルバムは二つしかなく――アウトキャストの『スピーカーボックス／ザ・ラヴ・ビロウ』とノラ・ジョーンズの『カム・アウェイ・ウィズ・ミー』――しかも九二位と九五位だ。

今後イン・シンクによる発売第一週目の販売記録が破られることはたぶんないだろう。このボーイズバンドは、メンバーの一人であるジャスティン・ティンバーレイクを世に送りだしただけでなく、ヒット・バブルの頂点に立ったことでも人々の記憶に残るのではないか。彼らは二〇世紀のマーケティングという精密機械をフル活用した大量生産ポップの最後のスターだ。でもその機械にはもうきしみが来て、歯車もはずれてしまった。

前頁のグラフは一九五七年以降ヒットしたアルバムの枚数を示している。この中にはゴールドディスク（販売数五〇万枚以上）、プラチナディスク（一〇〇万から二〇〇万枚）、マルチプラチナディスク（二〇〇万から一〇〇〇万枚）、ダイヤモンドディスク（一〇〇〇万枚以上）が含まれる。

二〇〇一年から二〇〇七年までに、音楽産業の総販売数は四分の一減少し、ヒット・アルバムは六〇パーセントを超える率で数が減っている。二〇〇〇年の上位五アルバム――ブリトニー・スピアーズやエミネムのメガヒットも含む――は合計三八〇〇万枚売れたが、二〇〇五年の上位五アルバムはその半分の一九七〇万枚しか売れなかった。つまり、音楽産業全体が痛手をこうむっているが、ヒットを製造する部分はもっと傷が深いということだ。消費者はメジャーではない商品のほうへ移動し、幾多のさまざまなサブジャンルへ散り散りになった。少なくとも音楽は、ヒット時代の終焉を迎えたようだ。

ヒット・アルバム衰退の原因

音楽産業のお得意さん世代——一〇代から二〇代のファン層——がレコード店に行かなくなったのはなぜか。業界の答えは単純にこれ。「著作権侵害行為のせい」だ。ナップスター［Napster］などP2P《ピアツーピア》ファイル交換ネットワークを通じた音楽ファイルのオンライン取引やCDのコピー販売などがあれこれ影響して、いつどんな曲でも無料で手に入るアングラ経済が生まれた。音楽産業では数えきれないほど訴訟が起きているにもかかわらず、P2Pのトラフィック（ネット上を移動するデータ量のこと）は増えつづけていて、毎日約一〇〇〇万人のユーザーが音楽ファイルを交換しあっている。

テクノロジーは、まさに消費者の不買の原因になったいっぽう、音楽ファンがレジの会計を素通りすることを許しただけではなく、史上空前と言っていいほど厖大な数の曲を与えてくれた。通常、ファイル交換ネットワークにはどんなレコード店よりもたくさんの音楽があり、それほどの選択肢を与えられれば音楽ファンはそっちを選ぶ。そんなわけで最近では聴き手が前ほどCDを買わなくなっただけでなく、かつては発売日にレコード店につめかけて買っていたような大ヒット曲を好まなくなりつつある。ボーイズバンドを聴くか何か新しいものを聴くかという選択肢が両方ある場合、冒険するほうを選ぶ人が増えている。そしてたいていは自分から見つけたもののほうが気に入ってしまう。

P2Pファイル交換ネットワークは規模が非常に大きいので、その状況を観察したり分析したりする小さな産業まであらわれた。こうした調査会社のうち大手であるビッグシャンパンは、主要なP2Pサービスに流通しているファイルすべての動きを追跡している。そのデータからはまさしく、大スターからニッチなアーチストへ文化の移動がおこなわれている様子が見えてくる。

現在、音楽ファンは九〇〇万タイトルを超える曲を交換しあっているが、『ビルボード』のランキング上位一〇〇曲とはだいぶ趣が異なる曲が多い。「マッシュアップ」（ある曲を別のアーチストの曲に合成すること）というサブカルチャーが盛んだったり、かつて任天堂のビデオゲーム機なんかに八ビットのCPUが入っていたが、それで作曲されたものを聴くサブカルチャーがあったりするのだ。また、ライブを盛り上げてもラジオにはかからないインディーズ系のロックもたくさんある。ボーイズバンドが特に人気があるわけではないことに注目したい。

P2Pネットワークの伸びだけが、文化の構造変化ではない。二〇〇一年、アップルコンピュータが初代のiPodを発売した。長さ約一〇センチ、幅約六センチ、厚さ約二センチのシンプルな白いMP3プレーヤーだ。もちろんiPodは市場に出たはじめてのMP3プレーヤーではないが、無駄をそぎ落とした上品なデザインとアップルコンピュータの巧みな販促キャンペーンが効いて、デジタル携帯音楽プレーヤーの最初の定番商品になった。まもなく人々がウォークマンやディスクマンを捨てるにつれ、iPodの白いイヤホンをあちこちで見かけるようになり、まるでお約束みたいになった。

　iPodが破壊的な力を持っているのは、六〇ギガバイトも容量があるからだ。一万曲まで自分の音楽のコレクションすべてを持ち歩ける。これは小さなレコード店の品揃えに等しい量だ。それから数年の間に、iPodは道を歩いているときも電車に乗っているときも、多くの人が手放せない個人専用BGMになった。

　でも有料の曲でiPodをいっぱいにしようとすると、何千ドルもかかってしまう。無料という競争相手にはとても勝てない。大学生たちは寮でデジタル音楽を無料でパソコンにダウンロードしていたのが、iPodに入れるようになり、同じように目が離せない問題になった。CDから曲をハードディスクに取りこみ《リッピング》、コピーをつくり、交換をする行為もそうだ。よく見かけるアップルコンピュータの広告キャンペーンではCDのコピーを推奨しているが。P2Pネットワークは、多くのユーザーが持っている音楽をすべて足すことで規模を増し、急成長した。その結果、確かに著作権法違反行為がぞくぞく出てきたが、しかしきりのないほど厖大な選択肢――レコード店の何百倍もの曲数がある――を得た。これを基本的にはどのパソコンでも手に入れることができるのだ。

　音楽を手に入れるこれらの画期的な手段によって、新しい音楽を発見する優れた方法がもたらされたことは言うまでもないだろう。焼いたCDを友達同士で交換させるのは、もっとも威力のある「バイラル・マーケティング」（人から人へ噂を伝えるマーケティング手法）であり、曲のプレイリストを共有させるのは産業規模で口コミの力を活用している例だ。またパンドラ［Pandora］や何百ものインターネット・ラジオ局のようなレコメンデーション専門のサービスがあり、かっこいいアングラのアーチストを紹介するだけでなく、個人の好みに正確に合わせるよう努めて成功している。

細分化した音楽のニッチ市場それぞれに、たとえば四〇〇もの『アメリカン・トップ40』があったらどうだろう。いや四万はおろか、四〇万だったら。ヒットというコンセプトはミクロなヒットにお株を奪われ、一人しかいなかったスターの座に一群のミクロなスターたちが群がる。大衆市場ではエリートはわずかな数しかいなかったが、ニッチな準エリートが無数にあらわれる。「ヒット作」の数は厖大に増え、その一つ一つにたとえ数は少なくとも熱心に応援するファンがいる。

これは絵空事ではない。いま見えてきつつある音楽の実態だ。ラプソディのように良質なオンライン音楽配信サービスでは、少なくとも四〇〇のジャンルとサブジャンル（信じられないほど特殊な新ジャンルができている。たとえば「エレクトロニカ／ダンス∨ビーツ＆ブレイクス∨カット＆ペースト」というふうに表示される）を揃え、それぞれにトップ一〇ランキングが用意されている。こうして、事実上四〇〇〇のミニ・ヒット曲が生まれる。そしてそれぞれの曲がそのジャンルのファンにとってはケイシー・ケイサムの国民的プレイリストよりもずっと重要だ。消費者一人一人の選曲パターンや好みがどれほど偏狭であろうと、それをもとに無数のトップ一〇が刻々と変化しながらつくられていく。

放送の憂鬱

音楽産業の悩みの種はCDの販売数だけにとどまらない。久しくレコード会社のマーケティングの手段として好まれてきたロックのラジオ局も同じぐらい参っている。一九九三年、アメリカ人は週に平均二三時間一五分ラジオを聴いていた。現在のリスナー数はここ二七年間で最低だ。しかもいちばん減少しているようなのがロック音楽番組だ。二〇〇五年、アメリカのロックのラジオ局は週に平均一つは廃業した。そしてたいていこれらのラジオ局は、かけている曲の魅力で決まってしまうロックやポップの番組より「粘りのきく」(リスナーの聴く時間が長めの)トーク番組中心の構成や、ラテン系リスナー向けの構成にして生まれ変わった。『アメリカン・トップ40』はもうかつてほど人を惹きつける力はない。ケイシー・ケイサムはもう引退して休息している。

こうなった原因については専門家の論議がかまびすしいが、次に示すのはおもな意見だ。

- iPod現象の広がり――究極の個人専用ラジオがあるのだからFMはもういらない。
- 携帯電話の普及――八〇年代に交通渋滞に巻きこまれたドライバーはラジオの救世主だった。いまは交通渋滞になったら携帯でおしゃべりだ。
- 一九九六年の電気通信法――この法律は多くのFM局を参入させて競争を激化させ、既存のラジオ局の経営を悪化させた。また市場における所有権の制限をゆるくしたため、次の現象が起こった。

●クリア・チャンネルの台頭——ラジオ低迷の原因としてよくやり玉に挙げられるこのメディアの巨人のような企業は、原因をつくっただけでなく音楽産業の残酷な経済性を体現してもいる。一九九〇年代後半に電気通信法が地方のラジオ放送ビジネスの価値を下げたため、クリア・チャンネルは困窮したラジオ局をまとめて傘下におさめることができた。いまや一二〇〇を超える局、つまり全ラジオ局の一〇分の一を所有している。中央集権的な番組づくりと、地方のラジオ局のコンピュータ制御をおこない、コストを劇的に削減するもくろみだ。結果として、内容が均一化してつまらなくなった。

●FCC（連邦通信委員会）による猥褻発言取締り——FCCは電波で不適切なことが発言されたといってはいつも警察を動かしてきたが、過去五年間ほど活発にその仕事をおこなった時期はあまりない。最大のターゲットはハワード・スターンだ。彼は挑発的な発言を好む率直なラジオ・パーソナリティーだが、結果的に空前の額の罰金を科せられ、地上波放送には出演できなくなった。しかし二〇〇五年末に衛星ラジオ局のシリウス・サテライト・ラジオ——ほとんど監視を受けない放送局——に移り、二〇〇六年一月、受信契約している聴衆相手に再デビューした。発言や行動によっては、罰金だけではなく仕事まで奪われる可能性がある、と放送関係者たちがますます恐れるようになったのも当然だ。その結果はやはり、さらなる均一化だろう。

ロックのラジオ局が壊滅した結果として「トップ40時代」は終焉を迎えつつある。でも音楽そのものの人気は落ちていない。むしろ逆だ。アーチストやファンにとってこれほどいい時代はない。ただ、新しい音楽を発見する究極の手段がインターネットになってしまった。人気がなくなったのは音楽ではなく、旧来のマーケティング、販売、流通のモデルである。ラジオというヒット製造機の陰で巨大に膨れあがったレコードレーベルと小売の流通システムは、プラチナディスク級の大ヒットに頼るビジネスだった。でもいま大ヒットはそう次々には出てこない。一つの時代が終わりを告げようとしている。

ｉＰｏｄの白いイヤホンをしている人たちは、コマーシャルのない独自のラジオ放送を聴いているようなものだ。右へ倣えで同じヒット曲に誰もが群がるこれまでの文化は変わり、自分のスタイルを見つけて放送の主流を超え、無名の作品にも古い作品にも深く入りこんでいく。

ニューズ・コーポレーション会長のルパート・マードックは、二〇〇五年の講演でこう述べた。自分ははじめて現在のプロとアマの間にある溝の大きさを把握したメディアの重鎮になった、と。つまり「重要なのはこれだ、と上からものを言うような存在でいては、若者は集まってきません。彼らはメディアに操作されるのではなく、メディアを操作したいのですから」。

音楽産業で起きている変化は、他のマスメディアとエンタテインメント業界でも実際に起こっている。二〇〇五年の数値を見てみよう。

- ハリウッドの興行収入が七パーセント減少した。観客数が下がりはじめたのは二〇〇一年で、その後加速度を増しているようだ。
- 一九八七年が最高だった新聞購読者数は、三パーセント減少した（年間の下落率としては最大）。現在六〇年代以降最低の水準だ。
- 売店による雑誌の販売部数が、三〇年以上前に統計をとりはじめて以来もっとも低い水準になった。
- 視聴者がケーブルテレビに分散していくにつれ、NBCのようなテレビ放送網の視聴率は下がりつづけ、視聴者数シェアは四分の三から下落してもう半分にも満たない。

テレビ番組を話題にした井戸端会議は力を失っていく。二〇〇五年、視聴率一位の番組『CSI：科学捜査班』を観ていたのは、テレビ所有総世帯の一五パーセントにすぎない。こんな数字では、七〇年代なら一〇位にも入らなかっただろう。事実、統計をとりはじめてからこれまでの視聴率ランキング上位番組は、一つの例外を除きすべてが七〇年代後半から八〇年代前半のものだ（例外は一九九四年のリレハンメル冬季オリンピック大会で比較的最近だが、それでも一〇年以上前だ）。何百もあるケーブルテレビ局は、全体の総視聴者数でテレビ放送網を凌駕してしまった。突出して成績のいいテレビ局はもう存在しない。

常に定番だった番組ですらもう定番ではなくなった。二〇〇五年のワールドシリーズは、前年比三〇パーセント減で史上最低の視聴率だった。NBAの決勝戦の視聴率も、前年の約四分の一下がり、史上最低に近かった。二〇〇六年のグラミー賞は一〇パーセント減。二〇〇六年トリノ冬季オリンピック大会は前回のソルトレークシティー大会より三七パーセント減少して過去二〇年で最低となった。そしてアカデミー賞は一九八七年以来の低さだった。

『ロサンゼルスタイムズ』で論説を書いているパトリック・ゴールドスタインが言うように、「この国はニッチの国になった。大ヒット映画や人気番組やベストセラーのCDはまだ存在するが、共通するポップカルチャーの時代精神をつかんでいるものは減った。それはどこか別のところにある。国民は特定の人々に向けたケーブルテレビの番組を観たり、ブログを読んだりしている」。

またティーボなどのDVR（デジタル・ビデオ・レコーダー）の登場が、時間という要素を消すことで井戸端会議をさらに減らしている。いまではたとえ二人が同じ番組を観たとしても、同時に観たとはかぎらない。まだ観ていないのに、放送と同時に観た人に翌朝内容を話されたらつまらないので、誰も職場でその話題に触れたがらない。

ヒット主導型文化を生んだ経済

大ヒット時代のピークは過ぎたかもしれないが、メディアに対する人々の見方にはまだその影響が残っているし、旧来のメディアとエンタテインメント産業はヒット作の発見と創出をし、そこに金を注ぎこむことをやめない。

映画であろうとアルバムCDであろうと、エンタテインメント作品は製作にもマーケティングにも流通にも金がかかる。たとえばハリウッド映画の製作費は現在平均六〇〇〇万ドルで、さらにマーケティングに少なくとも同じぐらいかかる。でもどの映画が観客の心を打つか予測するのは難しいので、比較的間違いのない俳優や監督が選ばれ高い報酬を約束されることになる。彼らはほとんど予測のつかないビジネスにやや確実性を与えてくれるからだ。でもときにスターでさえはずれることがあるので、映画会社やレーベルはポートフォリオ・アプローチでリスクを分散する。

メディアはベンチャー・キャピタリストのように、多くの企画に資金をばらまいてヒット作に化けるチャンスを与える。でも結果的にはせいぜいのところ、ほとんどの企画は収支が合う程度で、いくつかは完全な失敗に終わるだろうと見こんでいる。つまり、ほんのわずかのヒット作で失敗作の赤字をとり返さねばならないということだ。

そんなわけで、こうしたビジネスは何が何でもヒット作を必要とするのである。それもただ黒字というだけではだめで、他を圧倒するようなメガヒットでなければならない。いっぽう製作費が高いからといって成功する保証はないため、現場の者たちはプレッシャーを強いられる。ただうまくいったというだけでは済まされない。大当たりしなければ失敗だ。たとえ批評家にほめられても、多くの人々が関心を持ったとしても意味がない。資金が何倍にもなって戻ってこなければ、他の赤字を穴埋めする仕事をしなかったことになる。

ヒット作をつくることといい映画づくりをすることとは、正確には同じではない。金を払う何千万もの観客を集めるためには、やるべきこととやってはいけないことがある。まずは有名スターを起用するのに、できるだけ金を遣うべきだろう。そしてハッピーエンドにすることだ。もしアクション映画だったら特殊効果も多いほうがいい。やるべきでないのは、小難しくすることとスターを殺してしまうことだ。そして全部手を尽くしたら、選ぶべきジャンルはたぶんアクション映画だ。こうした原則を無視してヒット作をつくるのもむろん可能ではあるが、誰がそんな危険を冒すだろう。多額の資金を賭けているのに。

こうしたヒット主導型の発想は、ハリウッドの会議室を出て国の文化へと流れこんだ。僕たちはヒット製造機の経済的必要から、ヒットだけを求めるよう要求され、それに慣らされてしまった。まるでリスク・キャピタルの投資家のように計算しながらエンタテインメントを見る。だからプロ・スポーツ――得点が記録され勝敗がはっきり分かれる――を見るようにして、週末の興行成績を見守るのだ。またハリウッド・スターの華やかさに目が釘付けの僕たちは、大物俳優の報酬の多さに大騒ぎし、彼らの仕事よりその社交生活ばかり興味津々で追いかける。そしてスポーツのスター選手や有名社長といった山の頂点に過剰なほど注目する。つまるところ僕らは、世界をヒットという色眼鏡で見るよう調教されてしまった。

ヒットしないなら失敗。経済というテストで不合格だったのだから、つくらないほうがよかった。そんなヒット主導型の考え方では、ヒット作が歴史を紡ぐことになる。そして興行収入がいちばんいい品質基準だ。ハリウッドだけの話ではない。店の商品棚に何を置くか、テレビの番組で何を映すか、ラジオで何を流すか、すべては希少な資源をもっとも「価値」が、つまり人気があるものに割り当てようという話である。

さらにヒット文化への人々の対応が、結果的にヒット文化をより強化した。商品棚の世界では、ある商品を置くためには別の商品をはずさなければならない。そこでエンタテインメント関連の業者は、もっとも人気のある作品だけを選び、特別扱いをする。このようにヒット作品を商業的に応援することで、実は他の作品との差を拡大させているのだ。経済面から見れば、「わずかな人しか金持ちになれないなら、せめて彼らを超金持ちにしてやれ」と言っているようなものだ。その結果、需要曲線の傾きはずっと急になる。

それがいまや変わりつつある。たまたまそこにいる人々の集まりならではだが、職場では互いの文化の溝を越えなくてはならない。そんな職場の井戸端会議は減り、僕たちは既定の放送番組表ではなく、好みや共通の趣味を通じて結びついた独自のグループをつくるようになってきた。最近の井戸端会議はだんだんバーチャルになっている――実にさまざまなグループがあって、人々は自発的にそこへ集まってくる。僕たちは大衆市場に背を向け、地理ではなく興味で定義されるニッチの国へ入っていく。

第3章　ロングテール小史——通販カタログからショッピングカートまで

インターネット現象のように見られているロングテールだが、アマゾンやイーベイはおろか、ウェブよりも前からある。そのはじまりは商品の製造、宣伝、流通、販売における一連のビジネス革新が頂点に達した一九世紀までさかのぼる。

アマゾンでの買い物を可能にしてくれる、インターネット以外の要素を考えてみよう。宅配便、ISBN（国際標準図書番号）、クレジットカード、リレーショナル・データベース、バーコードだ。こうした新しい手段が考え出され発展するのに数十年かかっている。インターネットの功績は、これらの新しい手段を組みあわせてビジネスの力を強め勢力範囲を広げたことだ。言いかえればウェブは、何十年とつちかってきた供給改革の諸要素をただ統合しただけだ。

ロングテールと無限に広い商品スペースの本当の起源は、一九世紀後半にはじめて登場した集中管理型の巨大倉庫にある。当時、鉄道がシカゴを起点にアメリカ中西部を走っていたが、そのターミナル駅近くには工場地帯があって、だだっ広い倉庫がいくつもできていた。その巨大な鉄の屋根の下、山と積まれた木製パレットの上で、選択肢が大きく広がる時代が産声を上げたのである。そして当時新しい大量生産によって可能になった大量仕入れがその時代を確立し、鉄道が新しい選択肢を鉄のレールに載せて運んだ。これが国の文化と経済を変えたのである。

こうしたことによって何が可能になったのか。それをアメリカの消費者にはじめて示したのが、ミネソタ州ノースレッドウッド駅の駅長リチャード・シアーズだ。一八八六年、シカゴの宝石商が送った腕時計の箱が、誤ってノースレッドウッドの地元卸売業者のもとに届いた。その業者がそれを欲しがらなかったのでシアーズは自ら買いとり、鉄道各駅の駅長に時計を売りさばいてそこそこの利益を得た。そこで今度はもっとたくさん購入して、本格的に腕時計販売会社をはじめた。

一八八七年までに会社をシカゴに移し、腕時計の修理ができる人物を探す求人広告を『シカゴ・デイリー・ニューズ』に載せている（返品された不良品を捨てるのはもったいないと考えたため）。そこへ応募してきたのがアルヴァ・C・ローバックだ。六年後、二人は共同経営者となり、シアーズ・ローバックを設立した。そしてカタログを使って地方農民に郵送で腕時計を販売した。当時の農民は地元の商店や仲買人から腕時計を高く買わされていたのである。

社史によれば、シアーズ・ローバックの理念は単純なものだった。「大量仕入れと鉄道と郵便局、そして後には地方無料郵便配達と小包郵便のおかげで、高い値段で売る地方の売店にとって代わる、消費者にとってうれしい入手方法をシアーズ・ローバックは提供したのです」

腕時計からはじめた商売だったが、やがて地方の家庭や会社が必要とするあらゆる商品に手を広げた。シアーズ自身による親しみやすい言葉を載せたカタログを農民に配り、シカゴの本社ビルで注文に応じた。本社の規模はどんどん拡大していき、最終的にシアーズとローバックはシカゴのウエストサイドに、通信販売と事務をおこなう約一六万平方メートルのビルを約五〇〇〇万ドルで建設した。一九〇六年に操業を開始した当時、その通信販売事業所は床面積が二七万平方メートル以上あり、世界最大のビジネス・ビルだった。

彼らの倉庫と効率的な処理作業によって、まさに革命的なことが可能になった。仮に自分がカンザスの大草原のど真ん中に暮らしている一〇〇年以上前の農民だと想像してみてほしい。いちばん近いよろず屋まで何時間もかかり、しかもそこまでして買う商品が決して安くないのだ。そこへ、週に一度の郵便配達で一八九七年版のシアーズ通販カタログ「ウィッシュ・ブック」が届く。信じられないほど安い価格で何でも買える七八六ページの本だ。

一八九七年の通販カタログは――いまでもそうだが――息を呑むしろものだ。アマゾン時代の今日ですら、ここまで選択肢があるなんて信じがたいと思えてしまう。二〇万点の商品とそのバリエーションが電話帳の厚さの本に詰まっており、どれも小さな活字と約六〇〇〇点のリトグラフの挿絵で紹介されている。

たとえば最初の一〇ページを見てみよう。六七種類の茶、三八種類のコーヒー、二九種類のココアが並ぶ。次は数百種類のスパイスやエキス、缶入りフルーツ、ドライフルーツ、後はその他の食べ物が小さなスーパーマーケットにあるぐらい載っている。一一ページ目からはゆうに六〇種類はある石けんで、残りの七七〇ページに薬、銃（六八セントのリボルバーも！）、服、乳母車などありとあらゆるものが詰まっている。二ドルのバイオリンまであった。

　これは僻地にいる農民一家にとって目もくらむようなできごとだ。重い郵便物が一つどさっと来ただけで、手に入る商品の数がよろず屋で手に入る数の一〇〇〇倍になってしまう。しかもカタログでは、送料を入れても五〇パーセントは値引きされていることが多いのだ。

　選択肢の豊富さという奇跡を実現するため彼らが用いたサプライチェーン（資材の調達から商品発送まで供給に関わるすべての事業活動を指す）の技術は、現在でもよく使われている。たとえばシアーズの倉庫にある在庫と、製造者の「バーチャル倉庫」ネットワークとを組みあわせたシステムだ。製造者側は自社工場から直接商品を送る。実はシアーズは注文生産の乳母車メーカーの販売代理店でもあった。

　倉庫の中でも驚くべき改革がおこなわれていた。シアーズの配送担当者は効率性を考え、注文が来たら個々に発送日時を割り当てるシステムをつくった。注文されたものは、商品を梱包する部屋で決まった箱に決まった時間に入っていなくてはならない。締め切りに間に合わせるため、注文は倉庫から梱包室へとベルトコンベアーやシュートが入り組んだ運搬装置で運ばれる。

　この発送締め切りシステムで通信販売が効率よくできるようになった。シカゴの事業所はそれまでの一〇倍規模の販売をおこなうようになり、あっという間にビジネス界の「驚異」の一つとして有名になった。効率のいい流れ作業の技術を学ぶため、ヘンリー・フォードがシカゴの事業所を見学に訪れたと言われている。

またシアーズは、将来商品を買ってくれそうな人々の間に社の評判を広めた。一九〇五年、アイオワ州の優良顧客たちへ、友達や近所の人たちにカタログを二四部配ってほしいと頼む手紙を書いた。カタログを配った相手の名前をシアーズに送ってもらい、もしその人々が新たに注文した場合は、紹介してくれた顧客に報酬としてストーブや自転車やミシンなどの景品を贈る。「バイラル・マーケティング」のもっとも初期の例である。

しかし、やがてシアーズは潤沢への道の次なる一歩を踏み出さなければならなくなった。これは皮肉にもフォードの流れ作業システムのせいだった。自動車が手頃な価格になり近代的な道路が整備されると、シアーズの地方の顧客はもうカタログだけで買い物をしなくなった。アメリカの大都市化がはじまったのもこの頃で、消費者は農場を捨てて工場へ向かっていた。一九〇〇年の地方人口は都市人口よりまだ多かったが、一九二〇年には逆転している。そして都市の買い物客はカタログより店のほうを好んだ。そこで一九二五年、シアーズが試しに通信販売事業所の中に店をオープンさせたところ、ただちに成功した。大型小売店の誕生である。そしてその年の末までに、七つの店舗——四店舗は通信販売事業所の中にあった——を開店させた。それが一九二七年末には二七店舗にまで増えている。厖大な選択肢と低価格は誰にとっても魅力だったし、シアーズが通販のために育てた効率的なサプライチェーンもまた、大型店の前代未聞とも言える大量の選択肢を可能にした（これが結果的にウォルマートのシステムの土台となった）。

アメリカは選択肢の多さに病みつきになった。大型店は厖大な点数の商品を低価格で提供し、旧来の商店と大型店の値札を比べただけで呑みこめるコンセプト（大きな店のほうが効率的）である、規模の経済（生産規模を大きくすることで平均費用が減少し利益率が高くなること）という宗教を説いた。さて、この宗教はどこまで行進をつづけられたのだろうか。

伸びゆくテール

次なる開拓地は食料品だ。史上初のスーパーマーケット、キング・カレンがニューヨークのクイーンズ地区に開店する。時は一九三〇年八月四日、大恐慌のどん底だ。キング・カレンは現在のアウトレット倉庫店に匹敵する一〇〇〇点を超える商品を置き、食料品販売の新時代の扉を開けた。またシアーズのように多くの選択肢を安い値段で提供しただけでなく、一カ所で買い物が済むようにし、しかもセルフサービスで商品を棚からじかに手にとって選べるようにもした。

食品を食料雑貨店で毎日買うそれまでのスタイルとは違って、週に一度まとめ買いするようになったため、消費者のために輸送と保存の必要性が増した。初期のスーパーが成功した要因には、ショッピングカート（一九三七年登場）、自動車、無料駐車場、店舗と自宅両方の冷蔵庫の登場が挙げられる。

食品マーケティング協会（ＦＭＩ）の公式業界史にはスーパーマーケットの影響が記されている。

スーパーマーケットは中流階級を創出する力になった。低価格によって、消費者が車、家、教育など生活に必要なものや贅沢品をまかなえる余剰資金が生まれた。一九五〇年代から六〇年代にはスーパーマーケットの数が増え、アメリカの中流層を生む主要な役割を演じている。スーパーマーケットの二五周年記念行事の際にケネディ大統領は、スーパーマーケットの低価格の大量販売技術は「生活水準を引き上げ、経済成長に大きく貢献した」と述べている。

一九五八年から八八年の東西冷戦中、ソ連から約五万人の国民がアメリカを訪れ、大半がスーパーマーケットを見学した。スーパーマーケットは、自由市場経済が豊富な食品を手頃な価格で提供できることを示し、資本主義の威力と共産主義の無力を象徴するものとなったのである。ボリス・エリツィンは自伝の中で、一九八九年にヒューストンのスーパーマーケットを訪れたときのことをこう書いている。「ありとあらゆる種類のとてつもない数の缶や箱や商品で棚が埋め尽くされているのを見たとき、率直に言って私ははじめてソビエト人民のことを思い、目の前が暗くなった。本当なら富裕な大国だ

ったかもしれない我が国が、あれほど貧しい状態に置かれているとは！　考えただけで
ぞっとする」

二〇年代の街角の食料雑貨店に置かれていた商品は約七〇〇点で、ほとんどがまとめ売りだった。しかも客は肉、野菜、パン、牛乳などをそれぞれ違う場所で買わねばならなかった。スーパーマーケットはこれらを一つ屋根の下に全部集めた。さらに商品数はどんどん増えていった。一九六〇年には六〇〇〇点、一九八〇年には一万四〇〇〇点、そしていまでは三万点を超える。

選び選ばれる消費者

選択肢をさらに広げたもの、それは家庭の中にあった。フリーダイヤル（八〇〇番）の登場だ。でもこれには最初、控えめな期待しか寄せられていなかった。一九六七年、ＡＴ＆Ｔは長距離直通通話ができるＷＡＴＳ《ワッツ》（広域電話サービス）、またの名を「自動コレクトコール」という新たな製品を発表した。これはおもに電話交換手の不足に対応するためだった。ビジネスの発展にともなって増える厖大なコレクトコールを、電話交換手がもうさばききれなくなっていたのである。ＡＴ＆Ｔにとって新しいサービスはあくまでもその労働力不足を補ってくれるものであって、他にたいした魅力はないと思っていた。だがわずか二五年後の

一九九二年には長距離電話網の四〇パーセントの電話がフリーダイヤルになった。これはAT&Tが予想だにしていなかった事態である。

このフリーダイヤルのおかげでカタログショッピングがまた増えた。自動車時代が来て人々は都市から郊外へ移動したが、郊外では地元のショッピングセンターに商品が限定されてしまう。ますます豊かになった物質追求型の郊外世代は、再び買い物がしたくてうずうずしていたが、一九七〇年代中頃にクレジットカードを手にしてその欲望を満たすことになる。フリーダイヤルとクレジットカードは、ホームショッピングを流行させるためになくてはならぬ要素だった。

集中管理型の巨大倉庫に全商品を入れていたシアーズの時代とは対照的に、通販人気が復活したときは、的を絞ったニッチ商品が多かった。カラー印刷技術によって雑誌並みにきれいに商品紹介をしたカタログを何百万も印刷できるようになり、それをニッチ小売業者が狙った顧客に集中的に送る。それでほんの一パーセントでも反応が返ってくれば利益が出る。ニッチ商品が多数の客の目に届く方法がまた見つかったわけだ。スポーツ用品、ブランドものの服、インテリア、婦人用肌着、アウトドア用家具、趣味……など、あらゆる専門店のほぼすべての品揃えが毎月のように新たに参入した。しかも電話とクレジットカードさえあれば、一、二週間で商品が手に入る。この郵便による選択肢の豊富さは、さぞかしすばらしく感じられたことだろう。しかし、やがてパーソナル・コンピュータがさらに目をみはるような事態をもたらすのだ。

究極のカタログ

一九九〇年代初頭、通信販売をモデルにして、ウェブ上にeコマース（電子商取引）が登場した。通信販売よりずっと注文が簡単で、選択肢が多く、届く範囲が広いうえに、価格がもっと安い。インターネットならすべての人にカタログを見てもらえる。印刷も郵送も必要ない。以前通販がうまくいっていた分野はもちろん、もっと範囲を広げても商売になる分野が出てくる。

当然、特にインターネットで売れるものがあるはずだが、それは何だろう。一九九四年、ジェフ・ベゾスはニューヨークのヘッジファンド、D・E・ショーのデスクの前でその答えを考えていた。小規模だったインターネットが頭角をあらわしつつあり、一年で二三〇〇パーセント伸びていた。駆け出しの投資分析家（数字オタクのことだ）だったベゾスは、上司からインターネット関連のビジネス・チャンスを見つけるように言われていた。以来一〇年はたってからだが、シリコンバレーのあるイベントで、彼はそのときのことをこう語っている。

私はダイレクトマーケティング協会に出向き、通信販売で売れているもののリストを手に入れました。通信販売で一位だったのは衣料です。次はグルメ食品。本はずいぶん下にありました。ブック・オブ・ザ・マンス・クラブのようなもののせいです。つまり本を売るこれといった紙のカタログが実際にはなかったことが原因です（ブック・オブ・ザ・マンス・クラブはもっとも有名なブック・クラブで、毎月図書を推薦し通信販売もおこなっている。ここでは、このクラブが大量にある本の一部しか紹介できず、しかも変化の速度についていけていない事実をほのめかしている）。

九〇年代初期、アメリカの出版業界の景気はよかった。ディスカウント書店のクラウン・ブックスはすでにディスカウントショップと提携してビジネスの転換をはかり、記録的に販売数を伸ばして価格破壊ブームのきっかけをつくった。その後バーンズ・アンド・ノーブルとボーダーズが大型書店を出してさらにその歩を進めた。店舗は、映画館やボウリング場を改装してその中につくられることもあった。本は一〇万タイトルも置かれたが、この在庫数は地方の平均的な書店の五倍に当たる。手に入る選択肢が厖大に増えたことになり、本の購買者にとって潤沢の時代の幕開きとなった。

このように、当時本は安く豊富になりつつあった。後は何が求められているのだろう。ベゾスはこの疑問について再び頭をひねった(7)。

私は諸事情を整理して考えてみました。一九九四年にインターネットを利用しても、当時の原始的なブラウザとテクノロジーでは使いづらかった。当時最新のモデムを持っていたとしても、ブラウザはいつもクラッシュするし、思ったように動かないし、回線の容量も少なかったんです。

その当時のテクノロジーだったら、もし他に手があるならインターネットで買うよりましだろうと判断しました。衣料が一位といっても、みなさんだって服をインターネットで買いたいとは思わなかったでしょう。カタログ通販や店で思い通りの買い物ができたからです。そこでインターネットでしか買えなくて、顧客の満足度を実質的に向上させうるようなカテゴリーを選ぶこと、というのが私の基準になりました。

本というカテゴリーでは、品揃えこそ顧客満足度の重要な鍵だということがわかりました。そして本には紙の分厚い商品カタログがないということもです。まったく現実的じゃありませんから。毎年一〇万タイトルを超える新刊が出ていますが、大型書店でもそのすべては置けません。最大の大型書店には一七万五〇〇〇タイトルの本がありますが、そこまで大きい書店はたった三つぐらいしかないんです。それで考えは決まりました。アマゾン・コムを、厖大な数の中から欲しい本を簡単に見つけて買える最初の場にするぞ、と。

この投資分析家は、すでに成熟しきっているように見えた出版業界でビジネス・チャンスを狙った。出版社は数あれど、流通のほとんどを仕切っているのはたった二つの取次業者で、需要を満たすための戦略として国中いたるところに倉庫を配置している。つまり、バーチャルな小売業者にとってはビッグ・チャンスというわけだ。

一七万五〇〇〇タイトルと聞くと大型書店にはずいぶんあるようだが、入手可能な全タイトル数からすればほんの一部にすぎないことを、ベゾスは知っていた。しかも、本のタイトルを検索できるだけでなく、レビューも読めるようにすれば、顧客が本当に欲しい本を見つけやすくなるのは目に見えている。

その頃、英語の本は少なくとも一五〇万点出版されていた。だから大型店ですら約一〇パーセントしか置いていないことになる。現在、インターネットで見られる刊行図書目録のデータベースには、六一〇万点の刊行書リストが入っている。

ベゾスはまた、学術系、自費出版系などさまざまな出版社によるカタログがインターネットに次々と出てきたことに気づいた。アマゾンはそのすべてを提供できるはずだった。

厖大な選択肢を提供する際の物理的な障壁は、インターネットがほぼとり除いてくれた。大型書店は、規模は大きいけれどまだ書棚、壁、店員、立地、労働時間、天気などの制約と闘わねばならない。もちろん独立系の小型書店より大きくて効率的なので選択肢は多いかもしれないが、それでもそのビジネス・モデルは壁にぶち当たり、実際の刊行書の数にとても追いつかないのだ。

ただし大型書店のウェブサイトは大きなカテゴリーの一つになっている。BN・コム［BN.com］はアマゾンに匹敵する選択肢を持つウェブサイトとして、バーンズ・アンド・ノーブルのブランドを補完している。割引カードは店でもインターネットでも両方使えるし、たとえばマンハッタンでは、バーンズ・アンド・ノーブルの大型書店がいくつもあるため本は即日配達される。もし店に在庫がなければ、店員がインターネットで注文して顧客のリクエストにこたえてくれる。本以外でも、同じようにウォルマート、ベスト・バイなど、数えきれないほど多くの小売業者がウェブサイトを持っている。インターネット販売によって商品スペースが無限になったので、品数をより多くし、かつ便利にすることができる。このことがブランドへの顧客の信頼をより確実にし、店舗から遠いところにいるかもしれない新しい客層の獲得にもつながっている。

現在オンライン・ショッピングはアメリカの小売支出の約五パーセントを占め、カタログ・ショッピングを追い抜いた。しかもいまだに年二五パーセントもの勢いで伸びている。いずれインターネット小売支出は総小売支出の約一五パーセントに達し、一二兆ドルのアメリカ経済の一〇分の一を超えてしまうだろう。まさにベゾスのもくろみ通りの筋書きをたどっているわけだ。

意外なところにあるロングテール

イーベイのような完全にバーチャルなサイトから既存の店舗のサイトまで、オンライン小売業には無限の商品スペース、豊富な商品情報、欲しいものを発見する便利な手法――ベゾス独自のビジョンだ――という利点がある。これはベゾスの予想通り人々を引きつけた。

事実、ロングテール市場はいまあらゆるところに誕生している。

グーグルが広告のロングテールという道を見つけたように、マイクロソフトはゲームのテールを伸ばし、Ｘｂｏｘ《エックスボックス》ライブのネットワークで安い小型ゲームをダウンロードできるようにした。またリナックスやファイアーフォックスのようなオープンソースのソフトウェアはプログラミング能力のロングテールであり、ＩＴ関連事業の海外へのオフショアリング（外国企業にサービスやＩＴ関連の業務を委託すること）は労働のロングテールの利用である。かと思うとインターネットはポルノのあらゆる趣味と嗜好のテールをずいぶん伸ばした。

もっと小さい例では、たとえばミクロなビールが増えてビールのロングテールができたし（実際アンハイザー＝ブッシュはニッチ飲料を出すため、「ロングテール・ライベーションズ（ロングテールの酒）」という部署をつくった）、自分でデザインできるＴシャツや靴などが人気になってファッションのロングテールが生まれた。またオンライン教育をする大学の登場で教育のロングテールも見られるようになった。

最後に、ロングテール理論が幅広く適用できることを知ってもらうため、「国家安全保障のロングテール」というジョン・ロブの分析を読んでほしい。ロブはグローバル・ゲリラズ［Global Guerrillas］というサイトを持つ軍事評論家だ。

> 歴史的に戦争（暴力による社会変革）は、稀な例を除けば国家だけのものだった。国家が暴力を独占しており、結果として暴力の分配は限定されていた。だがその独占状態が次の三つの動向によって崩壊しつつある。

①兵器の民主化。グローバル化にともなう多くの変化により、ニッチな兵器生産者（例・暴力団）の存在が可能になる。必要なのは数名の人間、カッターナイフ数本、飛行機だけだ（簡単な道具がグローバルな経済インフラの力と結びついた例）。
②ニッチな戦争生産者が引き起こす損害の増大。グローバルなゲリラ組織は、安価な攻撃が経済的かつ社会的大事件になるような破壊行為を驚くべき力でおこなう。
③口コミの高速化。新しい集団が新兵を見つけて訓練し、多くの聴衆に主張を伝え、他の集団（味方）との活動の機会を見つけ調整するのが容易になる。

結果としてテールが伸び、新しいニッチ暴力生産者がはびこった。こうしたニッチ供給者がもたらす暴力の需要は、急激に増えている。（イスラム社会とアメリカの間で起きている紛争のような）国家に代表されない大きな主義の問題が、アル・カイダをはじめとするニッチ供給者の力を増強した。(8)

第4章　ロングテールの三つの追い風——つくる、世に送り出す、見つける手助けをする

文化と経済が需要曲線のヘッドにある比較的少数のヒット（主流派の製品や市場）に焦点を合わせるのをやめ、テールにある無数のニッチへ移行する。要するにこれがロングテール理論だ。

物理的な商品スペースの制約など、流通のボトルネックがない時代には、的を絞りこんだ商品やサービスが主力商品並みに商売になる。だが商売になるだけではだめで、この新しい供給に需要がついてこなければテールは消えてしまう。テールの長さは選択肢の多さだけでなく、商品に消費者が引き寄せられてくるかどうかで決まる。だから本当の曲線の形は、実際に消費者が無限の選択肢を目の前にしてからでないと見えてこない。つまり無尽蔵に増える選択肢が本当に経済や文化の力となるには、新たに手に入るようになったニッチ商品を買ったり利用したりして、人々が参加せねばならないということだ。無数のニッチがあってのロングテールだが、ニッチを求める人々が集まってこなければ意味がないのである。

まとめると、いま言ったことはロングテール時代の六つのテーマに集約できる。

①現実にすべての市場において、**ニッチ商品はヒット商品よりもはるかに多い**。生産手段が安くなり一般に普及するにつれ、その比率は急速に高まる。

②**ニッチ商品を入手するコストが劇的に下がってきた**。デジタル流通、優れた検索技術、ブロードバンドのじゅうぶんな普及といった要素の後押しで、インターネット市場は小売の経済性を根本から変えつつある。おかげで多くの市場で、**提供できる商品の種類は大きく広がった**。

③多様な選択肢を提供しても、それだけで需要は増えない。消費者がそれぞれの必要性や興味に合わせてニッチ商品を見つけられるような方法を提供しなくてはならない。そのために有効なさまざまな手段や技術――レコメンデーションや人気ランキング――がある。**こうした「フィルタ」は需要をテールへ導くことができる**。

④選択肢が非常に多様で、なおかつそれを整理するフィルタがあれば、**需要曲線はなだらかになる**。ヒットもニッチもどちらもまだ存在するが、ヒットは以前より人気度が低く、ニッチは高くなる。

⑤ニッチ商品が次々に足されて、大きな市場になる。たとえ飛ぶように売れなくとも、**ニッチ商品の数はたくさんある。それらをすべて合わせればヒット商品市場と張り合える**。

⑥以上の要素が揃えば、流通のボトルネック、情報不足、商品スペースの限界に影響を受けない**自然な需要の姿があらわれる**。それはこれまで当然と思わされてきたヒット主導型の形をしてはいない。むしろ人のありさまと変わらぬほど多様である。

そこで最終結論。ロングテールは希少の経済の影響を受けない文化の真の姿である。

ロングテールの誕生

前述したことが実現するためには、強い経済的引き金を必要とする。つまりニッチ商品を手に入れるコストが下がらねばならない。ではコストを下げるのは何か。その答えは市場によって異なるが、たいていはいま吹いている三つの追い風のうち少なくとも一つが関わっている。

第一の追い風は**生産手段の民主化**だ。もっともいい例がパソコンである。パソコンを使っていまや誰もが印刷機、撮影所、音楽スタジオなど何でも手中にできる。パソコンは「生産者」層――数年前はプロしかしていなかったことができるようになった個人――を一〇〇倍に増やした。おびただしい数の人々が短篇映画やアルバムCDをつくったり、自分の考えを世界に発信したりする力を持った。しかも驚くほど多くの人々がそれを実行している。オ

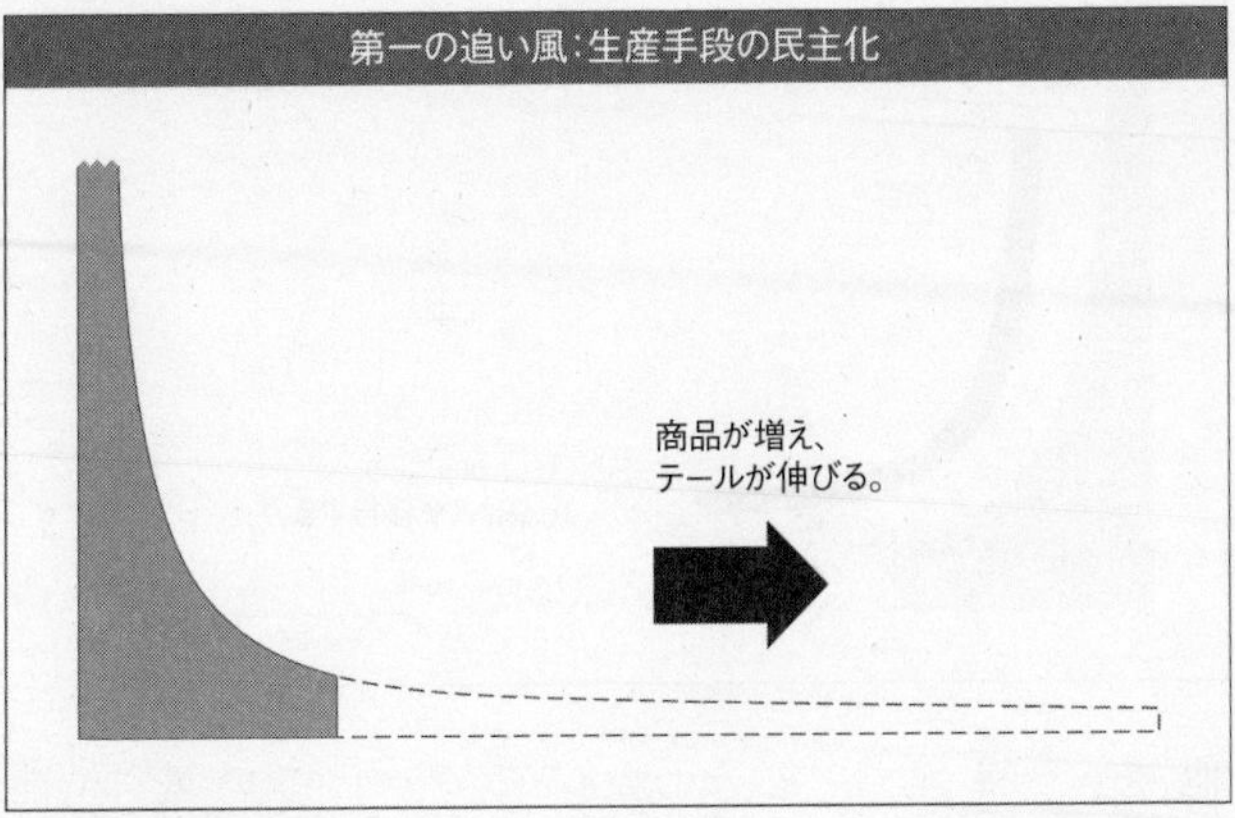
第一の追い風：生産手段の民主化
商品が増え、
テールが伸びる。

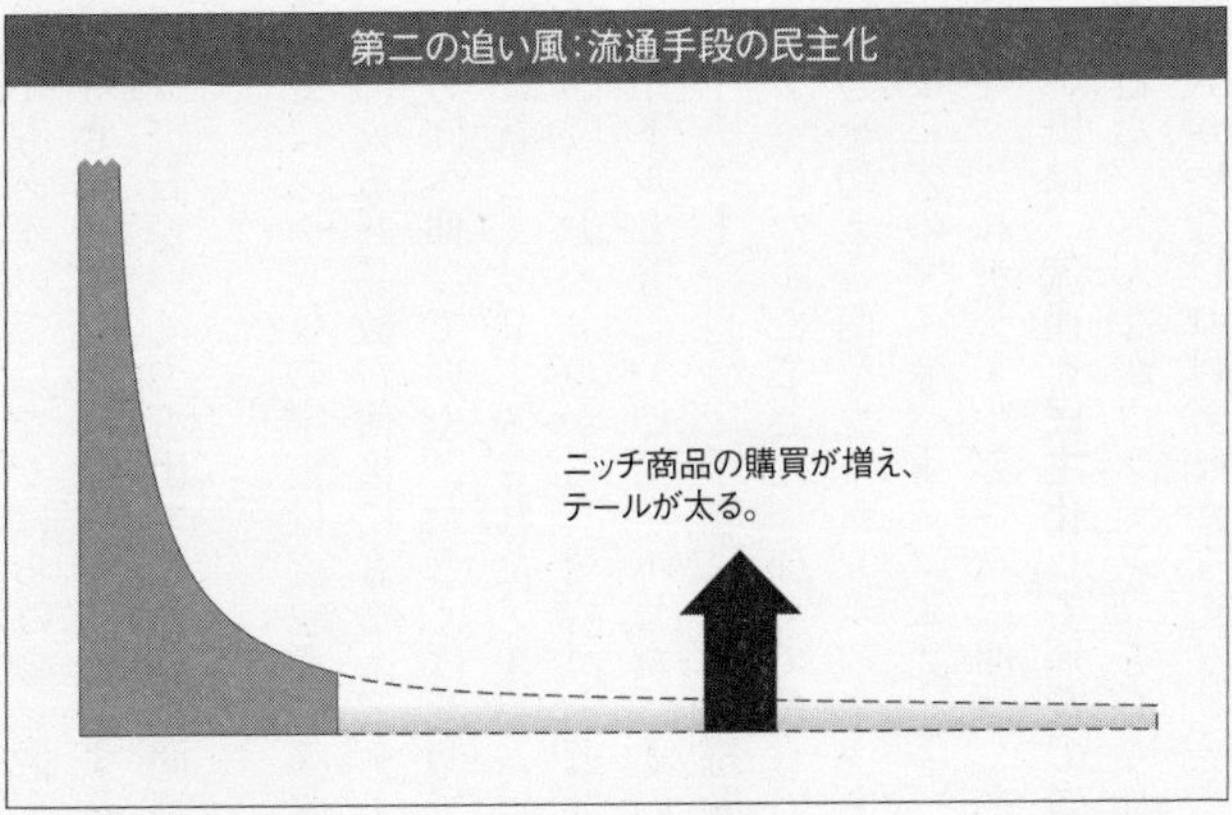
第二の追い風：流通手段の民主化
ニッチ商品の購買が増え、
テールが太る。

第三の追い風：需要と供給の一致

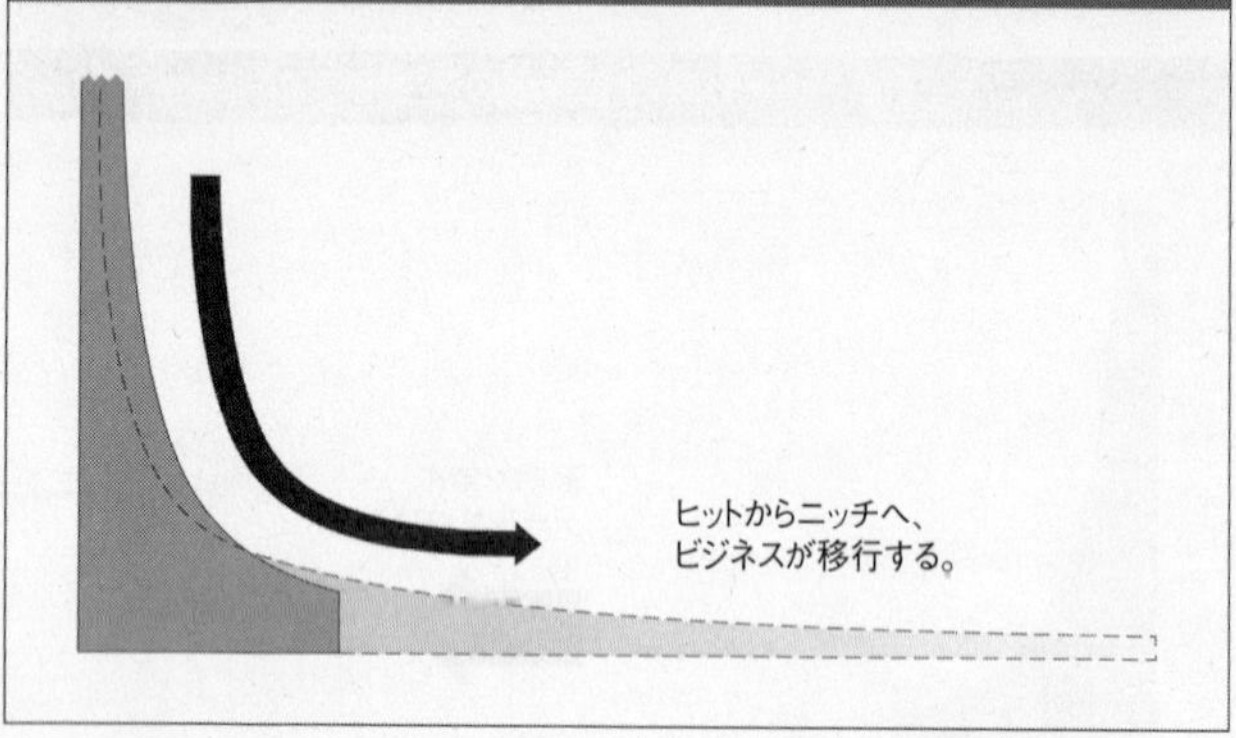

能はどこにでもあるのではなくばらばらと散在している。だからそれなりの数の人たちに創造する手段を与えたら、宝石がいくつも出てくるのは間違いない。

結果としてコンテンツの宇宙は、急激に膨張しつつある。手に入る商品数が何倍にも増え、テールはグラフの右方向へ伸びていく。たとえば音楽では、二〇〇五年に新しくリリースされたアルバムは（前年の四万四〇〇〇タイトルから）三六パーセント増えて六万タイトルと著しい伸びを示した。その大きな要因はアーチストが自分で手軽に音楽を録音して発表できるようになったことだ。加えて多くのバンドが、三〇万を超える曲をソーシャル・ネットワーキング・サービスのマイスペース［Myspace］に無料で公開した。これがテールをさらに伸ばした。

第二の追い風は、**流通を民主化して消費のコストを減らすこと**だ。みんながコンテンツをつくれても、他に楽しむ人がいなければ意味がない。

	追い風	ビジネス	事　例
1.	生産手段の民主化	ロングテールの生産者、手段の製造者	デジタル・ビデオカメラ、音楽やビデオの編集ソフト、ブログのツール
2.	流通手段の民主化	ロングテールの集積者《アグリゲータ》	アマゾン、イーベイ、iTMS、ネットフリックス
3.	需要と供給の一致	ロングテールのフィルタ	グーグル、ラプソディ、ブログ、レコメンデーション、人気ランキング

みんなを映画プロデューサーや出版社にしたのはパソコンだが、卸売業者にしたのはインターネットだ。極端に言うと、これは「デジタル経済」対「アナログ経済」の話である。つまりコンテンツをインターネットで安く届けるか、その何倍ものコストをかけて車と倉庫と商品棚で届けるか、の違いだ。とはいえインターネットは物理的な商品を届けるコストですら一気に下げた。たとえばウォルマートは何十年もの時間と何十億ドルもの金をかけて世界でもっとも進んだサプライチェーンをつくりあげ、世界中の数千万人もの消費者に低価格で厖大な選択肢を供したが、これはひとえにインターネットのおかげでもある。また今日では誰もがイーベイで、それと同じだけ大きな市場を利用できる。

インターネットは多くの人々に安く商品を届けられるため、テールの市場の流動性（商品の取引が容易な状態）が高まる。したがって消費が増え、効果的に販売数が伸び、テールが太る。

第三の追い風は**需要と供給を結びつけること**だ。手に入るようになった新しい商品を消費者に紹介して、テールに需要を呼びこむ。ブログや顧客のレビューなどの口コミもそうだが、グーグルの「集合知」検索やiTMSのレコメンデーションなど、あらゆる形をとりうる。おかげで消費者にとっては、ニッチなコンテンツを見つける方法に関わることすべてを指す。時間や手間、間違い、混乱のような非貨幣的なコストの場合もあるが、誤って購入したり、安い代替品がないために多く払いすぎたりといった貨幣形態をとる場合もある。したがって希望の価格で欲しいものを見つけるのに役立つ要素は、何であれ探索コストを下げていることになる。

経済学で探索コストと言えば、欲しいものを見つける方法に関わることすべてを指す。

この点は後でまた見ていくことにするが、いちばんいい探索ガイドは他の消費者だ。みんながいいと思うものには僕たちも引きつけられる。ネットフリックスやグーグルは、何百万もの消費者の行動を観察してレコメンデーションや検索結果に生かす形で、人々の集合知を利用している。またユーザー・レビューやブログに感想を書く消費者たちは、それぞれがガイドだ。

このように容易に草の根の情報を得られるようになったため、新たに何か欲しいものを探すにしても、見つかる速度が驚くほど速い。そこで自分の守備範囲を超えたものも探してみようかという気になる。この経済効果が、需要をニッチのほうへと向かわせる。

また消費者同士で口コミ情報を交換していると、マーケティングが仕掛けてくる提案より自分たちの嗜好のほうがずっとバラエティに富んでいるのに気づかされる。こうして消費者の興味はさまざまな趣味の世界に細分化していき、そこに同志が集まれば当然のようにますます奥深くそのテーマにはまっていく。バーチャルにせよそうでないにせよ、仲間内で刺激しあううちに大通りからそれて、一緒に見知らぬ路地の探検をはじめるのだ。

消費者同士を結びつけるテクノロジーが急激に進歩して、需要をヘッドからテールへ押していく。つまり三つめの追い風は、ニッチの需要をさらに高めて人気の重心を右へ移動させ、曲線をフラットにするのだ。

以上の三つの追い風それぞれが、新興ロングテール市場における新たなビジネス・チャンスをあらわしていると考えてほしい。生産手段の民主化は星の数ほど生産者を増やすことにつながるし、効率性にたけたデジタル経済は新たな市場や取引の場を生む。またばらばらに分散した無数の消費者のデータを使って人々にもっとも適した商品を届ける能力は、さまざまなレコメンデーションやマーケティング手法へとつながり、事実上新しい流行発信源になっている。つまり、まとめるとさっきの表のようになる。

これらのビジネス・チャンスについては、次からの三つの章で詳しく見ていくことにする。

第5章　新たなる生産者たち——生産手段を手にしたアマチュア・パワーをあなどるな

一九八七年二月二三日夜、カミオカンデという日本の地下にある観測装置が、超新星が爆発する一三秒間に一一個のニュートリノを観測した。一一個と聞いて少ないと思うかもしれないが、一時間に二、三個しかとらえないのが通常で、これほどまとめて観測されることはめったにない。だから特別なことだ。しかし数時間後に他の観測結果の報告を聞くまで、実際には何が起こったのかわからなかった。

長らく天体物理学では、星は爆発する際エネルギーのほとんどをニュートリノ——ティッシュを貫通する弾丸みたいに星を通り抜けていく原子未満の質量の小さい粒子——として放出すると考えられていた。その理論でいくと、粒子の放出はこのタイプの爆発の初期段階で、唯一観測可能な証拠となりうる。爆発が目に見える光としてあらわれるまでにそれから数時間かかるのだ。近い星が超新星になる場合、可視スペクトルで爆発が見えるのはニュートリノが観測されてから約三時間後だ、と研究者たちは推測していた。

ニュートリノと可視光の関係を調べるには、両方観測して時間差を出す必要がある。ニュートリノのほうは、カミオカンデの検出器が球形をしているため、やってくる方角にかかわらず地球を通過中に観測できた。しかし目による観測というのがやっかいだ。可視光で爆発を見るためには、観測者は空のどこか正しい場所をいつも見張っていなければならない。望遠鏡が正しい時間の正しい位置に正確に合っていなければならないのだ。そして言うまでもなく、空は気が遠くなるほど広大だ。

こうした爆発を見つけられるよう空をくまなく観測できるほど、プロの天文学者の数は多くない。しかしその仕事を喜んでやるアマチュアの天文ファンは何千人といる。そしていまどきのアマチュア天体観測家はコンピュータ制御の天体望遠鏡を持っている。長さ一メートル半にも満たない鏡筒にかなり大口の口径（三〇センチぐらいあるのも珍しくない）の主鏡をつけられるドブソニアン望遠鏡に、人間の肉眼より多くの光をとらえることができる高感度のCCD（電荷結合素子）センサーを備えたやつだ。比較的安価であるにもかかわらず、建物ほどの大きさの望遠鏡を使っていた一世紀前の天文学者よりも、うまく空の写真が撮れるのである。

さて超新星1987Aを目で発見した人物は、アマチュアとプロの間にいる人だった。カナダの大学院の落ちこぼれ、イアン・シェルトンである。彼はチリのアンデスにある天文台で雑用を手伝い、その代わり大学研究員が望遠鏡を使わないときに貸してもらっていた。そして二月二三日夜。シェルトンは望遠鏡を大マゼラン星雲に三時間向けることにした。風の吹きつける晩だった。

そのときタランチュラ星雲の端で星が爆発した。正確には一六万八〇〇〇年前に一六万八〇〇〇光年離れたところで起きたことだが、地球のシェルトンにとってはちょうどそのとき爆発したように見えた。それまで何も変化がなかった大マゼラン星雲の一角にあるタランチュラ星雲で、突然巨大な光のしぶきが広がる。シェルトンは二〇分ほど写真乾板を丹念に見ていたが、やがて自分の目で確かめようと外へ出た。すると、あった。本当にあった。一六〇四年以来、はじめて肉眼で超新星が目撃された瞬間である。

シェルトンとカミオカンデの関係は時間にある。このニュートリノ観測装置は爆発を世界時（UT）七時三五分に発見した。そしてシェルトンが最初の光を見たのは一〇時頃で、ニュートリノの放出から三時間弱たっている。ここまでは理論通りだ。しかしシェルトンが見つける前に爆発していた可能性はないのだろうか。

運のいいことにその晩、他に二人の熱心なアマチュア天体観測家が一般向けの小型望遠鏡を使って観測していた。公認の観測実績を数多く持つ老練のアルバート・ジョーンズが、ニュージーランドで九時三〇分にタランチュラ星雲を見たが何も変化はなかった。そして別のアマチュア観測家のロバート・マクノートが一〇時三〇分にオーストラリアで爆発の撮影をし、シェルトンの発見時刻を裏づけた。つまり光は九時三〇分から一〇時までの間に地球に届いたことになる。

二〇世紀最大級の天文学の発見はこうして明らかにされた。ニュージーランドとオーストラリアのアマチュア、チリでプロになろうとしていた元アマチュア、そしてアメリカと日本の物理学者というプロたちのおかげで、宇宙の謎を解く重要な理論が確かめられた。その後、この発見を世界に伝えた科学論文は全員の貢献を認めていた。

英国のシンクタンクであるデモスは二〇〇四年の報告書で、この一連のできごとをプロとアマチュアが肩を並べる「プロ・アマ共同」時代の到来を告げる事件だと評した。「天文学はかつて〝巨大科学《ビッグ・サイエンス》〟として研究所でおこなわれるものだったが、いまやプロとアマチュアの共同作業でもある。アマチュアは独自に研究してプロは学術機関におさまっていたが、グローバルな研究ネットワークが生まれ、閃光星、彗星、小惑星といった共通の関心事でプロとアマチュアを結びつけている」

ティモシー・フェリスの現代アマチュア天文学史『暗闇の中を探して（*Seeing in the Dark*）』には次のように書かれている。「天文学における時代の転換点を選ぶとしたら、一九八七年二月二三日の夜はいい候補だろう。天体望遠鏡のそばで孤独にプロが観測する古い時代から、プロとアマチュアがつながる世界情報ネットワークの時代へと移行したのだ」そしてデモスの結論はこうだ。「天文学はプロの天文学者や天文物理学者の小さな集団だけでなく、大規模なオープンソースのプロ・アマ共同運動に急速に支えられるようになりつつある」

天文学のプロ・アマ共同運動を可能にしたのは、ドブソニアン望遠鏡とCCD、そして情報交換手段としてのインターネットだった。これらの道具がアマチュア天文観測家を増やし、彼らの影響力をおおいに強めた。二〇年かけて、天文学はもっとも民主化された科学分野の一つになった。これは、アマチュアの役割がどれだけ重要かがはっきりしているからでもある。

NASA（アメリカ航空宇宙局）はしばしば、地球に向かう可能性のある小惑星を見張るよう、アマチュアに呼びかける。その観測作業は、リチャード・コワルスキが運営するマイナー・プラネット・メーリング・リストというeメール・メッセージ・グループを通じて調整される。フロリダ州に住む四二歳のコワルスキは、昼間USエアウェイズで荷物を取り扱い、夜は天体観測家になる。グループのリストには八〇〇名のアマチュアがいて、ただ楽しみのために観測記録をつけている者もいれば、重要な発見をして自分の名前がつけられ、後世に残ることを望んでいる者もいる。注目すべきなのは、誰もお金のためにしているのではないという事実だ。

そもそも天文学はボランティアたちが参加して当然の分野だ。空はやっかいなしろもので、小惑星や恒星の進化のようなもっとも興味深い新現象を目撃するためには、ある時間にある場所を見ていなくてはならないが、それがどこかは事前にはわからない。望遠鏡の大きさや価格よりも、ある時点で空を見つめている目の数がいくつあるかのほうが重要だ。アマチュアは天文学の人的資源を何倍にも増やす。

彼らは庭から星を見ているだけではない。セティ・アット・ホーム［SETI@home］（Search for Extraterrestrial Intelligence at home 家庭で地球外知的生命体を探索、を略した名前）は、五〇万台を超える家庭用パソコンの余った処理能力を利用したプロジェクトだ。宇宙から来た白色雑音を電波望遠鏡で受信して記録しておき、そのデータを集めた後でボランティアたちのパソコンに分配する。すると持ち主がパソコンを使っていないときに特別なスクリーンセーバーが動き出す。画面には宇宙の画像が出てくるが、その間パソコンは宇宙の知的生命体から来た可能性のある信号を見つけ出すべく、データをくまなくスキャンしている。データをボランティアのパソコンに分配することによって、プロジェクトは大量の信号を分析することができる。これは、ソフトウェアをダウンロードしさえすれば誰でも参加できる。

もう一つ、火星の画像分析をオープンソース（一定の基準のもとでソースコードを公開して誰でも改変・再配布できるようにすること）にしたプロジェクトがある。バイキング火星探査機が撮影した数十年前の写真をウェブサイトに公開し、目で確認できるすべてのクレーターを分類するようアクセスした人に頼むのだ。できたばかりのクレーターか、消えかけているクレーターか、「ゴースト」（消えた）クレーターか、判断してクリックせよ、ということだ。普通このような作業は研究者や大学院生がやるのだが、何カ月も何年もかかることがあるし退屈なものだ。しかし、このマーズ・クリックワーカーズというプロジェクトは、たった三カ月のうちに二〇万個のクレーターをボランティアに識別してもらうことができた。このアマチュア集団のすべてのクリックの正否を平均してみたところ、熟練した惑星地質学者とほぼ同じ正確さだった。

誰でもプロジェクトに貢献できる「オープンソース」ソフトウェアの世界では、「みんなで見ればどんなバグでもささいなことさ」というのが決まり文句のようになっているが、天文学もそうなのだ。みんなの目がたくさん集まれば、新しい小惑星が見つかって名前がつけられる。しかも地球に向かってきそうなら早めに対処できる。

もちろんプロ・アマ共同でできることには限界がある。できるのはたいがいデータ集めであって、天文物理学の新理論を構築できるわけではない。ときには集めたデータを正しく分析できないこともある。とはいえ、天文学では足場が確保されたようだ。科学史家のジョン・ランクフォードは、アメリカのアマチュア天体観測家たちのバイブル的存在である『スカイ・アンド・テレスコープ』誌にこう書いている。「プロとアマチュアという労働区分はこれからも残るだろう。しかし将来、両者の違いはいまより見えづらくなるかもしれない」

生産手段の民主化

といっても、やり方が新しいだけであって、コンセプトは新しいものではない。実際、プロ・アマ共同経済をはじめて予言したのは、カール・マルクスかもしれない。デモスが言及しているように、「一八四五年から四七年にかけて書かれた『ドイツ・イデオロギー』の中でマルクスは、労働――自主的ではなく強制された、報酬がある仕事――は自主的活動にとって代わられるだろうと主張した」。また彼は最終的に「物質的生産をしても、すべての人間が他の活動にいそしむ余暇を得られる」ときが来ることを望み、次のような共産主義社会を提唱した。「誰もが一つの活動領域だけを持つのではなく、それぞれ望む分野で成長を遂げることができる。……狩人にも釣り人にも羊飼いにも評論家にもなることなく、好きなように朝は狩り、午後は釣り、夕方は家畜の世話をし、夕飯が済んだら批評活動をする」マルクスの言葉を借りれば、プロ・アマ共同は生産手段の民主化をもたらす。これはロングテールの第一の追い風だ。

天文学で見られる影響は、他の数々の分野でも同じように見られる。四〇年前、アマチュアがエレキギターを弾いてポップ・ミュージックを民主化したように、パソコンの生産手段は音楽スタジオを民主化している。マックを買うと無料でついてくるアップルコンピュータの音楽制作ソフト、ガレージバンドは「次の大ヒット曲をレコーディングしよう」とユーザーに提案し、その手段を与えた。同じようにデジタル・ビデオカメラとパソコンのビデオ編集ソフト（ウィンドウズとマックに無料でついてくる）も、ホームムービーをつくる普通の人たちの手にかつてはプロしか使えなかったような手段を握らせた。

それから平等主義の引導でありつづけてきた活字による発言だ。「印刷物の力は印刷機を持てる者が持つ」という金言をはじめて無効にしたのはコピー機だが、本当にアマチュア出版のルネサンスを開花させたのはブログだ。現在、毎日何百万人もの人々がブログで「出版」をしている。その読者数をすべて合わせれば、どのメジャーな出版物の読者よりも多い。ブログ人気を高めたのもやはり民主化した手段だった。つまり誰にでも簡単にできる、安いオンライン出版のソフトとサービスが登場したのである。また、写真の加工とプリントができるソフト、プレイヤーに自分独自のマップをつくって公開するよう促すビデオゲーム、オンデマンド出版などもそうだ。

数十年前、ヒット映画をつくれない理由は二つあった。①必要な手段がない。②才能がない。でもいまでは一つしか言い訳がなくなった。しかもその才能の問題すら、昔ほど確かなことではなくなった。ハリウッドはその手際の良さをもってしてもこの世のすべての優れた才能を発掘することはできないが、テクノロジーのほうは、安く普及したのでずっとたやすく才能を獲得してしまう。昔は才能のほうが生産手段へにじり寄っていったものだが、これからは逆だ。

結果として、僕たちは受け身の消費者から積極的な生産者へと変わりつつある。しかも、好きだからやるのだ(アマチュアamateurという言葉は、ラテン語のamare＝「愛する」が変化したamator＝「愛する人」から来ている)。これはあちこちで見られる――アマチュアのブログは主流のメディアと同じように読者の関心を引き、三流バンドはレーベルなしで音楽をネット上でリリースする。またインターネットのレビューをおもに書いているのは僕たちと同じ消費者だ。まるでアマチュアの制作環境が「やりたいなら権利を得てからやれ」だったのが「どんどんやれ」に一変したみたいだ。

コラムニストのドク・シールズはこの傾向を消費主義から参加型「生産主義」への移行と呼んでいる。

「消費者経済」というのは生産者が支配するシステムだ。消費者はせいぜいコンテンツを現金に代謝させるエネルギー源でしかない。生産者が産業革命で勝利してから消費者に対してふるってきた絶対的権力による腐敗の結果だ。

アップルコンピュータは消費者に、生産者になれる手段を与えている。結果的に市場と、そこで繁栄する経済のどちらも劇的に変化する。

僕も自分の子供たちを見ればわかる。これを書いているいま、彼らはマシニマ——ゲームソフトでつくったデジタルアニメ短篇映画——に夢中だ。ゲームソフト『ヘイロー3』や『ザ・シムズ』などの3Dレンダリングエンジンを画像すべてに使うので、マシニマの監督は脚本を書き、キャラクターを動かし、台詞を入れればいいだけだ。他は何もかも——背景、カメラ、キャラクター、乗り物など——ゲームソフトがやってくれる。Ｘｂｏｘやパソコンの中にアニメーションスタジオのピクサーを小さくして入れたようなものだ。子供たちは最初、娯楽としてマシニマを観て楽しんでいた。次にどうやってつくったのか興味を持ち、自分にもできるのか訊いてきた（答えはもちろん「できる」だ）。マシニマにハリウッドのような高品質は望めないが、そこは創造性を刺激することでしっかり補っている。自分とそう変わらない人たちが、創造力豊かなすばらしい作品をつくるところを見ながら育ちつつある世代がすでにいるわけだ。これが大きな影響を生まないわけがない。

映画を観たり音楽を聴いたりしたとき、その作品は「天才」の才能と優れた道具によって生まれたと思うのも一つだが、一度舞台裏が見えてしまえば実は自分にもできそうだと気づく。生産手段が丸見えになったらつくってみようという気になるし、優れた作品がどのようにつくられたかがわかると、自分もやりたくなるものだ。

いまや何百万人もの一般人がアマチュア生産者になる手段と手本を持ち、その中に才能とビジョンを持つ者がいる。生産手段が広く人々に行き渡ったので、たとえその才能ある人たちが全体からすればほんの一部だとしても、あなどれない勢力になっていく。今後二、三〇年で、強い影響力を持つ優れた作品が既存の商業ベースではなくプロ・アマ共同階級のマニアたちから生まれても不思議ではない。こうした変化によって、かつてないペースで多くの人がロングテールに参加するようになるだろう。

ウィキペディア現象

二〇〇一年一月、(9) ジミー・ウェールズという金持ちのオプション・トレーダーが、膨大な情報量のオンライン百科事典をまったく新しい手法でつくりはじめた。アマチュア専門家、準専門家、知識があると自称しているただの人たちの知識を総動員させるやり方だ。この百科事典は誰でも無料で使え、報酬を得る専門家や編集者ではなく、ただ貢献したいと思った人たちがつくる。ウェールズは当初、すでに手元にあった数十点の記事とウィキ（「速い」という意味のハワイ語からつけた名前だ）というアプリケーション・ソフトから事業を開始した。このソフトを使うと、インターネットにアクセスすれば誰でもウェブサイトでコンテンツを編集、削除、追加できる。目標は、まさに古代のアレクサンドリア図書館（「紀元前三〇〇年頃、プトレマイオス朝のファラオ、プトレマイオス一世によってエジプトのアレクサンドリアに建てられた図書館。……蔵書は巻子本にしておよそ七〇万巻にものぼったとされる」『ウィキペディア』より）に匹敵する知の宝庫を構築することだ。

　これは言うまでもなく議論の的になった。

　まずつくり方が百科事典らしくない。権威ある知の集積をおこなうのは、そもそも学者の仕事だ。最初、不可能にあえて挑戦したのは独立した少数の博学の徒だった。古代ギリシャではアリストテレスが同時代のすべての知を一人で記録しようとしたし、四〇〇年後にはローマの貴族、大プリニウスが当時の知識を三七巻にして次々送り出した。中国では九世紀に杜佑《とゆう》という学者が一人で百科事典を書いている。そして一七〇〇年代には、ディドロが数名の仲間たち（ヴォルテールとルソーを含む）とともに二九年かけて『百科全書』をつくった。

　その後産業革命が起こり、個人が一人でおこなっていた仕事が次第に規模を増して集団でおこなわれるようになる。すると一八世紀後半にスコットランド啓蒙主義の人々が、製造業の科学的経営原則と流れ作業という知恵を編集作業に生かし、かつてない百科事典をつくりあげた。『ブリタニカ百科事典』である。一七八八年から九七年にかけて発行された『ブリタニカ百科事典』第三版は全一八巻に付録二巻がつき、総ページ数は一万六〇〇〇を超えている。専門家の集団が雇われて、詳細な作業計画に従い組織化され、管理者の指揮のもとで学術的な記事を書いた。

　そして第三のモデルを示したのがウェールズだ。作業集団を広く一般に求めるのである。

頭脳明晰な個人や数名の精鋭ではなく、あらゆるタイプ——本物の専門家からただの物好きまで——の何万人もの人々を誘いこむ。そして多くのボランティアの管理人が投稿記事を採用したり、その進行を見守ったりする。自ら立候補した記事投稿者である「ウィキペディアン」五万人は、ウェールズの百科事典のシステムでは大プリニウス一人に等しい。

作家のダニエル・ピンクがこう書いている。

ウィキペディアは明確な権限系統ではなく、徹底した分権化と自己組織化に信を置くもっとも純粋な形のオープンソースだ。ほとんどの百科事典は紙に印刷された瞬間から化石になっていくが、ウィキのソフトと人手があれば、自己修復をする生き物のような事典ができる。一風変わった製作モデルだが、スピードが速く流動的で、しかも修正可能な無料の製品を生み出している。

二〇〇一年の開始当時、こんな企画はばかげているように思えた。でも二〇〇五年までにこの非営利事業は地上最大の百科事典をつくりあげた。現在、ウィキペディアは七万五〇〇〇名を超える投稿者によって書かれた二〇〇万項目——『ブリタニカ』は一二万（書籍版は六万五〇〇〇）でマイクロソフトの『エンカルタ』は六万だ——の英文記事を擁する。エスペラント語やクルド語を含む一〇〇以上ある他の言語のバージョンも入れると、ウィキペディアの記事の総数は五三〇万を超える。

ウィキペディアに貢献するにはインターネットのアクセスさえあればいい。どの項目にも「編集」ボタンがあって、誰でも記事を投稿できる。僕たちは一人一人が何かのことには詳しい。ウィキペディアのいいところは、そのテーマはあまりにもマイナーだから項目にはならない、などという制限が事実上存在しないことだ。その点『ブリタニカ』はまったく対照的だ。たとえばこの偉大な百科事典を開いて、探している情報の項目がなかったり不十分だったりしても、地団駄を踏むか、編集者に（きっと返事の来ない）手紙を書くぐらいしかできることはない。しかしウィキペディアなら、自分で修正したり新たに項目を設けたりできる。受け身の不満から積極的参加へ。この飛躍は大きな変化をもたらす。どうせ当たらない天気予報なんて見ないで空を見たら、という古いジョークみたいに言えば、どうせ百科事典には載っていないとみんながぼやくけれど、いまならできることがある。

確率統計の時代

ウィキペディアは、記事は正しいとはかぎらないという意味で、「権威なし」と言われ、その側面ばかりが取り沙汰される。もちろん誰でも書きこめる以上、間違いは避けられない。担当のプロが項目一つ一つを検討、確認、調査する『ブリタニカ』とは違い、ウィキペディアの場合はただ「編集」ボタン一つで魔法のように無から記事があらわれる。

二〇〇五年後半、ジョン・シーゲンソーラーはウィキペディアの自分の項目についての記事を『USAトゥデー』に書いた。項目は次のような出だしではじまる。

ジョン・シーゲンソーラー・Sr《シニア》は一九六〇年代初頭、ロバート・ケネディ司法長官のもとで補佐官を務めた。ケネディ暗殺事件でジョンと弟のロバート両者の暗殺に直接関与していると一時期考えられていた。何も証明はされなかった。

六〇年代にロバート・ケネディの補佐官だったことを除けば、記事のすべては事実無根の中傷だった。シーゲンソーラーはウェールズに電話し、その記事を消去させた（自分でも簡単に消せたんだが）。その後シーゲンソーラーがこの件を公表すると、ウィキペディアは信頼に値するかという国民的論争にまで発展し、それが現在もつづいている。

結論は単純に白黒つけられるものではない。というのも、ユーザーがコンテンツを書くという性質上、よく目にするように細かい部分は曖昧でいい加減だが、全体として見れば驚くほど成功しているからだ。利用者は、何のためにあるものなのかを理解しさえすればいい。

グーグルや厖大なブログの集合知と同じく、ウィキペディアも確率統計学――確かかどうかよりも確率の問題――という異質な論理で機能している。でも僕たちの脳は確率や統計で考えるようにはできていない。みんな百科事典の内容が正しいかどうか知っておきたいし、グーグルの検索結果を導く（理想的には人間の）賢き手が存在すると思いたい。書いてあることを信頼したいのだ。

プロ──編集者、学者、ジャーナリストなど──が管理していれば、正確さのような問題に誰かが注意を払っていることだけはわかる。でもいまでは、誰もそんなことをしていない確率統計というシステムに依存しつつある。管理しているのはふいに「創発」してくるもの、つまり機械的な計算の中から自然発生的に生まれる知だ。こうした確率論的システムは完璧ではないのだが、時間をかけ、情報量が増すとともに、統計的に最適化されて向上する。規模に比例する、つまり規模が大きくなるにつれて改善されるように、設計されているのだ。ミクロレベルの小さな傷は、マクロレベルで効率性を高めた代償だ。

そんなに間違いがあるのによしとするのか。ここにやっかいな問題がある。このトレードオフを人が理解するのは難しいのだ。ダーウィン論争がつづいているのにはわけがある。それに、ジェームズ・スロウィッキーの著書『「みんなの意見」は案外正しい』（角川文庫、小髙尚子訳、二〇〇九年）には、アダム・スミスの「見えざる手」のような現象や、多数意見が少数意見よりも優れている場合があることについて書かれているが、あの偉大なスコットランド人スミスの死後二〇〇年以上たったいまでも驚かされる（読む必要もある）のにもわけがある。市場経済も進化論も実は確率論的システムで、それは僕たち哺乳類の脳にはぴんとこないのだ。まず少数の知的な人間が理解し、その知恵を用いて株式市場からグーグルまでの近代経済の基礎を築いたという事実は、脳のソフト（集団の知識）のほうがハード（脳神経系）よりも速いスピードで進化するという証拠だ。

ケヴィン・ケリーという作家の言葉を借りれば、確率論をベースにしたシステムは「コントロール不能」である。彼は『「複雑系」を超えて——システムを永久進化させる9つの法則』（アスキー、服部桂監修、福岡洋一・横山亮訳、一九九九年）という独創的な本の中で、民主主義から鳥の群れまであらゆる事例をとりあげたが、その無秩序のように見えるところからひとりでに秩序が生まれる様子は、エントロピーの方向を逆にしたみたいだ。この本は一二年以上前に出たが、数十年たってもその内容には驚かされることだろう。彼の言うことは正しい。

ウィキペディアは「権威」か、という問いには違うとしか答えられない。では何なのか。『ブリタニカ百科事典』は通常、少数の高学歴の校閲者グループによってチェックされる。確かにウィキペディアより大間違いや剽窃は（あったとしても）少ない。でもまったく誤りがないわけでもない。科学誌『ネイチャー』の二〇〇五年の調査によると、科学に関する四二項目のうち、ウィキペディアは一項目につき誤りが平均四つあったが、『ブリタニカ』にも三つあった。そしてその調査報告の後、ウィキペディアではすぐに誤りが訂正されたが、『ブリタニカ』は次の版を待たねばならない。

ただし『ブリタニカ』のもっとも大きな誤りは情報の抜けであって、決して間違っているわけではなかった。説明不足が少しと、時代遅れの内容が多く含まれていたのである。でも『ブリタニカ』には実にたくさんの項目——編集作業を考えれば不可能——が入っていない。いっぽうウィキペディアはどんどん入るよう調整できる。しかも絶えず更新される。

確率論的システムの長所は、集合知のおかげで幅も奥行きもうまく広げられるという点だ。

しかし細かいところでは正確さを犠牲にしているので、どの結果も多少疑ってかかる必要がある。ウィキペディアは最初の情報源であって、最後の情報源にしてはならない。情報探しの起点であって、事実確認の決定版となる情報ではない。

ブログもそうだ。どれ一つとして権威はない。ブログはロングテールだ。だからそのコンテンツの品質や特徴を一般化しようとするのは間違っている。本来、多様で変化に富むのがロングテールというものだからだ。でもブログ全体としては、メジャーなメディアに匹敵するどころかそれ以上のものであることを示している。ただ判断を下す前に複数読めばいいのだ。

同様にグーグルも、全知の神のようでいてよくわからないところがある。グーグルの検索が、僕らがしないような情報のつなげ方をするのは、それが理解を超えた規模の計算からひとりでに出てきた結果だからだ。グーグルはおそらく、インターネット世界の「巨大規模」統計学という異質な知性をＤＮＡに組みこんで誕生した、はじめての会社だろう。だからこれほど成功した。そしてどうやらとどまるところを知らないようだ。

作家のポール・グレアムが次のように書いている。

本来ウェブはある性質を持っていて、グーグルはただそれに合わせている。だから努力なしで成功したように見えてしまう。出版メディアのように既存のビジネス・モデルを信じつづけて無風状態にじっとしていたり、マイクロソフトやレコードレーベルのように顧客を訴えるなどして風に逆らいながらジグザグに進もうとしたりせずに、グーグルは追い風に乗って航海を進めている。自己流で物事を無理に変えようとはしない。次に起こることを見きわめて、それに合わせて対処しようとする。[10]

インターネットは、多数という法に支配された究極の思想市場である。グレアムの言う「ある性質」とは統計力学というからくりだ。巨大なシステムが理解するロジックは、ただ統計力学のみ。僕たちにもいつか理解できる日が来るのかもしれない。

ピア・プロダクションの威力

全体として見れば、ウィキペディアがおそらく世界でもっともいい百科事典だろう。量が多く内容が新しく、あの『ブリタニカ』より詳しいことも多い。ただし個々の項目を見てみると、品質がまちまちだ。息を呑むほど学識に富んだ記事があるかと思うと、「スタブ」(場だけつくってあとは他の人に書いてもらうためにつくられた項目だ)がごろごろあったり、自動生成するスパムまである。『ブリタニカ』の内容のレベルがたとえば五から九まであって平均七だとすると、ウィキペディアは〇から一〇まであって平均五といったところだ。

しかしウィキペディアは多くの人が見る人気項目において、荒らし行為やイデオロギー上の争いに驚くほどの抵抗力を示している。ＩＢＭの調査によると、ウィキペディアで注目度の高い「イスラム教」などの項目が荒らされた場合、修正されるまでに平均四分もかからない。百科事典のプロの校正者がしているのではなく、自ら進んで管理をおこなうプロ・アマ共同層による創発的行動だ。各方面の予測を裏切り、このシステムは実にうまく機能している。ウィキペディアの発展とともに、ますます多くの項目ですばやい自己修正が見られるようになった。

生き物のように傷を治しながら時とともに向上していくという点が、ウィキペディアのすごいところなのだ。まるで大きな医療チームが規模を増しながら免疫の役割を果たし、脅威をたえず警戒したり、すばやく治療に当たったりしているみたいだ。しかも生体システムのように、生態系にいる天敵や病原体を制する能力を身につけながら進化していく。

大事なのは、項目一つ一つではなく百科事典全体が確率にもとづいて動くという点だ。たとえすべての項目が優れているとはかぎらないにしても、どんなテーマであれ新しくて正確で、しっかりした内容を得られる可能性はなお高い。

伝統的に、百科事典の編集作業――プロの編集者、学者の書き手と校正者による――は完璧を期す。めったに完璧とはいかないが、おそろしく時間とコストがかかっても正確さを求め、信頼の置けるしっかりした事典をつくる。プロの出版業の他の本も同じで、文字はページの両面に印刷されていて、つづりはほぼ正しいことが予想できる。決してそれ以下にはならない品質基準というものがあるのだ。

しかし確率論的システムには品質の統計水準しかない。つまり、いいものもあれば並もあり、中にはまったくひどいのもある。これこそ、この大きな獣の性質だ。

ウィキペディアを批判する人の多くが正確さを求めるのだが、それが間違いなのであって、ウィキペディアは『ブリタニカ』とはまったく違う生き物だ。静止した事典ではない。生きた共同体だ。

アマチュアのユーザーが参加して編集できるこのオープンなシステムが、無秩序な混乱に陥らなかったのはまさに奇跡と言っていい。それどころかウィキペディアは史上もっとも総合的な百科事典を自己組織化してつくりあげた。ジミー・ウェールズの大切なはじめの一歩――他の人が追加できるよう、少数の記事でシステムを立ちあげる――は、エントロピーの方向を逆さまにして混沌《カオス》から秩序を生み出したのである。

できあがった百科事典は、スペースや生産の制約をまったく受けない非常に新しいものになった。世界で読まれている百科事典が含む項目はもちろん、それ以外にも教科書並みに詳しい量子力学などの記事からマンガの主人公の経歴まで数十万もの項目がある。ヒット全部に厖大な数のニッチを足した、という言い方をしてもいいだろう。

昔からある典型的な百科事典は、標準とされる文化的教養が選ばれてリストになったものだ。基礎となる規範というものがあって、それが権威に認められていなくてはならない。だから『ブリタニカ』の指導者が「これ以上は記述する価値なし」と決定したラインまでで記事が終わってしまった短い項目もある。古い百科事典はそこまでだ。ところがウィキペディアは前進あるのみ。いまウィキペディアの項目数は『ブリタニカ』の二〇倍あるので、探しているテーマに合った項目を見つけられる可能性はウィキペディアのほうが高い。

ある意味では音楽サイトのラプソディと同じだと思ってもいい。「ジュリアス・シーザー」「第二次世界大戦」「統計学」など、どんな百科事典でも見られるような人気上位一〇〇〇項目はヒット曲だ。こうした項目に、プロは大いなる学識でわかりやすく上手に信頼できる内容を書くが、ウィキペディアもそれにひけをとらない。ユーザーのつくるサイトのおもな利点は、内容が常に更新されて新しくなるだけでなく、長さに制限がなく、視覚教材（写真やグラフなど）に富み、関連情報を参照できる数々のリンクをつけられることだ。しかも、たぶん違った視点や論争などを伝える面ではいっそう優れている。

『ブリタニカ』の人気ランキング最下位は一二万位なので、一〇〇〇位から一二万位までを見てみよう。これはウィキペディアの曲線だと真ん中あたりだ。「帝王切開」「沖縄」「回帰分析」など、項目が細かくなってくる。そしてこのへんからウィキペディアは競争で一歩リードしはじめる。スペースの制限がないので、ウィキペディアの記事は長く詳細になる傾向がある。『ブリタニカ』の一項目の記事は二〇〇六年の時点で平均六七八語だが、ウィキペディアの二〇万を超える項目（『ブリタニカ』全体の二倍を超えている）がそれよりもっと長い。しかも外部リンクや最新情報という特典があるため、ウィキペディアはさらなる情報探索の足がかりとなる。

そしてウィキペディアにはその後に一二万位から一〇〇万位までの長いテールがある。他の百科事典ではついぞ見かけぬ項目も読むことができるのだ。そうした記事――「シーザー暗号」「ランチョンミート」「スピアマンの順位相関係数」など――は（熱心な専門家が書いた）最高レベルから（自己宣伝、腹いせ、いたずらなどの）最低レベルまである。この最低レベルの項目にばかり批判が集中しているが、ウィキペディアのテールにおいて大事なのは、他にこんなものはどこにもないということだ。主要な科学から最新の政治状況まで、これまでの百科事典――紙かDVDだけという制約がある――が扱えないところまで網羅する。『ブリタニカ』に「ロングテール現象」は載っていない（でもそのうち載るぞ）が、ウィキペディアにはうまく詳しく書いてあるだけでなく、一五〇〇語もあるのだ（僕はまったく書いていないのに！）。

ウィキペディアの書き手は、自分が好きでよく知っているテーマを一般に理解してもらういい機会だとばかりに、やる気に満ちて熱心でオープンな態度だという傾向がある。そこに百科事典をつくる簡単で新しい民主的手段、つまりウェブ・ブラウザとインターネットという力が加わった。こうしてアマチュアの書き手がぐんぐん進出し、たった五年で書き手の数は一〇〇〇倍に増えた。

これが「ピア・プロダクション」の世界だ。インターネットによって可能になった、ボランティアとアマチュアの大群による驚くべき現象だ。僕たちが迎えようとしている新しい時代では、どの分野でも生産者のほとんどが無報酬であり、プロとの差はやる気を増すような手段や資金を持っているかいないかという（消えつつある）違いぐらいなものだ。生産手段がみんなの手に届けば、誰もが生産者になる。

評判の経済とは

なぜ彼らは今後の商売にするつもりもなく、一度の報酬すら期待せずに、金になるはずの仕事（百科事典の記事作成や天文観測など）をおこなうのだろうか。この疑問はロングテールを理解するうえで重要だ。なぜ重要かといえば、テールの中に営利目的ではないものがたくさんあるからでもあるが、もっと大事な理由がある。この疑問からは、市場に関して僕たちが考え直すべき思いこみが浮かび上がってくるのだ。今後思いこみをなくして、ヘッドとテールではものづくりの動機が違うという事実を知らなくてはならない。一つの経済モデルがすべてに当てはまるわけではないのだ。あるいはロングテールのヘッドは旧来の貨幣経済ではじまり、テールは非貨幣経済で終わると考えてもいい。その中間は、両方が混在した状態だ。

ヘッドでは営利が優先される。高くつくが影響力は強い大衆市場の流通経路によって、商品から利益が生まれる。そこはプロの領域だ。プロ自身は好きなことをしているかもしれないが、それは同時に仕事でもある。このヘッドの経済では創造性は後回しにされる。生産と流通にコストがかかりすぎるからだ。金がプロセスを支配する。

いっぽうテールでは、生産と流通のコストが（デジタル技術の民主的な力で）低く抑えられ、利益はしばしば二の次とされる。創造の目的は自己表現、楽しみ、実験などさまざまだ。

それを経済と呼ぶ理由があるとすれば、現金と同じくらい人を動かせる貨幣の存在だろう。「評判」という貨幣である。評判は商品の注目度の高さで測られ、仕事、在職権、顧客などあらゆる類の金になる価値と交換することができる。

コロンビア大学法科大学院のティム・ウー教授はこの経済を「露出文化」と呼び、ブログを例にとりあげて次のように書いている。

露出文化は、人の目にとまることがすべてというインターネット哲学を反映している。インターネットの書き手はお互いにリンクし、自由に引用し、記事にコメントを書くこともある。お気に入りの記事や笑えるサイトのアドレスをメールすることは、井戸端会議と同じぐらいアメリカの職場文化の一部になった。露出文化の最大の罪はコピーではなく、原作者を正しく表示しないことである。その証拠に、露出文化の中心には圧倒的規模の検索エンジンが存在するが、もし自分のウェブサイトがグーグルにすぐ出てきても訴えたりしないで喜ぶのだ。

ロングテール曲線に集うのはさまざまな動機を持つ生産者だとわかったいま、そこには知的所有権についてさまざまな考え方をする人たちがいることも容易に想像がつく。ディズニーとメタリカは著作権保持と延長のためには何だってやるかもしれないが、そのいっぽうでP2Pネットワークによる無料配信を低コストのマーケティングと考えるプロデューサーやアーチストがごまんといる。ミュージシャンはそこにライブ・コンサートの観客を見つけ、インディーズ系映画製作者は口コミで名前を売るチャンスと思う。また研究者は自分の論文の無料ダウンロードは影響力と読者を増す方法と考える。

それぞれの立場によって著作権に対する見方が違うのである。ロングテールのてっぺんでは映画会社、メジャーなレーベル、出版社などが著作権をしっかり防衛している。曲線の真ん中あたりはインディーズ系レーベルや学術系出版社がいる領域で、ここはグレーゾーンだ。さらにテールを下っていくともっと非営利な領域に入っていき、明らかに著作権保護を放棄したコンテンツ生産者が増える。それにこたえて非営利団体のクリエイティブ・コモンズは二〇〇二年より、特定の著作物を一定の枠内で柔軟に使用することを許可する同名のライセンスを発行している。無料配信したり加工したりなど、アイディア、関心事、評判などを仲間に広める価値が（コンテンツ生産者にとって）高まっていることを考慮してのことだ（そういうわけで、実は僕もブログのライセンスをとった）。

著作権にこだわるクリエイターもいれば、そうでないクリエイターもいる。それなのに著作権法は両者の区別をつけない。正式に放棄しないかぎり著作権は自動的に認められ、守られる。その結果、「無料」という魅力ある形式も著作権侵害の恐れから人目をはばかるようになり、疑念の目で見られることも多い。何より、昔聞いた共産主義とヒッピーの反資本主義スローガンを思い起こさせるからだろう。

それでも人々は、ブログ圏《ブロゴスフィア》やオープンソースなどすべてにおいて「贈与経済」の力がはっきり見えてくるにつれ、このことを考え直すようになってきた。僕は仕事の一面（六五万人の読者を持つ雑誌の編集）では曲線のヘッド近くにいるけれど、別の面（三万人の読者を持つブログ執筆）ではテールにいる。それぞれの知的所有権に関する僕の考えは同じじゃない。こんな現実を市場と規制がもっと正確にすくいとってくれる日が、早く来てほしい。

自費出版はもう恥ずかしくない

出版は商売であって、ほとんどの作家はベストセラーを書いて稼ぎたがっていると巷では思われている。でも実際には大半が人気作家になる気はないし、大ベストセラーなんか狙っちゃいない。毎年、約二〇万タイトルの英語の本が出版されているけれど、そのうち普通の大型書店に置かれるのは二万タイトルにも及ばない。ほとんどが売れないのだ。

ニールセン・ブックスキャンが二〇〇四年に調査した一二〇万タイトルの本の売れ行きを見てみると、一二〇万タイトルは一〇〇〇部に満たず、九五万タイトルは九九部にも満たずといった状況だ。販売数五〇〇〇部を超えたのは二万五〇〇〇タイトルにすぎない。アメリカの本の平均販売部数は一タイトル約五〇〇部という計算になる。要するに稼ぐ気があろうとなかろうと、約九八パーセントが商売にならない。

大衆市場にもぐりこむためには妥協が必要だ。少数ではなく多数派が興味を持つテーマを進んでとりあげ、文章は論文調にせずしゃべるように書く。でもたいていの作家にはそれができないし、しようとすらしない作家も多い。金にはならないと知りながら、みんな書きたいように書いている。数少ない友や魂の兄弟たちに読まれればいいぐらいにしか思っていない。

その金にならないはずの出版が、富を生むことがある。ただし本の価値が上がるのではなく、別の価値の高い商品――作家自身――の宣伝になるのだ。たとえば書き手の学術的評価を高めるため、コンサルタント技術の宣伝のため、講演料のため、あるいはただこの世に足跡を残すためだけのマーケティング手段として、売れない本がいくつも出されている。この考え方で行けば、金を生む商品ではなくメッセージを送る方法として自費出版という手を考えることができる。

さて自費出版業界をちょっと覗いてみよう。ルル・コム［Lulu.com］は新興のDIY出版だ。ISBN付きのペーパーバックやハードカバーの本を二〇〇ドルもかけずにつくれるだけでなく、オンライン書店で発売してもらえる。すると何百万人もの読者が購入できることになるので、もしレコメンデーションが後押ししてくれれば『ハリー・ポッター』と肩を並べる可能性もある。ルル・コムはわずか数十部単位で印刷し、オンデマンド印刷で必要な部数を補充していく態勢だ。数年前には無駄の多い世界と嘲笑されていた出版モデルからすれば、大いなる進歩だ。その結果、いまや何千人という作家がこのルートを選んでいる。

二〇〇六年に僕が見た時点では、ルル・コムで自費出版された本の販売ランキング上位五点は次の通り。

①『忙しい人のためのローフード——調理器具を使わない毎日の簡単レシピ』
②『ハバニーズ』（ハバニーズ犬の飼い主、ブリーダー、愛好者のための完全ガイド）
③『生物学研究——実験の手引き入門篇　第一二版』
④『SAT完全対策』（SATはアメリカの大学進学適性試験）
⑤『ウェディング・プランナーになるには』

以上すべてが五〇〇〇から五万部売れた。悪くない数字だ。しかも売上の八〇パーセントが直接作家の手に渡る。アメリカの出版社は普通、作家に一五パーセントしか渡さないのだ。

自費出版は敗者の兵法という考え方はもう終わる。

でもいまだにほとんどの作家は自費出版に踏み切ろうとしないし、ベストセラーを期待することもない。ルル・コムで数千人の顧客が自費出版したのは、ほとんどの場合、商業出版社を探すほど売れることはなさそうだと思ったからだ。読者がいないわけではない。ただ数が少ないというだけだ。

自費出版の作家たちは多くが数年前だったら出版すらしなかっただろう。そして出版できないなら、多くの人は最初から執筆する気にならなかっただろう。でもいまではコストがあまりに安いため、ほとんど誰でも出版できてしまう。つまり、いまや人々はどんな理由であれ本を書けるのであり、市場に出す価値があるかどうかという判断を出版社に訊く必要はもうない。

業界全体がこの余波を受けている。大型書店もその一つ。バーンズ・アンド・ノーブルで二〇〇五年に売れたタイトル数は、二〇〇四年より二〇パーセント多かった。CEOのスティーヴ・リジオがその要因を三つ挙げてくれた。①オンデマンド印刷のおかげで絶版本が減った。②インディーズ系小出版社が増加した。③自費出版が増加した。

「今後数年のうちに、〝出版された本〟とは何を指すのか、そのこれまでの定義が意味をなさなくなるでしょう。みんな作品を出版する最初の舞台としてインターネットをもっと使うようになります。本、短篇小説、未完成の作品、専門分野に関する記事など、何でもそうです。そしてもっとも優れた作品が実際に本になる。書籍産業の未来については私は楽観的なほうです。まったく新しい効率的な手段ができて、誰でも出版できるようになり、しかもその手段が急速に向上しつつあるんですから」

ヘッドの作者とテールの作者の大きな差はどこにあるかというと、テールの先へ行けば行くほど昼間の仕事をつづけなくてはならないことだ。でもそれでいい。プロとアマチュアの作者の違いは曖昧になってきていて、本当に最後にはどうでもいいことになるかもしれない。僕たちは報酬をもらってつくるだけでなく、つくりたいものをつくる。そしてどちらも高い価値を持ちうる。

韓国のオーマイニュース［OhmyNews］というウェブサイトが二〇〇〇年に起こした「市民ジャーナリズム」現象も、アマチュアの台頭の一例として挙げられる。[11] このサイトでは、小学生から大学教授まで六万人を超えるアマチュアが書いたニュース記事の審査と編集と補足を、約六五名のプロの記者と編集者がおこなう。このボランティアたちが寄せる一日に一五〇から二〇〇件の記事は、オーマイニュース全体の三分の二を超える割合を占める。記事が採用されても執筆者はわずかな報酬しかもらえないが、もし第一面に載れば約二〇ドル手に入る。とはいえ数は少ない。それなのにどうして彼らは書くのだろう。設立者のオ・ヨンホはこう言っている。「みんな社会を変えるために書くんです。お金を稼ぐためじゃありません」

自主制作映画の監督やブロガーなど、商業的成功をあまり期待せずにテールに参入してきた生産者はリスクを冒すことを恐れない。失うものがないから進んで危ない橋を渡ろうとする。許可も企画書もいらないし、ときには資金すら必要ない。創造の手段はすでに安くなり、才能は広く配信される。結果としてロングテールはアイディアが生まれて発展し、それから営利形式をとっていく創造の坩堝《るつぼ》と化すだろう。

事例――ザ・ロンリー・アイランド

自己表現から人気取りまで、あらゆる目的で人はものをつくる。何もかもが同じ動機でつくられているわけではない。ロングテールのヘッドとテールの間をますますスムーズに移動できるようになってきたいま、これは重要なポイントだ。ｉＴＭＳなどインターネットで見られるデジタル市場には、境界線というものがない。人々の心をいったんつかめばまったく売れないコンテンツがトップに駆け上がることもありうる。生産者のやる気をかきたてる動機は何かを理解することが、そうしたコンテンツを発掘して育てるためには欠かせない。

二〇〇五年中頃の会議で、メディア業界の大物として知られるIAC（インターアクティブコープ）の会長バリー・ディラーは、ピア・プロダクションは確かにおもしろいと認めた。しかしそれがハリウッドと競い合える勢力になるという考えは一蹴してしまった。「自分では魅力があると思っているものをつくる人々が一八〇〇万人いても、才能のある人たちにはかなわないでしょう」彼は自信たっぷりにそう言った。

それは本当だろうか。もしその「才能」が大衆市場のヒット商品をつくる能力だけを指すのなら、ディラーの言うことにも一理ある。しかしハリウッドのヒット映画以外の創造性というものがある。人々を惹きつける人間は、あらゆるルートからどこからでもあらわれる可能性がある。

そのいい例がアキヴァ・シェイファー、ヨーマ・タッコン、アンディ・サンバーグの三人組だ。つい最近まで彼らは、ディラーの才能選別機にかけられたら真っ先にふるい落とされるタイプだった。

もともと高校の同級生だった三人は大学を出ると、一緒にハリウッドにやってきた。オリンピック通りにある大きな家を安く借り、その家に「ザ・ロンリー・アイランド」という名前をつけた。そしてコメディ・グループとしてどうやってエンタテインメント業界に乗りこむか考えた。

テレビ番組に参加するのは個人のコメディアンでも——脚本だけだとしても——容易なことじゃない。最初からグループができている場合はなおさら困難だ。ハリウッドで仕事探しをするうちに、当然すぐに三人は誰もが突き当たる壁にかたっぱしからぶつかった。しかし、彼らはいつまでも追い返されるままではなく、家にちなんだグループ名をつけて行動を起こした。インターネットを使ったのである。ザ・ロンリー・アイランドの三人はまず撮影機材を借りてきて、短篇のコメディ・ビデオと歌をこしらえはじめた。次いでシェイファーの弟で、インターネットの普及活動をしていた技術コンサルタントのマイカが、彼らのウェブサイト、ザ・ロンリー・アイランド・コム［thelonelyisland.com］を二〇〇一年に立ち上げた。

ザ・ロンリー・アイランドは、表情を変えずに笑わす特有のネタを入れた白人系ラップミュージック・ビデオの公開からはじめた。初期のビデオには（『君はシャナン・ドハーティーにキスをした』のような）「カブラモ！」（彼らの作品名のひとつで、最高だという意味）なことを扱うものもあれば、そうでないものもある。こういうおもしろい単発ものでときどき起こることだが、ビデオはネット上でずいぶん流通した。そんなある日、彼らの作品をオランダのDJが「マッシュアップ」（複数の作品を混ぜて編集すること）に使った。そこでさらにザ・ロンリー・アイランドの人気が上がった。

作品の自由な再使用を認めるライセンスをクリエイティブ・コモンズからとって、その後も次々ビデオを発表したところ、ファンによるマッシュアップがさらに増えた。[12] こうしてザ

・ロンリー・アイランドはわずか数年のうちにネット上の有名人《セレブ》になった。彼らを支持したのは、テレビを観る代わりにインターネットをやり、年中ネット上のサブカルチャー動向を追いかけている層だ。

この三人のダチ――ファンはそう呼んでいる――はネット上の知名度を利用して、脚本とパフォーマンスの両方でどんどんましな仕事をとっていった。それでもおもなショーはネットに公開しつづけた。彼らのインターネット版「ゴールデンタイム番組シリーズ」の第一話は『ブ』だ。サイトには「マリブに住む若くセクシーな人々は、マリブのことを〝ブ〟と呼ぶ。なぜなら全部言ってると時間がかかって年をとるから」と書いてある。

カルト的ファンが増えてくると、彼らの短篇ビデオの噂が人気バラエティ番組『サタデーナイトライブ』の人気者ティナ・フェイとプロデューサーのローン・マイケルズの耳に届いた。そして二〇〇五年の半ば、三人はコメディ業界でもっとも有名な製作チームのオーディションを受けるためにマンハッタンに飛ぶことになった。結論から言うと、全員が採用された。

二〇〇五年一二月、『サタデーナイトライブ』でザ・ロンリー・アイランドは白人系ラップをパロディにした新ネタを披露した。『ナルニア国物語』を題材にしたそのコントは予想通り、はちゃめちゃなずっこけぶりでえらく笑えた。かくして彼らのコメディは、なんと土曜夜のネットワーク局の番組で放映されたのである。

（数の減りつつある）普通の視聴者たちは大半がコントを観てきっと大笑いしただろうが、

それから忘れ去ってしまっただろう。でも中にDVRに録画した人たちがいて、そのうち少数がナルニア・コントを観て才能のきらめきを感じ、その録画ビデオをインターネットに流した。そしてネット上でそれがいつものようにたくさんリンクされて人気になると、やっとNBCが反響の大きさに気づき、『サタデーナイトライブ』の公式サイトとiTMSでビデオを公開した。すると再び口コミが広がり、今度こそ本当に大評判になった。

メディア評論家のジェフ・ジャーヴィスがこの反響について述べている。「ある世代の人たちの話だが、私は彼らの誰かが『サタデーナイトライブ』の噂をしたり、すすめたり、観たと言ったりしているのを聞いたことがなかった。それなのに突然その番組の話でもちきりになっている。たまたまたくさんの人が観ていたときに偶然その番組がおもしろかったわけじゃない。あのおかしなナルニア・コントがインターネットで配信され、それにみんながリンクした結果、評判になった。誰のものでもないネットワークのすごさを、NBCは思い知らされている」確かに『サタデーナイトライブ』のサイトへのアクセスは、ビデオが配信されてから二週間で二〇〇倍を超えた。

つまりザ・ロンリー・アイランドの成功物語は、インターネットを出てインターネットに戻るのだ。まずエンタテインメント産業に相手にされなかった落ちこぼれたちが、インターネットで人気になる。このネット上にいる二〇代の若者層は把握しにくいのだが影響力は強い。この層に人気があることに気づいたエンタテインメント産業が、その落ちこぼれを採用する。こうして三人はテレビ放送でも同じことをするが、若者層がもうあまりテレビを観なくなったので、本当に人気が出るのはインターネットに「引き返して」からだ（ネット小僧たちの応援で人気がさらに高まる）。いままでインターネット世代は『サタデーナイトライブ』を小馬鹿にしていたが、この番組がネット上に咲いた本物のアングラ精神をとり入れたため、再びイケていることになった。

昔『サタデーナイトライブ』は無名の地方劇場から人材を拾っては育てていたものだが、いまはインターネットの中にも人材がいる。ここから学ぶべきことは何だろう。まずザ・ロンリー・アイランドの魅力を認めて中へすくい入れたという意味では、たぶん既存のエンタテインメント産業の才能選別機もちゃんと動いている。でもビデオカメラでおかしなラップを撮ってウェブサイトで公開したあの三人は——ディラーの見下したような言葉を借りれば——「自分では魅力があると思っているものをつくっている一八〇〇万人」に入っているはずだ。

おそらく次世代の才能はやりたいことをやる「一八〇〇万人」の中から登場する、と見るのが正しい。ハリウッドを含むエンタテインメント産業はありきたりなものをえんえんとつくっているが、それを救うのはきっとその新しい才能に違いない。たぶんディラーの言うことも正しくて、人気ドラマ『フレンズ』のような脚本を書ける人はわずかしかいないだろう。でもナルニア・コントみたいな意外性のあるネタをつくれる人間だってそういない。インターネット——テレビ放送網ではなくニッチが支配する場——で育った視聴者の心をつかめるコンテンツだ。インターネットという民主化した流通手段のおかげで視聴者を獲得するチャンスを得たこのような才能が、いまどれほど潜在しているか想像してほしい。

何シーズンもつづく質の高いドラマをつくるには、いまだにハリウッド型のヒット製造機をフル回転させなくてはならないだろうが、そのいっぽうで同じ時間量の数百ものアマチュア・ビデオが束になって同程度の視聴者数をつかむこともありえる。両者――耐久力のある商業ブランドとはかなく消えるアマチュアの趣味――を比べるのはお門違いのように思えるだろう。でもこの二つが、インターネット世代の画面視聴時間を奪い合っているという現実がある。視聴者は二つの作品を同時に観ることはできない。

ディラーが考慮しそこねたのは、全員に受けるヒット作品の需要はもう的を絞った特殊なコンテンツの需要に追い抜かれたらしいという点だ。視聴者がトップ40の曲や大ヒット映画から離れていくにつれ、ファンに向かって自分の言葉で語りかける厖大な数の無名アーチストたちに需要が広がっていく。九九パーセントのブログが数十人ずつしか読者を獲得できていないとはいえ、読者数が多い残りの一パーセントのブログの数は数千もある。しかもその一パーセントのブログを全部合わせれば、多くの主流メディアと同じぐらいのトラフィックを獲得しうる。ネットの「口コミ」で評判になった動画は普通数百万人が観るが、これはもっとも人気のあるテレビ番組しか集められない数だ。

ルル・コムで自費出版する作家たちの本のように、たいしたお金にはならなくてもそんなことはどうでもいいのであって、問題は作品が存在して視聴者を獲得しているということだ。既存の営利事業がつくったものではないのに、同じように競い合う。つくる意志と技術を持った人々を阻むものはほとんどない。生産手段が完全に民主化したため、生産者の人口が急激に増えている。いまやコンテンツを生み出す人の数は、映画会社の脚本審査やレーベルのテープ審査などを通じて人事担当が通常採用できる許容量を超えている。草の根から創造の波が押し寄せているのだ。

参加のアーキテクチャ

昔も似たような話はあった。一九七〇年代後半から八〇年代前半にかけてエレキギター、安い多重録音装置、セックス・ピストルズといういい手本が一斉にあらわれた。そのため音楽トレーニングを受けずに、特に才能もない若者たちが勝手に音楽をやれるようになった。パンク・ロックが音楽シーンに登場したとき、ステージの前で踊っていた若者たちは稲妻のようなひらめきを感じたものだ。同い年ぐらいの若者が三つのコードを下手くそに弾きながらステージを飛び回っているのを見たら、誰だって思う。「俺にもできる」

ミュージシャンになるための正しい勉強法は優れた人を真似ること。それが常識と思われていた時代は長かった。その頃は先人と同じ曲を演奏し、楽譜を研究し、音楽学校に通うことからはじめるべきだとされていた。下積みが必要という考え方だ。「繰り返し練習してみんなが望むスタンダード曲を演奏せよ（君のひどいオリジナル曲なんか誰も聴きたくない）。ちゃんとやれ」というわけだ。

この常識をパンク・ロックが変えた。「ギターは持ってるな。よし。ちゃんとやらなくていいよ。間違えてもいいから。うまいかどうかはどうでもいいんだ。何か訴えるものがあれば」パンク・ロックはそう教えてくれた。この音楽で大事なのは、生き生きした声と新しいサウンドとエネルギーと反抗精神だ。それは既存のシステムの外からしかやってこないものだ。

自分と同程度の才能の人間が人気を集め、新しいことを楽しそうにやっているのを見たらみんな自分もやりたくなる。経済用語を使えば、パンク・ロックは生産への参入障壁を低くしたと言える。

生産者と消費者の間に横たわる境界線はぼやけてきた。いまや消費者は生産者でもある。一からものをつくる人もいれば、いろんなやり方で他者の作品をリミックスする人や加工する人もいる。たとえばブログの世界の「かつての読者」――消極的な消費者だったのが、主流メディアについてコメントしたりブログしたりする積極的な生産者になった読者たち――がそうだ。ネット上に増殖するレビューなどの口コミにしか参加しない人もいるが、それはかつてラジオのDJ、音楽雑誌の批評家、マーケターの仕事だった。

その結果として、DIY出版時代の動向に注目している出版社の経営者ティム・オライリーが「参加のアーキテクチャ」と呼んでいる形になってきた。(13)

その構造を、カリフォルニア大学バークレー校の研究チームがこのような新しい生産マップ上にあらわしてくれた。ご覧の通り、プロが生産しアマチュアが消費するこれまでの画一

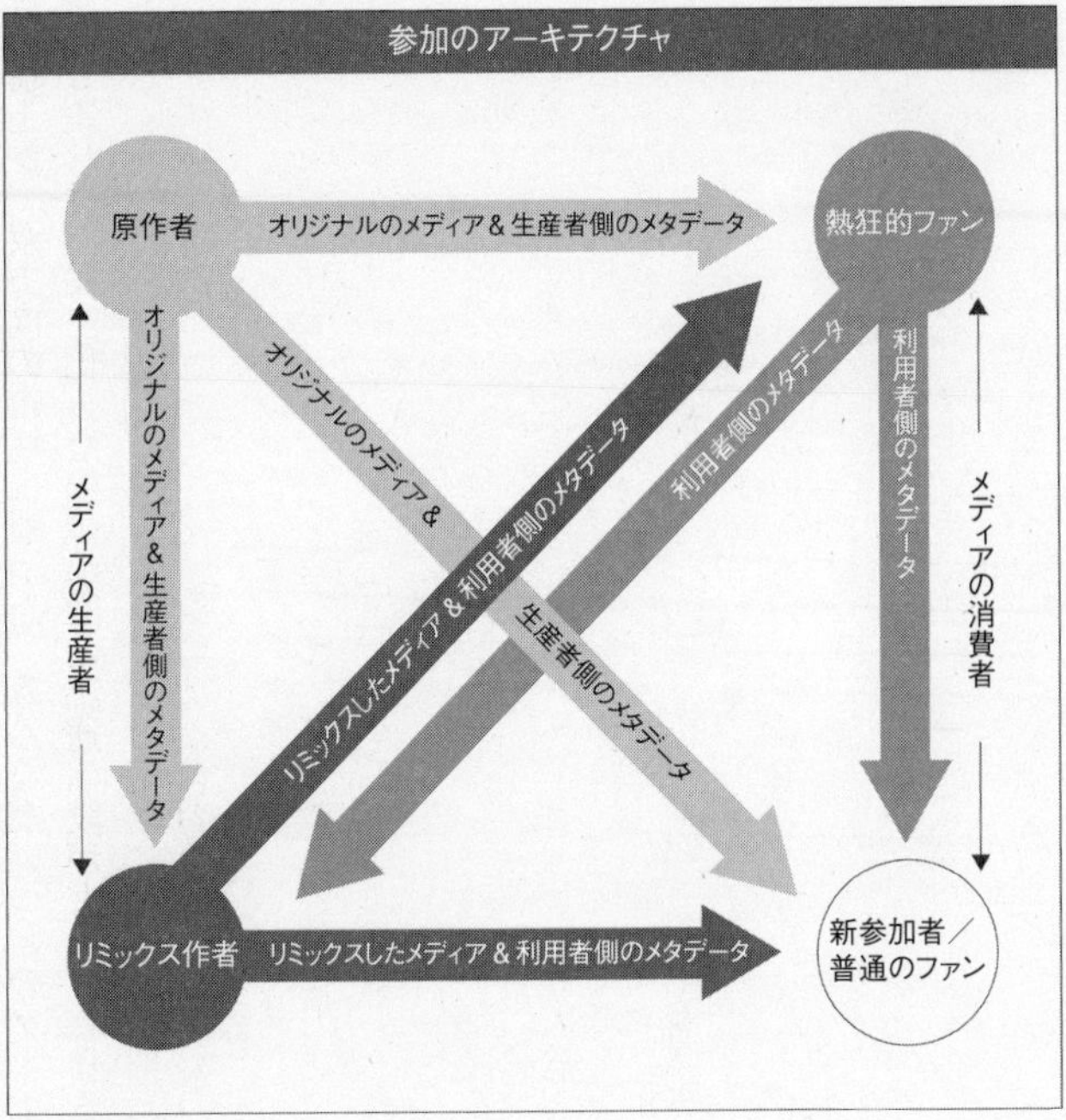
参加のアーキテクチャ
原作者
オリジナルのメディア＆生産者側のメタデータ
熱狂的ファン
メディアの生産者
オリジナルのメディア＆生産者側のメタデータ
オリジナルのメディア＆生産者側のメタデータ
リミックスしたメディア＆利用者側のメタデータ
利用者側のメタデータ
利用者側のメタデータ
メディアの消費者
リミックス作者
リミックスしたメディア＆利用者側のメタデータ
新参加者／普通のファン

的な産業構造が、双方向の市場になった。みんながいつどのグループに入ってもおかしくない。しかもこれは、民主化した生産手段と流通手段がもたらしうる大変革のほんの一部にすぎない。

第6章　新しい市場——ヘッドからテールまで呑みこむ集積者《アグリゲータ》

一九八二年のことである。リチャード・ウェザフォードという書店経営者が、当時登場したばかりのパソコンが古本ビジネスに革命をもたらすことに気づいた。全国に何千とある古本屋はそれぞれ品揃えが違う。客の欲しい本はきっとどこかにはあるはずだが、見つかるかどうかは時の運だ。見つけにくい主要原因は情報にある。それをウェザフォードは知っていた。そして情報は、まさにコンピュータの得意分野である。さっそく彼は古本屋のオンライン・データベースをつくる会社の企画書を書いた。その会社をインターロックという。本の橋渡し役と言うところを、ちょっとひねって「対話者《インターロキュター》」とし、それを縮めた名前だ。

時代を二、三〇年先取りしすぎたせいか、ウェザフォードは会社設立の資金を集められなかった。でも一九九一年、書籍と雑誌のサービスを提供するファクソン社に雇われて、同じ試みであるブッククエスト［BookQuest］に手を貸した。だがこれまた——まだ一〇年早すぎた——うまくいかなかった。ただし少なくとも資金は得られるようになったため、ウェザフォードは他の書店から五万ドル支援してもらい、まだウェブが一般に普及していなかった一九九三年、インターロックを設立した。顧客の探す本を見つけるために、書店が他の書店の在庫も検索できるようにした非公開ネットワークである。そして基本のデータ（現在でも使われている）と、書店がモデムを利用して書名リストを送信できるソフトを作成し、一九九六年にはそれをウェブへ拡張した。

そんなある日、マーティ・マンリーがもう絶版になった本を探していた（一九九七年）。彼は労働組合幹部とマッキンゼーのコンサルタントとビル・クリントン政権の労働次官補を務めたことがある人だ。彼はインターロックを見つけると、ばらばらだったはずの書籍市場の情報がふんだんに入ったデータベースを目にして、すぐさまその可能性に胸を打たれた。そこでさっそくウェザフォードに連絡をとると、インターロックを消費者と書店双方に向けた新会社に統合してはどうかと持ちかけた。結果、その年のうちに彼らは、バークレーにあるマンリーの家でアリブリス［Alibris］を設立したのである。

ここでちょっと立ち止まって、古本市場の状況を知っておきたい。過去数十年にわたり、概ね古本市場は二つの異なった市場で構成されてきた。約三分の二が大学をとり巻く教科書ビジネスで、効率がよく景気もいい。そして残りの三分の一が、全米におよそ一万二〇〇〇軒ある小さな古本屋がやっている比較的のんびりした商売だ。

中古の教科書は典型的に経済効率のいい市場だ。高価な本を何百万人という学生が買い、一学期だけ使用してまた売る。再販の価値がつく本は、主要な科目の講義プラン次第で決まる。大学の書店同士の競争で価格が決まり、供給量は年に二回補充される（アメリカの大学は一年二学期制で、学期ごとに科目が終了する）。

教科書の出版社は、このビジネスにそれほど目くじらを立てない。というのも、買い手が中古価格を見こんでいるため新しい本の値段を高く設定してもよいからだ。実はこの経済モデルは売買というよりもレンタルに近い。通常、書店は元値の五〇パーセントで買いとり、七五パーセントの価格で売るので、「レンタル料」は学生が新しい本を買った場合は元値の五〇パーセントとなり、古本を買った場合は二五パーセントということになる。

新刊本の販売に響かぬよう、出版社はときどきページ番号《ノンブル》を修正した新しい版[14]を出し（こうすれば古い版が授業で使えなくなる）、古本をいつまでも回転させておかない。古い在庫市場はこうしてときどき浄化される。このシステムは実にうまい具合に機能しており、アメリカの中古教科書市場は現在一七億ドルの事業となっていて、これは全大学の売店による総売上の一六パーセントを占める。

しかし大学と関係のない古本の市場となると、経済効率はよくない。普通の古本屋に本を持ちこむのは、たまたまその地区に住んでいて自分の蔵書を売ろうという人にかぎられる。したがって古本屋の在庫は書籍市場を網羅するどころか、本の持ち主の趣味に左右されるうえに掘り出し物はあまりなく、でたらめな品揃えになりがちだ。古本屋の常連にとっては探検や発見のわくわく感があって魅力的だろうが、ある特定の本を探している人にとっては、店中の書棚を眺めて回る作業が報われずに終わることもある。

経済用語を使うと「潤沢な流動性」のおかげで中古教科書市場は成り立っている。比較的種類の少ない商品にたくさんの売り手と買い手がつくので、欲しいものを見つけて適正価格で買える可能性がかなり高い。いっぽう大学で使われないただの古本の場合は流動性が低く、市場が停滞する。つまり厖大な商品に少数の売り手と買い手しかつかない状態だ。商品の種類が多すぎて取引人数が少なすぎると、結果として欲しいものが見つかる可能性は低くなる。だから特に何か欲しいものがある買い手はたいてい古本屋に行くのをやめてしまう。

というわけで古本屋一軒一軒の商売はあまり大きくないが、(すべての古本屋を一つにまとめるかつなげるかすれば)古本市場全体は巨大で、非常にいい商売になる。ウェザフォードはこのことに気づいていた。約一万二〇〇〇軒の古本屋の在庫を合わせると、世界最大級の図書館にも匹敵しうる。そこでまず古本屋の店主たちがそれぞれ在庫のデータを入力し、そのデータをすべてアリブリスが統合して、アリブリスのデータを使ったオンライン書店で新刊本とともに画面に表示させた。

さらにそのデータベースを、アマゾン・コムやBN・コムのような大型オンライン書店でも使えるようにした[15]。オンライン書店では古本が新刊本と一緒に表示されるため、「絶版」という言葉は過去のものとなっただけでなく、古本ならではの低価格で提供されるようになった。こうして顧客が大挙して古本市場に入ってきたので、古本屋はますます在庫のデータ化を熱心にやるようになり、その結果アリブリス(とそのデータベースを利用しているオンライン小売業者)は品揃えをさらに充実させることになった。典型的な好循環である。おかげで古本販売は過熱した。書籍産業研究会によると、長く続いた不振な時代とはうって変わり、現在は二二億ドル市場が二桁成長で伸びている。これも、年三〇パーセントを超える勢いで成長している、六億ドルのオンライン市場のおかげだ。

集積せよ

アリブリスはロングテールの「集積者《アグリゲータ》」だ。つまり、厖大な数の商品を一カ所に集めて見つけやすく、また手に入りやすくする会社またはサービスである。アリブリスは、ばらばらの古本屋の情報をつないで在庫をいっぺんに見られるようにし、滞っていた市場の流れを円滑にした。必要なだけの在庫と消費者を得て、古本市場の潜在価値を引き出した。

最初からあの厖大な在庫を集積していたら多額のコストがかかっていただろうが、実際にはずっと少なくて済んでいる。というのも、古本屋の情報を集める仕事はほぼ外注だったからだ。つまり、古本屋が自分で商品リストを打ちこんで提出してくれるのだ。

ロングテールは、販売コストを下げれば下げるほど選択肢を増やせる倍々ゲームだ。その中で、集積者は流通の民主化という第二の追い風を体現している。市場の障壁を低くし、商品をどんどん招き入れて顧客を見つける機会を与える。

これには実に何千もの事例があるが、少しだけ紹介しよう。グーグルは広告（中小の広告主と広告で収入を得るサイト運営者）のロングテールを集積した。ラプソディとｉＴＭＳは音楽を、ネットフリックスは映画を集積した。イーベイは、物理的な商品とそれを売る商人のロングテールを集積した。そのテールには、いらない誕生日プレゼントを処分したい何百万もの普通の人たちがいる。

集積は、販売活動だけではなく範囲を拡大している。たとえばRSSフィード（ウェブページの見出しや要約を記述するためのXML規格の一つ）というインターネットのコンテンツを集める、ブログラインズ［Bloglines］のようなソフトもまた、集積者と見なされる。このソフトは、厖大なブログをはじめとするコンテンツのロングテールを集めて秩序よく整理する。だから集積者と見なして差し支えない。またウィキペディアは知識と知識人のロングテールを集積する。他にもまだまだ。アイディアから人間まで何でも集積されているのだ。

この章ではビジネス集積者をとりあげるが、その事業内容は概ね次の五つに分けられる。

①物理的な商品（アマゾンやイーベイなど）
②デジタル商品（iTMSやアイフィルム［iFilm］〔インターネットで短篇の作品を無料で提供する動画配信サービス。後にSpike.com に統合された〕など）
③広告・サービス（グーグルやクレイグスリスト［Craigslist］〔個人売買や求人など地域の情報交換が無料でできるインターネットの掲示板サイト〕など）
④情報（グーグルやウィキペディアなど）
⑤コミュニティ・ユーザーのつくるコンテンツ（マイスペースやブログラインズなど）

それぞれのカテゴリーに、大企業もあれば個人経営もある。あるテーマ、たとえば「針仕事」についてできるだけ多くの情報を集めるブログがあれば、集積者と見なされる。ということはヤフーも集積者だ。ネットフリックス（映画）やiTMS（音楽）のように業界全体を把握しようと試みる集積者もいれば、証券取引委員会への報告書やテクノミュージックだけを集積するサービスのように、ニッチを見つける集積者もいる。

いくつものカテゴリーにまたがる集積者も多い。アマゾンは物理的な商品（電化製品や調理器具など）とデジタル商品（ダウンロードできる電子書籍やソフトなど）の両方を集積している し、グーグルは情報と広告とデジタル商品（グーグル・ビデオ）を集積している。またバンドとそのファンたちに絶大な人気があるソーシャル・ネットワーキング・サービスのマイスペースは、コンテンツ（無料の音楽）とそれを楽しむ人々を集積する。さらにその人々がレビューやニュースのようなファンのための情報という形で、バンドについてのコンテンツを加えている。

ハイブリッド対デジタル

オンライン集積ビジネスのうち①と②、つまりインターネットで物理的な商品を売る場合とデジタル商品を売る場合を比較しよう。どちらもロングテール機会（新たに開拓できる需要やトレンドがあるところを市場機会と呼ぶ）だが、後者のほうがテールを伸ばせる。

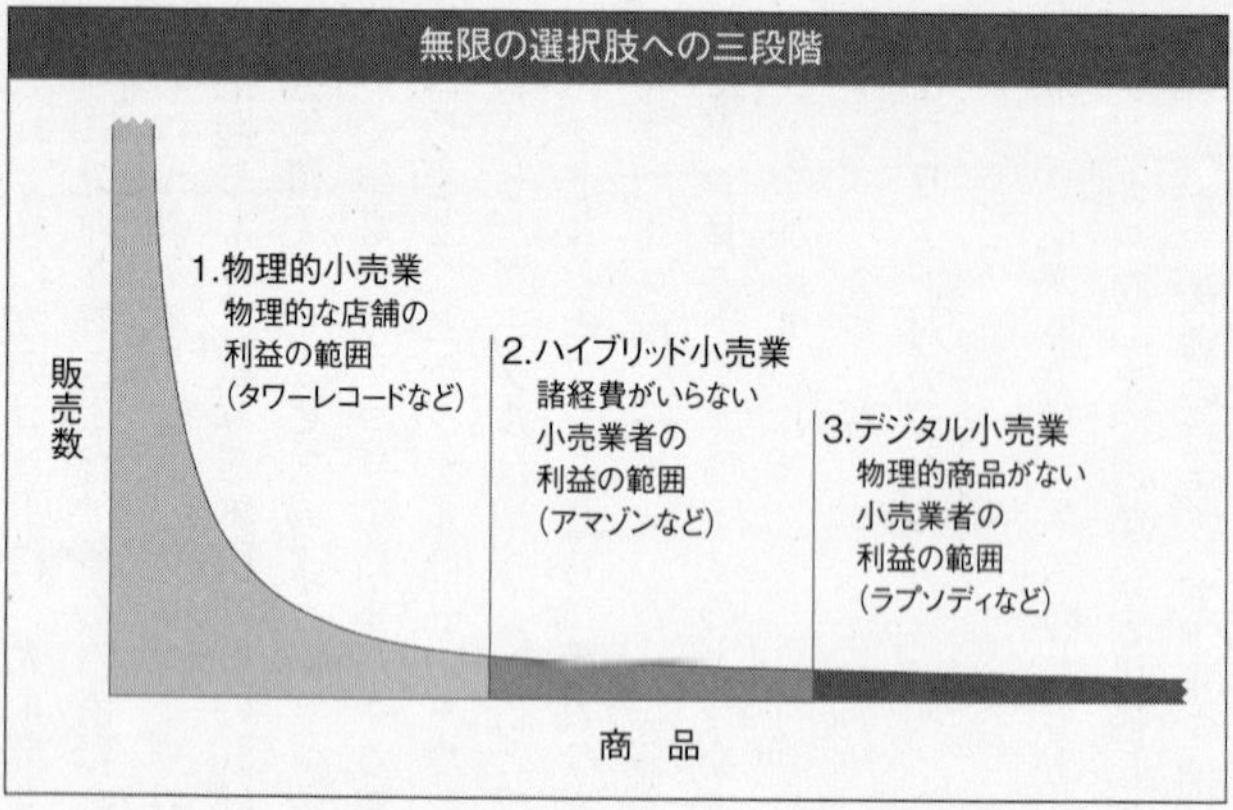

物理的な商品を扱うオンライン小売業は、たとえばカメラを売るベスト・バイ・コム［BestBuy.com］やDVDを貸すネットフリックスなどがそうだが、普通の店舗の何百倍もの選択肢を提供できるものの、結局は限界がある。いっぽうデジタル商品を売る会社、たとえば音楽のiTMSだとか、テレビ番組や自主制作映画を売るグーグル・ビデオなどは、テールをとことん伸ばしてすべての商品を在庫に抱えることも理論的には可能だ（残りの三つのカテゴリー——サービスやユーザーのつくるコンテンツやコミュニティー——も、おもにデジタルの情報なので同じことが言える）。

物理的な商品を扱うカテゴリー①を「ハイブリッド小売業」と呼ぼう。通信販売（物質）とインターネット（デジタル）のビジネスが交差するところにあるからだ。通常、ハイブリッド小売業は商品を郵便か宅配便で届けるが、集中管理型倉庫で供給コストを下げたり、検索機能などウェブサイトならではの強みで厖大な選択肢を提供できるため、経済効率がいい。

たとえばアマゾンのCD販売がそうだ。約一七〇万タイトルのCDがそろっているが、「マーケットプレイス」（中古だけではなく新品も含め、外部の売り手の商品を販売するためのアマゾン・コムのプログラム）の外部の売り手の在庫もすべて合わせると、おそらく二〇〇万タイトル近くになる。とはいえそれでも品揃えには限界がある。

CDは物理的な商品なので、売るまでどこかに保管しなくてはならない。つまり商品一枚一枚に在庫リスクがある。どうしても売れないCDだってあるかもしれない。そのうえ一度売れるたびに配送料がかかるので、販売価格が三ドル前後を切ることは事実上ありえない。もっと困るのは、CDに入っている曲を個別に売ることができないということだ。CD一枚まるごと買うか買わないか、どちらかしかない。

アマゾンのCD販売が普通のレコード店に比べたらずっとましなのは明らかで、だからこそ一〇〇倍もの品揃えを提供できるし、テールを伸ばせる。でもテールはどこまでもぐんぐん伸ばせるわけではない。

デジタルの著作権とライセンスの管理をおこなうサービスのスノキャップ［SNOCAP］は、P2Pネットワークの利用状況を追跡しているが、その調査結果によるとネット上には少なくとも九〇〇万曲が流通しているそうだ。これはアルバムCD約一〇〇万枚に相当するが、ここにはCDが登場する前の音楽はほとんど入っていない。でもその多くが最終的にはデジタル化されるだろう。さらに、ごまんといるガレージ・バンドや一人でもくもくとリミックスする人たちは、曲をつくってもCDを出すことはない。もしこれらの曲まで合わせれば一気にもう一〇〇万枚アルバムが増えてしまう。アマゾンには経済的長所が多々あるとはいえ、音楽のロングテール全体の四分の一までしかたどり着けないということだ（二〇〇七年にMP3のダウンロード・サービスをはじめたのはそのせいだろう）。テールを最大に伸ばす――大ヒットからこれまでのすべてのガレージ・バンドの作品まで何もかも投入する――唯一の方法は、物質世界を捨て去り、デジタルの世界にすべての取引の基礎を置くことだ。これが②の集積者、つまり完全にデジタルな小売業者の構造である。

完全にデジタルのビジネスでは商品はデータベースの一項目にすぎず、保管コストはかからない。流通コストはブロードバンドのバイト数次第だが、これは大容量になっているし、急速に値も下がっている。しかも商品が注文されなければコストは発生しない。しかも商品を個別に売る（例：iTMSで一曲だけ九九セントでダウンロードする）か、サービスの一環として売る（例：ラプソディに一度登録してその後無制限にアクセスする）か選ぶこともできる。

デジタルのサービスはアマゾンのCD販売の利点をすべて持つだけでなく、事実上コストがいらないブロードバンドのネットワークでさらにコストを節減できる。このデジタルの力は小売業の究極の武器――製造と流通の限界費用（生産量を増やした際にかかった費用の増加分を指す）をほぼゼロにすること――となる。データベースに項目を一つ足してもサーバーの容量が数メガバイト増えるだけでコストはかからない。それなら経済的にいってもすべての商品を入れておかない法はない。いつか（著作権や契約などのややこしい問題を一度通過してしまえば）そうなるだろう。

そんなわけで、旧来の小売業とロングテール小売業は単純な分け方ができない。むしろ物質だけの世界から物質とデジタルのハイブリッドへ、さらに完全にデジタルな理想的領域へと進化していく過程そのものである。物理的な商品のカタログをデジタル化しただけでも、効率がずいぶんよくなってテールをある程度伸ばせるが、流通を完全にデジタル化してもっと効率よくすれば、テールはさらに伸びる。いずれにせよロングテールは生まれるが、後者のほうがテールが長くなる可能性を持つ。

テールの先へ

アマゾンの話に戻って、その実態を見てみよう。コストを減らしてテールの先で販売数を伸ばす新手法が模索された結果、完全なデジタル・モデルが登場した。現在はハイブリッドと完全なデジタルの両方をアマゾンは採用している。

すでにお話ししたように、そもそもベゾスのひらめきが第一歩だった。オンライン販売は通信販売の集中管理型流通という利点を持ち、さらにカタログ直販という長所も持つことができる。しかもカタログの印刷と郵送の通信コストが不要だ。こうして、アマゾンは第一段階を迎えた（一九九四〜九六年頃）。

第二段階では、自社の倉庫に商品を保管するコストを外部の売り手に払わせることで、在庫リスクをさらに減らした。委託販売プログラムである。これはやはり本からはじまったのだが、どういうことか説明しよう。「アマゾン・アドバンテージ」（日本のアマゾンでは「e託販売サービス」で似たようなサービスがおこなわれている）が作家たちに提案したことは、一見すると損ばかりさせるようなことだった。毎年二九・九五ドル払ってアマゾンに本を送り、売れたら売上の五五パーセントをアマゾンに払うこと。作家たちがなぜこんな提案に乗るのかというと、本を取り寄せると遅かったり届かなかったりするのを、委託販売プログラムがいくらかでも防いでくれるからだ。つまり出版社を拝まずとも自分の本を確実に在庫あり――簡単に入手可――にしておける。

さてコスト削減への第三段階は、他の大型小売店をとりこんでバーチャルな在庫の幅を広げることだった。それだけではなく、その大型店を中心とした製造業者と流通業者の事業まで一緒に巻きこんだ。トイザらスやターゲットといった大型小売業者にeコマースの先端テクノロジーを提供し、アマゾン・コムの中にコーナーをつくって在庫をまるごと販売させたのである。こうして新しく事業パートナーが増えるたびに、品揃えはうなるほど増えていった。

もちろんすべての大型小売店がデジタル方面の将来をすべてアマゾンの手に素直に託すわけではないし、家庭用品でもおもちゃでも、その専門分野で独占的な立場にいることが要求される。そのせいでこのモデルの発展は原則的には制限されたものの、アマゾンはサービス業として甘い汁が吸える。顧客との煩雑な販売業務をしなくていいのだ。イーベイが証明しているように、ソフトやサービスを売ることは利益率が最大になるビジネスだ。

やがて、事業パートナーを大型ではなく小型の小売業者にするほうがバーチャルな在庫が発展することがわかった。一九九九年、アマゾンは「マーケットプレイス」事業に着手する。これは店先貸しサービスをすべての売り手に提供し、イーベイの領域にまで拡大させていくものだ。専門店から個人まであらゆる規模の小売業者や流通業者の商品を、アマゾンが提供する商品とまったく同じように画面に表示する。そして顧客はどちらの商品も同じように簡単に買える。二〇〇四年の終わりまでに、マーケットプレイスは一〇万人を超える売り手を数え、この外部の人々による売上はアマゾンの総売上の約四〇パーセントを占めた。

こうしたバーチャルな販売モデルの登場によって、それまでの在庫問題が解消された。たとえばベスト・バイのような旧来の小売チェーンは、すべての店舗にデジタルカメラなどの商品を分配するのだが、その際需要がどこにどのくらいあるかをおおよそ予測しなければならない。もちろん顧客と商品を同じ場に存在させる必要があるからだ。同じ店の同じ通路の同じ地点で需要と供給が出会わなくてはならない。しかし小売業者の予想は少なくともある程度はずれるのが常で、品切れになったり、逆に在庫が余って市場価値を下げたりスペースを奪ったりする。

でもアマゾンのマーケットプレイスでは、在庫はばらばらと国中に散らばっているものの、まとめてカタログ化され、アマゾンのウェブサイト一カ所で販売される。注文が入ると、その商品を保管する売り手が梱包して直接顧客に配送する。旧来の小売チェーンと同様に、アマゾンもばらばらの需要に一括管理した供給を結びつけるのだが、アマゾンが優れているのは商品と顧客が同じ場にいなくてもよい点だ。そしてむしろこの手法のほうが需要と供給がつながる可能性が高い。たとえつながらなくとも、アマゾンにコスト負荷はかからない。余剰在庫はアマゾンの外部で価値を下げていくだけだ。

マーケットプレイス事業は発展をつづけ、アマゾンは商品スペースという重い足かせを次々壊していく。もうあらかじめ需要動向や必要量を推測する必要はない。マーケットプレイス内のすべてのリスクは外部の売り手のネットワークに外注される。この売り手はどの商品を置くか、自分の都合に合わせて判断を下す（商品スペースの問題については後ほどさらに詳述する）。

在庫は需要次第

分散した在庫をバーチャルに集積するというのはテールを伸ばす画期的手法だが、物理的な在庫をすべて除いてしまえばもっとテールを伸ばすことができる。この理想郷に少しでも近づこうとしたアマゾンは、次の手を打った。発送するまで商品をデジタルで保管しておくビジネスを立ち上げたのである。これが第四段階だ。

本を保管するうえでやっかいなのは、多くの本が一年に一、二冊しか売れないことだ。だからたとえ一〇冊売れても——一〇〇や一〇〇〇ではない——置いておく価値はないかもしれない。保管（売れるまで丸一年かかることもある）にほんの一ドルしかかからないとしても、どうせちょっとしか売れない本を長々と置いておく価値があるのか、小売業者は考えてしまう。そこで一年に一冊しか売れない本を売るための長期的に有効な効率的手法が求められる。つまり保管コストをほぼゼロにするのだ。

アマゾンの出した結論はオンデマンド印刷だった。本はデジタル・ファイルという理想的な形で保管され、注文が来るとレーザープリンタで印刷されて普通のペーパーバックのようになって出てくる。売れるときになってはじめてデジタル・ファイルが物質に変換されるため、コストは販売数と完璧に連動する。つまりオンデマンド印刷の場合、まったく売れなければ本にならないため、生産コストと保管コストはゼロだということだ。このモデルは非常に経済効率に優れている。いつか、これまでに出版された本のすべてが手に入るようになる日が来るかもしれない。オンデマンド出版なら書店の店主がどの本を置くか悩まずに済む。判断を誤っても基本的にコストはゼロだからだ。

なんとも理想的な話である。現在は数百程度の少部数の本を扱う補助的なものであるオンデマンド印刷が、テクノロジーの価格低下によってさらに印刷部数を減らし、一部ずつ刷るという望ましい形に近づきつつある。

さっそくアマゾンは産業用プリンタを自社倉庫に置いて事業を開始した。二〇〇五年の半ばには、オンデマンド印刷最大手のブックサージを買収することで事業を一気に拡大させる。数カ月後、アマゾンは同じことを映画でもおこなった。ＤＶＤのオンデマンド制作を手がけるカスタムフリックスを買収したのである。いまやアマゾンは、スペースをとらずコストもかからない在庫を持つことができる。本と映画は注文されるまでデータベースにデジタル・ファイルとして保管される。

もちろんアマゾンがオンデマンド印刷を発明したのではない。それは長い間出版産業の夢で、最近まで技術面でも経済面でも制約を受けていたのである。しゃれたペーパーバックを印刷することができないわけじゃない。もしもともとの装幀を見たことがなければ、手元に届いたペーパーバックが出版社がまとめて五万部刷ったうちの一冊か、アマゾンの倉庫のレーザープリンタで印刷されたものか、たぶん見分けがつかないだろう（中ページはたいてい複写される）。

出版産業はいまだにオンデマンド印刷に移行する様子を見せない。優れた効率性があるにもかかわらずである。なぜかというとまだ旧来のやり方のほうが、大量に印刷する場合はずっと安く上がるからだ。本の原稿をオンデマンドできるファイルに変換するコストはまだ高くつく。また、これを書いているいま、オンデマンド印刷は数種類の決まった判型にかぎられているため、サイズがそれより大きすぎたり小さすぎたりすると書式や設定を変えなくてはならない。

それに、ややこしい著作権問題がある。既刊本の場合はオンデマンド印刷にしてもいいという原作者の許可が必要だが、多くの作家たちはオンデマンド印刷のせいで価格が上がり（大量印刷に比べ多少生産コストが高くつくため二、三ドル上がる）、それが販売部数に響くのではないかと恐れて抵抗する。

とはいえオンデマンド印刷は大変な底力を秘めている。少部数の本だけではない。実は出版社にとってもっとも高くつくのは、書店からの返本にかかるコストだ。業界の習慣として、返本は出版社が無償で受け入れている。そもそも書店が本を多めに注文するから返本になってしまうのだが、それは書店が本を確保しようとするからである。本が売れてから重版されて書店に補充されるまでの間に、品切れを起こさないようにしておきたいのだ。しかも余剰在庫のコストは出版社持ちなので、必要以上に注文しても書店にリスクはほとんどない。しかしもし重版されるまでの間に品切れになっても、少しずつオンデマンド印刷で補えるようになれば、書店は素直に必要な分だけを注文するようになるのではないか。かなり返本率が下がる可能性がある。

このように、オンデマンド印刷の経済効率はロングテールを伸ばすだけでなく、投資額の高いヘッドの経済効率まで改善する。言うまでもなくこれは非常に魅力あることなので、オンデマンド印刷技術の導入は加速するだろう。

そして在庫が消える

ついにアマゾンのコスト削減も最後の第五段階まで来た。ここで完璧に物理的要素を排除してデジタルだけを扱う。純粋にデジタルな集積者は、ハードディスクドライブに在庫を保管し、ブロードバンドというパイプを通じてそれを送り届ける。製造、保管、流通の限界費用はゼロに近く、商品が売れてはじめてロイヤルティーが支払われる。究極のオンデマンド市場だ。商品はデジタルなので、何億回でも必要なだけ複製し、配信できる。テクノロジーや在庫の経済性という点では、ベストセラーもワーストセラーも違いはない。どちらもデータベースの中の同じ二つの項目にすぎない。

iTMS、ラプソディなどのデジタル音楽配信サービスがまさしくこのモデルを実行しているが、その範囲は音楽だけにとどまらず、もっと広い。かつては物理的な商品だったものをデータに変え、それをインターネットで家庭に流していくというのが、いまの時代の圧倒的な流れだ。

たとえば映像の完全デジタル市場を見てみよう。ケーブルテレビ局によるビデオ・オンデマンド（VOD）サービスから、グーグル・ビデオのようなインターネットのビデオ集積者まで存在する。ビットトレントなどのP2P技術は厖大な非営利デジタル・ビデオの市場を支えているし、iTMSはビデオのダウンロードごとにお金をとるiPod対応ビジネスを立ち上げた。その中にはテレビのコンテンツもあって、デジタル・ビデオ市場がまるでネット上の一種のティーボと化している。そして映画市場については、ネットフリックスのような大規模な選択肢だけでなく、将来はすべてがすぐ手に入るようになるだろう（たぶんネットフリックス自身がその先頭に立つ）。

またビデオゲームは、昔ロムカセットだったものがDVDになり、いまではデジタル・ファイルとして家庭のゲーム機に配信される。おかげで古いゲームやニッチ作、または新しいキャラクターやマップのような補足コンテンツなど、あらゆるタイプのゲーム市場が新たに生まれる。これを核とするのが、レボリューションという開発コード名を持つ任天堂の次世代ゲーム機（発売後の正式名称はWii）だ。旧型のゲーム機との後方互換性があるため、過去のほとんどすべてのゲームがロングテールのコンテンツとして手に入る。安い価格でダウンロードして遊べれば楽しいし、古いゲームには懐かしさもある。

電子書籍、オーディオブック、オンライン新聞、オンライン雑誌、ソフトウェアなども同じだ。どれも昔は紙やプラスチックだったので、物理的な保管と輸送がいろいろやっかいだった。いまはデジタル経済に呼応して、すべてにデジタル版が生まれた。ただし必ずしも同じ体験ができるわけではないので、いまだに紙の本や雑誌のほうが多くの人に好まれる。でも両者の機能の差は縮まっている。そしてデジタル版は流通面で有利なので、その魅力にはあらがえない。

第7章　新たな流行発信者——蟻がメガホンを手に入れた

昔は、アルバムをヒットさせる方法といったら本当に一つしかなかった。ラジオほど多くの人々に繰り返し曲を聴いてもらう手段はなかったのである。ラジオで放送される曲のリストに入るのは（特に賄賂が違法になってからは）難しいが、いったんよくかかるようになれば売れる確率は高い。

一九八〇年代にMTVが登場し、ヒットへの第二の道になった。ここに新曲が入りこむ余地はさらに狭いのだが、MTVはある世代への影響力では抜きん出ていた。レコードレーベルにとってはいい時代である。競争の激しい世界ではあるが、彼らはこのビジネスを熟知していたし、ルールを理解したうえで曲を売り出せば現状を維持していけた。

しかし現在、ロックのラジオ放送の衰退も行き着くところまで行ってしまった感がある。MTVももうミュージック・ビデオをあまり放送していない。ではどうやって音楽を売ればいいのか。その答えがインターネットにあることをレーベルはつかんでいる。需要を創出するために口コミを利用するのだ。これは旧来のマーケティング手法にとって代わりつつある。そしていちばんいい方法は何なのか模索がつづいている。

マーケティング業界にとっては大変革の時代へ突入した。広告信仰も広告に投資する組織も元気をなくしつつあるが、個人に対する信頼度は上昇中だ。人は仲間を信じる。上意下達の申し渡しは効き目をなくし、下意上達の口コミの力が増している。パソコン・メーカーのデルは、品質向上と顧客サービスに毎年何億ドルも投資しているが、それでもグーグルで「デル地獄」と入れて検索すると四万二〇〇〇件もヒットする。「デル」だけでも顧客の不満な声は検索結果の二ページ目には出てくる。情報発信のこのような逆転現象が、商品から人まですべてのマーケティング構造を変えつつあるのだ。いまや大衆が広告をコントロールしている。

検索エンジンを使って商品の購入を検討するのが習慣になった世代の顧客にとって、企業のブランドとはその企業がどう言っているかではなく、グーグルの検索で何がヒットするかを意味する。つまり新しい流行発信者は僕たちだ。口コミはいまやブログのコメントや顧客のレビューで公開で交わされ、内容の隅から隅まで検索にかかり吟味される。蟻がメガホンを握ったようなものだ。

そこでこのような世界で需要を引き上げるにはどうすればいいかが重要になってくる。本章でもっとも効果的な手法の数々を紹介するつもりだが、とりあえずロングテール現象の発信地である音楽産業から見ていこう。これから紹介する三つの事例を読めば、音楽産業の幹部たちからファンへ、権力が移行する時代のありさまが見えてくる。そのせいであっちこっちで業界人がまごついているのだ。とりあげたアーチストやグループの明暗はさまざまで、失望に終わった例、成功した例、それにレーベルは今後まったく必要なくなるかもしれないと感じさせるような冷や汗ものの例もある。ともあれ全体としては、消費者が強い力を握る時代に商品を売ることの難しさを浮き彫りにしている。

ボニー・マッキーの場合

二〇〇四年九月、レコードレーベルのリプリーズ・レコード(ワーナー・ミュージック・グループの子会社)が、ボニー・マッキーという当時一九歳の歌手のデビュー・アルバムを発売した。その滑り出しは多難で、録り直しがおこなわれて当初の予定より発売が一年遅れた。その間、レーベルは彼女をどう売り出すか策を練っていた。マッキーは若いわりにハスキーで成熟した声を持ち、作曲も自分でやるが、ドラッグや奔放な男関係など過去に問題が多かった。一八歳で結婚した後も自由に他の男とつきあい、その中には倍の年齢の男もいた。彼女の憧れは、かっこよく狂気を表現するフィオナ・アップルだ。このアップルもまた、既成のカテゴリーのどこにも入らないアーチストなのでレコードレーベルを悩ませていた。

リプリーズは悩んだ末、その恵まれない身の上や破天荒ぶりをもとに、シェリル・クロウを擁する「ロック・シンガーソングライター」というカテゴリーに、マッキーを入れることにした。そしてアルバムには『トラブル』というタイトルをつけ、マーケティング戦略としては、おもに二〇代後半から三〇代前半の女性に人気のあるアダルト・コンテンポラリー専門のラジオ局に露出させることにした。

レコードレーベルですらアーチストが誰にどう受けるのか予測できないので、こういう当てずっぽうの戦略にはリスクが伴う。でもコンサート・ツアーをしたことのない新人は他にどうしようもない。ただ、ラジオはもう新人アーチストを売る唯一の道ではなくなっているので、リプリーズはラジオでのデビュー準備を進めつつも、インターネットの音楽サイトで何曲か先行リリースした。ヤフーの無料インターネット・ラジオ・サービスのランチキャスト［LAUNCHcast］（Yahoo! Music Radioに改名後、廃止）もその一つだ。ランチキャストが支持を受けている最大の理由の一つは、好きなバンドや音楽ジャンルを選んでいくと、無料で同じ類の曲が聴ける自分専用のラジオ局になることだ。このランチキャストのユーザーから、マッキーがどの層に受けるか探れるのではないかとリプリーズは考え、試してみることにした。

ランチキャストは、個人の嗜好を見て好みそうな曲を推薦する「ユーザー適応型」レコメンデーション・システムを中心に設定されている。音楽が流れる間に小窓が表示され、曲、アーチスト、アルバムを「二度と聴きたくない」から「ずっと聴いていたい」まで星五つで評価するよう聴き手に求めてくる。それに従い評価をつけるうちに、ヤフーが聴き手の好みを感知し、それをもとに次の選曲を変えてくる。

レコメンデーションを導き出すのはソフトだけではない。他のユーザーの意見も学習して生かしている。ランチキャストは何百万ものユーザーのいるオンライン・サービスなので、ヤフーは毎年何億もの嗜好を記録できる。だから非常に正確にユーザーの好みを把握している。そのためユーザー一人一人の好む音楽の情報だけでなく音楽全体の動向についても知ることができる。ランチキャストは無料音楽サービスであると同時に、きめ細かい分析力を持った大規模な投票箱なのだ。何百万人もいる音楽ファンのクリックからアーチストの受け入れられ方を検知し、常に文化の動きを敏感に反映していると言っていいだろう。

それなりの数の人たちがグルーヴ・アルマダとザ・クリスタル・メソッドのどちらのバンドも好きだと言えば、たとえいっぽうが「ダウンテンポ」でもういっぽうが「ビーツ＆ブレイクス」というカテゴリーの音楽でも、二つのバンドのスタイルにはつながりがあると考えていい。こうしたつながりを感知したヤフーは、二つのバンドの曲を同時に選ぶようになる。また、その選曲に対してユーザーからいい評価がつづくと、ますますつながりは強化される。

ヤフーがランチキャストで使うソフトは各人専用のプレイリストをつくるのだが、ときどき反応を見るため新人アーチストや新曲をいくつか混ぜる。似たようなことはラジオでもおこなわれるが、普通は実績のあるアーチストの場合にかぎられ、しかもレーベルが後押しをしたうえで、事前にかなり検討されてからでなければかからない。だから毎年何千と出る新曲のほとんどが放送されない。いっぽうヤフーには、ユーザー一人一人にカスタマイズされたラジオ局が何百万とある。無限の配信容量があるので、ちょうど無限の商品スペースがある店のように、選り好みせず何でもとりこめる。だから新人アーチストもニューアルバムも割りこめる。

新曲を最初に聴いた人たちからいい評価が来ると、ヤフーはその曲をもっと多くのプレイリストに加えるようになる。ラジオとは違い、ヤフーはその曲を好むユーザーについての情報をたくさん持っている。性別、年齢、地域に加えて、聴取行動と評価づけを追うことで音楽の嗜好をしっかり把握している。こうしたデータはうまく使えば音楽マーケティングの頼もしい新手法――口コミ効果をユーザー適応型レコメンデーションで倍増させる――につながる。

リプリーズがこのサービスを利用したのはこういうわけだったのである。才能あふれるマッキーの聴き手がどこにいるのかいまいちわからなかったリプリーズは、試しに彼女のファースト・シングル『サムバディ』をランチキャストのアダルト・コンテンポラリーの選曲リストに入れた。そのユーザー層は、売りこもうとしていたラジオ局に近い。こうしてリプリーズは新人アーチストをテストにかけるヤフーの力に頼った。また多くのユーザーにマッキーを聴いてもらうため、彼女の曲を多めに流したり表示したりしてもらえるよう余分に金を払った。そしてマッキーの聴き手は二〇代後半から三〇代前半の女性だという予測を裏づけるような結果が来ることを期待して待った。数週間後、ヤフーはしっかり結論を出してきた。『サムバディ』は人気になったが、どの層でも受けたわけではない。意外なことにレーベルが狙っていた二五歳から三五歳の女性層にはあまり受けがよくなかったのである。マッキーの聴き手に関するランチキャストの報告は、この表のような結果になっていた。

＜マッキーの聴き手の構成比＞

13-17歳の女性	29.9%
13歳未満の女性	17.2%
18-24歳の女性	15.9%
25歳以上の女性	11.0%
13-17歳の男性	8.0%
25歳以上の男性	7.2%
18-24歳の男性	6.4%
13歳未満の男性	4.4%

一目見ればわかるが、リプリーズの予測ははずれていた。二〇代や三〇代の女性よりももっと若い層に人気だった。約半数が一七歳以下である。この層はシェリル・クロウのようなアーチストを好むのではなく、アヴリル・ラヴィーン、ブリトニー・スピアーズ、グウェン・ステファニーのようなアーチストを求めている場合が多い。多くの一〇代の少女が、マッキーの歌詞に出てくるつらい少女時代のことや苦しい恋物語に共感できることがわかった。

二〇〇四年一一月中旬、『サムバディ』はランチキャストで一〇番めによくかかる曲になっていた。しかも売りこみが効いて「ボニー・マッキー」はこのサイトの検索語彙の上位五〇件に食いこんだ。

このデータを見て、レーベルの幹部は彼女の売り方を変えた。イメージに大幅に手を入れ、過激な部分を強調してキュートな不良少女という感じにした。シェリル・クロウでもブリトニー・スピアーズでもない。反抗的なアンチ・アイドルとして精神的に不安定な一〇代の女の子たちに訴えかける。リプリーズはそう決定した。

これは賢明な判断だった。しかし、またしてもうまくいかなかったのである。アルバムの売れ行きは一万七〇〇〇枚にも満たなかった。マッキーの聴衆の年齢層や地理的データを握ったにもかかわらず、実際にはまだラジオにかからない。売りこみキャンペーンを仕切っていたロビン・ベクテルはこう話す。「これでわかりました。バンドはまずインターネットでファンを獲得したほうが、ラジオかMTVで曲がかかったときにアルバムCDが売れる可能性が高いんです。インターネットにファンを持たないアーチストはラジオでかかろうとかかるまいとアルバムCDは売れないで、ヒット曲だけがダウンロードされて終わりです」

マッキーのシングル曲の需要は、無料のオンライン・アクセスでほぼ満たされてしまったのではないかとベクテルは見ている。インターネットで聴いた曲以外の曲も聴いてみたいと思わせるほど、マッキーが聴衆を惹きつけられなかったのは明らかだ。それは売り方やマーケティングの問題ではなく、草の根の本当の支持がなかったからである。現在インターネットの消費者に音楽を売ろうと思ったら、いい曲だというだけでは足りない。ネット上に口コミを広げてくれるようなファンの基盤が必要だ。

マイ・ケミカル・ロマンスの場合

実は口コミを広げる強力な基盤となった、見本のようなファン層がいる。マイ・ケミカル・ロマンスのファンだ。それをリプリーズは目の当たりにしていた。マイ・ケミカル・ロマンスは、ニュージャージー州から来た五人組のポップパンク・グループだ。マッキーのデビューと同じ時期にリリースされた『スウィート・リベンジ』は彼らのセカンド・アルバムで、ファースト・アルバムはインディーズ系レーベルから出されて一万枚売れていた。このことは、少数でも熱狂的な支持者たちがいることを示している。二〇〇四年五月にセカンド・アルバムがリリースされる五カ月前、リプリーズは評判が広まることを期待して、その支持者たちがよく見ているシャウトウェブ・コム［Shoutweb.com］やアブソルートパンク・ネット［AbsolutePunk.net］といったウェブサイトに曲を送った。

リプリーズはまた、ユーザーが急激に増えている（当時まだ新しかった）音楽系ソーシャル・ネットワーキング・サイトのピュアボリューム［PureVolume］とマイスペースにもマイ・ケミカル・ロマンスを売りこんだ。ピュアボリュームによそでは聴けないライブの曲を提供したり、ネット上でのみファースト・シングル『アイム・ノット・オーケイ』のミュージック・ビデオを公開したりした。

曲がインターネットで流通すると、リプリーズはその後の動向を見守ることができる。ビッグシャンパンのファイル交換データを見るのだ。すると『アイム・ノット・オーケイ』への関心が高まっているだけでなく、『ヘレナ』という曲に対してもファイル交換や検索が頻繁におこなわれていることがわかった。だから『ヘレナ』が次のシングルになったのである。しかも熱狂的ファンからのリクエストによってラジオでも流されることになり、その年の夏が終わる頃には、『ヘレナ』は彼らのレパートリーの中でもっともラジオでよくかかる曲になっていた。

さらに九月に彼らがコンサート・ツアーをやると、リプリーズは売りこみをヤフー・ミュージックとAOL（アメリカ・オンライン）にもおこない、声やビデオに加えて、ヤフーのスタジオからのライブ中継も鳴り物入りで公開した。その間にもファンはマイ・ケミカル・ロマンスのウェブサイトやマイスペースを訪れていた。彼らはいまや、ワーナーで最多のeメールアドレス・リストを持つグループだ。

結果としてセカンド・アルバムは一四〇万枚売れ、その年の大ヒットの仲間入りをした。この成功は、ラジオとMTVがたくさんの人々に聴かせて後押ししたことに負うところが大きいのだが、すべての出発点はインターネットだった。バンドの信奉者たちがいい評判を強化したのである。

結局マイ・ケミカル・ロマンスとボニー・マッキーの違いは何だったのか。才能の問題はさておき、マイ・ケミカル・ロマンスの場合は、ファースト・アルバムとライブに加え、基盤となるファン層を獲得していた点が有利だった。このバンドの音楽をもっと聴きたいという何千ものファンの欲求がすでに存在していたのである。そしてレーベルがファンの求めるコンテンツをインターネットでいち早く届けると、口コミという力強い後押しが返ってきた。ラジオのリクエストもその一つだ。そして曲が放送されると、さらに多くのファンを得て人気度がまた上がり、さらに多くのファンをつかんだ。

対照的に、マッキーは比較的無名のアーチストで、ライブもめったにやったことがない。

たとえ誰かがヤフーで耳にした彼女の曲を気に入っても、本当にファンになって後押しするところまでは行かない。アルバムは売れず、リクエストもなしだ。マイスペースで、マイ・ケミカル・ロマンスの「フレンド」は一〇〇万人を超えるが、マッキーは一万二〇〇〇人。口コミは恐ろしい。

バードモンスターの場合

最後の事例はずっとマイナーな世界だが、僕のかつての同僚が関わっているので詳しいことまで知っている。『ワイアード』で編集アシスタントをしていたピーター・アーキュニ率いるサンフランシスコの新進バンド、バードモンスターだ。本書の取材中、僕はこのバンドの動きをずっと追っていたが、これがとても勉強になった。ロングテールの三つの追い風が音楽産業の現状を大きく変化させつつあることを、バードモンスターの事例は非常によく示している。

新バンドのご多分にもれず、彼らも最初ライブをやろうとあれこれがんばっていた。でもステージに割りこませてもらえるようクラブのオーナーに頼みこむより、もっと賢いやり方があるのに気づいた。通常クラブのライブ・スケジュールをまず押さえるのは人気バンドで、その日程が決まってからクラブは前座を探す。事実上すべてのクラブのスケジュールはインターネットで閲覧できるので、前座が入れる余地を知りたいなら、「未定」という文字と地元に限定する語彙を入力して検索すればすぐわかる。その後クラブに連絡をとって空いているところに入りたいと言えばいい。

しかしクラブのオーナーの注意を引くだけではだめで、客を集められるバンドだとわかってもらう必要がある。そこでバードモンスターは、インターネットで草の根マーケティングをおこなった。まず、インターネットでメーリング・リストを作成し、マイスペースのバードモンスターのページで「フレンド」として登録するようファンを促した。さらに同じページでいくつか曲を公開し、ライブ実績も写真とともに掲載した。こうしておけばクラブのオーナーも、ファンのほめ言葉を読みながら曲を聴いたりライブの写真を見たりできる。

またバードモンスターは、旧来のラジオ放送より割りこみやすいインターネット・ラジオ局に近づいた。するとサンフランシスコのベーグルラジオ・コム［bagelradio.com］の代表「テッド」が、クラップ・ユア・ハンズ・セイ・ヤーの前座というはじめての大きな仕事をバードモンスターに与えるよう、クラブに働きかけてくれた。そのおかげ（とバンド・コンテストのおかげ）で当時インディーズ系ロック・バンドの頂点に君臨していたザ・ホワイト・ストライプスの前座を務めるにいたり、バードモンスターは一躍注目を浴びた。

ここでライブコンサートから次の段階へ進むときが来た。彼らは地元のインディーズ系のスタジオで三曲レコーディングし、自費でミニ・アルバムをつくった。さらにそれを、インターネットで委託販売をおこなうＣＤベイビー［CD Baby］というサービスに送った。するとＣＤベイビーはそのデジタル・ファイルをｉＴＭＳなどの主要な音楽配信サービスに提供した。これで、大きなレーベルから出ているヒット曲と同じように、バードモンスターの曲を買ったりストリーミングしたりできるようになった。

それからバードモンスターはMP3ブログ（MP3ファイルを掲載して音楽の紹介や評論などをおこなうブログ）に、自分たちの曲にメッセージを添えたメールを送り、ブログ上にほめ言葉を書いてもらった。中でもミュージック・フォー・ロボッツ［Music for Robots］は彼らの知名度を上げてくれたブログだ。

こうしてマイスペースのバードモンスターのページはファンによる書きこみでいっぱいになり、やがてスカウトやレコードレーベルなど業界筋から仕事の電話が舞いこむようになった。

ところが驚くなかれ、バードモンスターはその仕事の申し出を断ったのである。アーキュニによると「基本的にはレーベル嫌いってわけじゃない。でもリスクと報酬が折り合わなかったんだ」。

レコードレーベルはおもに次の四つの機能を果たす。①新人スカウト、②資金調達（バンドのためにスタジオ使用料を前払いしてやるのは、ベンチャー・キャピタリストの先行投資のようなものだ）、③流通、④マーケティング。

バードモンスターにしてみれば、どれも不要だ。まず地元のファンはすでにネット上で彼らの才能を発見し、その数も増えていた。またデジタル録音技術によってスタジオ使用料はかつてないほど安くなっているので、彼らは数日かけてスタジオで曲のレコーディングをし、自宅のパソコンでミキシングや多重録音をすることができる。結局アルバムをつくるのに一万五〇〇〇ドル以下で済み、貯金やクレジットカードでまかなえた。さらに流通はCDベイビーやシンダーブロック［Cinderblock］が請け負い、おかげでiTMSやラプソディなど大手のサービス規模の聴衆に曲を聴いてもらえる。そしてMP3ブログとマイスペースで無料のマーケティングができる。

彼らは考えた。自分で音楽をレコーディングして配信すれば、大切な創造の自由を守れる。レーベルにその自由を譲る必要が果たしてあるのだろうか。それに、もし自費でリリースしたファースト・アルバムがうまくいけば、そのアルバムをレコード店に置いたりセカンド・アルバムをつくったりしないかという話になったとき、レーベルとの交渉で有利な立場に立てる。ちょうどファースト・アルバムを出した後のマイ・ケミカル・ロマンスがそうだった。よしんばうまくいかなくともライブやツアーはできるし、なにしろそれがバンド活動のいちばんの醍醐味だ。その後、アーキュニは昼間の仕事を辞めた（編集部にとっては損失だ！）。そしてテクノロジーによってレーベルからバンドに権力が移行したDIY時代の流れに勇気を得て、プロのミュージシャンになることにした。

集合知のパワー

生産の民主化という第一の追い風によってテールの商品が増加し、流通の民主化という第二の追い風によって何でも手に入るようになる。だがロングテール市場が成り立つにはその二つの要素だけではだめで、第三の追い風が吹かなければならない。過剰とも思えるほど多い選択肢の中で、欲しい商品が的確に見つかるように手助けし、ロングテール市場の潜在力を真に解き放つのだ。この第三の追い風を体現しているのが、増殖する口コミである。つまり消費者の感想を利用して供給を需要に結びつける。

ヤフーの曲の評価づけ、グーグルのページランク、マイスペースのフレンド、ネットフリックスのユーザー・レビュー。これらはすべて集合知(wisdom of the crowd)を体現している。インターネットには個人として活動している人もいれば趣味のグループに属する人もいる。さらにただ消費するだけの人もいて、ネット上の行動を自動的に観測するソフトに追跡されている。ソフトは市場全体の消費者の消費パターン、傾向、嗜好などを即時に分析し、すぐ市場に反映されるよう調整する。こんなことができるようになったのは、歴史上はじめてのことだ。

いまや無数の一般人が新たな流行発信者になった。賢いエリートの人々ではなく僕たちが発信する。コンサルタント会社フロッグ・デザインのトレンド分析家たちは、まさに画期的な変化だと言う。

情報時代が過ぎ、レコメンデーション時代がやってきました。いまや情報はごく簡単に手に入ります。ほとんどどこにでも転がっているのです。情報収集はもはや問題とされません。むしろ情報をもとにいかに賢明な判断を下すかが鍵になってきます。……レコメンデーションは情報の森の中で近道を案内してくれます。ちょうどワイン専門店の主人が、パスタに合うものが見つかるよう、よくわからないフランスワインのことを教えてくれるように。

新たな流行発信者とはただ単に、意見が尊重される人たちのことを言う。他者の行動に影響を与え、しばしば思いがけないものをすすめる。この新たな流行発信者の中には、映画や音楽の評論家、編集者、商品モニターのようなプロも混じっている。選択肢が爆発的に増えるにつれ人々の関心の幅も広がっているので、非常に細かいニッチ分野にまで、このような信頼できる見識者の助言が求められているのだ。そこでウェブログズのような会社は、スキューバダイビングやワイマックスの無線規格や医療情報学など、ありとあらゆる細かいテーマに役立つブログ制作ビジネスを活発におこなっている。

流行発信者の中にはセレブもいる。彼らの言葉は別の意味で信頼され、消費活動への影響度は増している。テレビ番組のプロダクト・プレイスメント（ドラマなどで商品を目立つように置く広告手法）や『インスタイル』誌の成功（靴まで見えるようにセレブの写真をひざでカットしなかったのが画期的だった）など、セレブの力は商品を売る能力がどれほどあるかで判断されがちだ。たとえば好き嫌いはともかく、歌手のジェシカ・シンプソンは流行発信者だ。

すべてのセレブがハリウッドスターというわけではない。文化が幾多のミクロ文化に細分化されていくのに呼応して、ミクロ・セレブが登場しつつある。彼らはテクノロジーの世界では辣腕ブロガーという形で活躍する。つまりファッションのブログ、デイリーキャンディ

[DailyCandy] やテクノロジーとサブカルチャーのブログ、ボインボイン [BoingBoing] を書いているような人たちだ。ボインボインは、これを書いている現在もっとも人気のあるブログで、オンライン学習する一五ドルの人工知能ゲーム『20Q《トゥエンティーキュー》』のようなおもしろいおもちゃを発見する能力にたけており、そのおもちゃを一日で売り切れにしてしまうほどインターネット市場への影響力がある。

さらにミクロ・セレブよりも、もっとミクロな人たちがいる。iTMSの人気プレイリスト提供者やピッチフォーク・メディア [Pitchfork Media] のような人気音楽サイトで記事を書いている通の人々などのことだ。

それから大衆の行動も流行発信者となりえる。これは分散知能という形でもっともよく見られる。そのいい例が写真共有サイトのフリッカー [Flickr] で写真に説明タグをつけるユーザーたちだ。このサイトではユーザーが自由に写真のカテゴリーをつくるよう促される(たとえばある人にはパリス・ヒルトンの写真に見えても、僕には彼女の携帯端末サイドキックの写真に見える。そこで僕なら「サイドキック」というタグをつける)。それからウェブサイトをリンクする人たちもいい例だろう。彼らは再び訪れたいサイトのリストをネット上で公開する。

このような集団に属する人々は、自分が推薦や案内をしているとは露ほども感じていないかもしれない。それぞれの目的があってやっているだけだろう。でも彼らの行動を追跡して調査結果を出すソフトはどんどん増えている。何百万人もの行動を分析することには高い価値があると認知されたのだ。検索エンジンの発展はシリコンバレーの経済勢力になっているが、これにはまさにその高い価値が反映されているのである。

重視されるフィルタ

「フィルタ」というのは、ロングテールで質を見きわめるための、レコメンデーションなどの機能を総称する言葉だ。フィルタのテクノロジーやサービスは、膨大な選択肢を探してもっともユーザーに合ったものを示す。たとえばグーグルが検索結果を表示するときもそうだ。検索語彙ともっとも関連が深いページだけが引っかかるよう、ウェブをフィルタリングする。またラプソディでは、アシッド・ジャズのようなサブジャンルにも人気ランキングが表示されるが、これもその一例だ。

かつてラプソディを提供していたリッスン・コム［Listen.com］の創業者の一人ロブ・リードは、フィルタをロングテールの「ナビゲーション・レイヤー」と呼ぶ。彼が指摘するように、これはインターネットだけのものではないし、決して新しいものでもない。

興味深いことだが、ナビゲーション・レイヤーが力と重要性を持つのは、厳密にはインターネットだけの現象ではない。長期にわたってアメリカン航空は、「セイバー」というコンピュータ座席予約システムから多くの収入を得ていた。その額は航空業界全体が航空運賃から得る額を超えていたのである（本来セイバーは、複雑きわまりない路線と航空運賃に対処するため、七〇年代から八〇年代にかけて旅行業界全体で使っていたナビゲーション・レイヤーだ）。また、地域電話会社は昔ながらの独占事業である電話回線よりも職業別電話帳から多くの利益を得ることがあった。これはウェブ登場以前に存在した、地元ビジネス全体のナビゲーション・レイヤーだ。そして有名な話だが、全盛時代の『テレビガイド』誌はテレビ局に匹敵するほど利益を上げていた。無限の選択肢がある世界では、内容ではなく文脈が重視される。

ロングテール市場でフィルタがおもにしていることは、人々を各人の好みに合った楽なルートで既知の世界（ヒット）から未知の世界（ニッチ）へいざなうことだ。旧来の大衆市場では流通経路が制限されていたため、大衆の最低水準に合わせた内容がよく見られたが、これからは優れたフィルタがもっと魅力のある商品やサービスを探し出し、需要をテールへ押していくと言ってもいい。

ネットフリックスのCEOリード・ヘイスティングスは、DVDのテールへ需要を押していくフィルター——ネットフリックスの場合は進んだレコメンデーションと人気ランキングを出すアルゴリズム——の影響についてこう述べている。[16]

ブロックバスターの発表によると、従来、貸し出される映画の約九割は劇場用新作映画だそうです。そしてインターネットではニッチが増えます。彼らのウェブサイトで貸し出される映画の約七割は新作ですが、約三割は旧作なんですね。ところが我がネットフリックスでは少し事情が違います。約三割が新作で約七割が旧作なんです。顧客層が違うわけじゃありません。我々がコンテンツの需要を創出し、本当に愛せる名画を発見する手助けをしているからです。これはコンピュータ解析でおこなっています。つまりレコメンデーションとレーティング（評価づけ）を表示するのです。

レコメンデーションなどのフィルタは、特に売れない作品を売る点において、もっとも大事なネットフリックスの長所の一つだとヘイスティングスは考えている。レコメンデーションは広告の持つ需要創出力を備えていながら、コストがかからない。またできるだけ多くの視聴者をつかもうとする十把一絡げの宣伝よりも、当人の嗜好と他人の感想をもとに作品を推薦したほうが効果が上がる可能性がある。レコメンデーションはネットフリックスの顧客データからひとりでに出てくるもので、結果としておすすめ映画を表示するたくさんの「宣伝ポスター」（アクセスするたびに内容が変わる各人専用のウェブページ）が生まれる。

通常ハリウッドのヒット作品の場合、広告などのマーケティングにかかるコストがコスト全体の半分を超えることもあるのだが、小規模の映画にそんな真似はできない。でもネットフリックスのレコメンデーションは広告という領域で不公平をなくし、資金力のない映画のマーケティングも無料でおこなう。こうして需要をヒットとニッチに等しく広げていく。ひどく非民主的な業界にあって、レコメンデーションはかなり民主的な力を発揮している。

フィルタは万能ではない

フィルタの実態や機能がわかってくると、種類もいろいろあるのがわかる。まず音楽から見ていこう。ラプソディの普通のユーザーが新たに曲を探すとき、次のようなさまざまなタイプのフィルタに出会うことになる。

ユーザーはまず、トップのページでジャンル選びから始めるだろう。ジャンルは多層式分類の形式をとっている。たとえば「オルタナティブ／パンク」から入って、次に「パンク・ファンク」というサブジャンルを選ぶとする。するとその中の人気アルバムとアーチストのランキングが出てきて、これを書いているいま、一位はブロック・パーティーというバンドだ。そこで「ブロック・パーティー」をクリックすると、パターン照合機能によってギャング・オブ・フォーなど同種のバンドの名前も表示される。その「ギャング・オブ・フォー」をクリックすると、今度は同種アーチストという欄の中に、エディターのレコメンデーションという形で（エディトリアル・レビューも参考になる）追随アーチストのリストがあらわれる（ギャング・オブ・フォーは一九八〇年前後に登場して、いきなりパンク・ファンクというジャンルを生んだバンドだ）。

ギャング・オブ・フォーの追随アーチストの中に「ザ・ラプチャー」というバンドがある

ので、これをクリック。気に入ればこのバンドを中心に選曲する「アーチスト・ラジオ」というラジオ局へ行ってみよう。協調フィルタリング（個人の嗜好データから、似たユーザーの嗜好データをもとに好みの商品を推測するシステム）によってザ・ラプチャーの曲だけでなく、このバンドを好む人々が好きな他のバンドの曲も次々流れてくる。聴いているうちに「エルシーディー・サウンドシステム」というバンドがいちばん気に入ったとする。そこでこれをクリックしてしばらく聴く。違うものが聴きたくなったら、このバンドを入れている「プレイリスト」へ行ってみよう。すると今度はZERO7《ゼロ・セブン》を紹介されて、ちょっと聴いてみたくなるかもしれない。

というわけで五つほどのレコメンデーション技術によって、パンクからソウルへ、ヘッドからテールの先へ、旅をしたわけだ。しかも、どの段階でも納得がいった。

ただし音楽のレコメンデーションは、近頃進歩しているとはいえ同時に欠陥もある。まず、ニッチの奥深くもぐりこんでいくと他の人たちの嗜好データが足りなくなるようで、あっという間におすすめの曲が底をついてしまうことが多い。また、たとえ選曲がよくて、よく知らないジャンルも聴いてみるようすすめるサービスでも、その推薦曲がいつまでも同じということもよくある。すすめられた曲を全部聴いてから一カ月してもう一度訪れると、またほとんど同じ曲ばかり聴かされるのだ。

さらにもう一つ制約があって、たいていレコメンデーションはあるジャンルでは通用しても別のジャンルではあまり通用しない。つまりロックを推薦するやり方はクラシックでは使えないし、逆も同じだ。ヒット主導型の古い経済モデルでは、一つの商品が全員に押しつけられたものだが、ニッチや準ニッチ商品であふれる新モデルでは、それぞれの分野に合った専門性が求められる。

たとえば、iTMSはその輝かしい業績のわりにポップ・ミュージック偏重傾向があり、他の音楽ジャンルでは使いにくくなっている。こういったサービスでは、さまざまなジャンルの音楽――ロック、ジャズ、クラシックなど――をみんな同じように表示し、おもにアーチスト別に分類する方法をとっているのだ。でもクラシックで「アーチスト」なのは誰だ。作曲家か。オーケストラか。指揮者か。長い協奏曲を三〇秒だけ試聴して何か意味があるのか。あるいはもしジャズだったら、バンドよりもメンバー各人の経歴のほうが注目されるだろう。バンドはそのアルバム一枚だけのために集まったかもしれないからだ。また、その年同時に登場したいろんなジャンルの音楽を聴いてみたいと思うときだってあるだろう。でもそういうときはあきらめるしかない。iTMSのソフトはそんな分け方をしてくれない。

これは集積とフィルタをフリーサイズ化したことから来る弊害である。iTMSはテールで健闘を見せているかもしれないが、単純化――そして大衆の最低水準に合わせたメタデータ――に重点を置いたために、どのジャンルにも通用する表示モデルをつくれなかった。したがってすべての顧客の要求を満たすことができない。これはiTMSだけにかぎったことではなく、どの音楽サービスでも同じである。

どのフィルタも万能ではない以上、聴き手はたいていフィルタをいくつも使う。たとえばレコメンデーションにしたがって新しい音楽を開拓しはじめたとする。好きなジャンルのところに来たら、順位を見たり人気の曲を聴いてみたりしたくなるだろう。そこで特に気に入ったバンドが見つかったら、協調フィルタリングに導かれて似たバンドもチェックすることになるかもしれない。もし一週間後にまた同じサイトを訪れたところ同じ曲ばかり聴かされたら、違う世界へ連れていってくれる別のフィルタを使う必要があるだろう。そのフィルタは他の人が選曲した「プレイリスト」かもしれない。他者の好みという魔法のじゅうたんに便乗して、新しいジャンルに連れていってもらうわけだ。気に入ったらそのジャンルで落ち着いてもいいし、また同じプロセスを繰り返してもいい。

役立つ人気ランキングとは

つい最近まで、新しい音楽を発見する方法はもっとずっと少なかった。友人などの推薦はさておいて、手としてはおもに雑誌の評論、レコード店の詳しい店員のアドバイスなどがあったけれど、いちばん大きな存在はラジオ番組だった。特にいま、誰もが知っているフィルタという意味では、ラジオの人気ランキングはもっともいい例だろう。トップ一〇や四〇といったランキングは、ヒット主導型の世界の名物になっている。ニールセンのランキングや『ニューヨークタイムズ』のベストセラー・リストもその類だ。しかし他にもたくさんのフィルタが存在するロングテールの世界では、トップ一〇といってももうそれほど影響力を持たないことが明白になりつつある。

人気ランキングが悪いのではない。それはつまるところ「集合知」の一つの形にすぎない。でもこうしたリストによって、ありとあらゆる類のカテゴリーやニッチやサブジャンルが十把一絡げにされてしまうことが多い。

いい例がブログだ。これを書いている現在、ブログ検索サイトのテクノラティ［Technorati］が掲載している人気ブログのトップ一〇はこれだ。

①ボインボイン［BoingBoing: A Directory of Wonderful Things］
②デイリー・コス［Daily Kos: State of the Nation］
③ファーク・コム［Drew Curtis' Fark.com］
④ギズモード［Gizmodo: The Gadgets Weblog］
⑤インスタパンディット・コム［Instapundit.com］
⑥エンガジェット［Engadget］
⑦ポストシークレット［PostSecret］
⑧トーキング・ポインツ・メモ［Talking Points Memo: by Joshua Micah Marshall］
⑨デイベネティクス［Davenetics Politics Media Musings］
⑩デュース・コム［dooce.com］

この結果から読みとれることはあまりない。いくつかの製品情報のブログと政治に関するブログ、そしてどのカテゴリーにも属さないサブカルチャーのブログ（①③⑦）と個人のブログ（⑩）だ。まったく比較できないものをほとんどでたらめに集めたリストだとも言える。たとえて言うと、人気ブログをこういうランキングにするのは、スーパーマーケットの今日の販売ランキングをつくるのに似ている。①新鮮ビタミンD入り2％低脂肪乳、②田舎農場の混粒パン、③バナナ、④コーンフレーク（大）、⑤ダイエット・コーラ缶一二本パック……などなど。こんなランキングは無意味だ。バナナが清涼飲料水より売れているかどうかなど誰も知りたいと思わない。みんなが知りたいのは、どの清涼飲料水が他の清涼飲料水より売れているかだ。一つのジャンルの中で同じ類のもの同士を比べるという文脈があってはじめて、人気ランキングは意味をなす。

僕としては、やはりニッチはニッチとして扱うべきであるとあらためて感じさせられる。多様な立体的市場を一つの視点だけでとらえても無駄であり、たとえそれにランキングをつけたところで役に立たない。ジャンル（またはサブジャンル）ごとにランキングをつけるのが大事であって、複数のジャンルにまたがってはならない。

さて音楽の話に戻ってランキングを見てみよう。これを書いている現在、ラプソディ全体の人気アーチスト・トップ一〇はこうなっている。

①ジャック・ジョンソン
②エミネム

③コールドプレイ
④フォール・アウト・ボーイ
⑤ジョニー・キャッシュ
⑥ニッケルバック
⑦ジェイムス・ブラント
⑧グリーン・デイ
⑨デス・キャブ・フォー・キューティー
⑩ケリー・クラークソン

数えてみたところ、アダルト・オルタナティブが二人、クロスオーバー／ヒップホップ、ブリット・ロック、エモーショナル、アウトロー・カントリー、ポスト・グランジ、パンク・ポップ、インディ・ロック、ティーン・ビートが各一人だ。しかし、今週アウトロー・カントリーのある曲がティーン・ビートのある曲より売れたかどうか誰が知りたいものか。このランキングは、一つのジャンルが好きな人が好きな曲を見つける役には立つまい。でも僕たちは約半世紀もの間、音楽という文化を全部ひっくるめて一つのトップ一〇（や四〇や一〇〇）を通して眺めてきた。ほとんど無意味なのに。でも、それしか手がなかったのだ。

ではこれを、次のアフロ・キューバン・ジャズというサブジャンルのトップ一〇と比較してみよう。

①ティト・プエンテ
②ブエナ・ビスタ・ソシアル・クラブ
③カル・ジェイダー
④アルトゥーロ・サンドヴァル
⑤ポンチョ・サンチェス
⑥ディジー・ガレスピー
⑦ペレス・プラード
⑧イブライム・フェレール
⑨エディ・パルミエリ
⑩ミシェル・カミロ

これこそ真のトップ一〇だ。同一条件で比較しているので、全部の要素が役に立つ。こうしたランキングが可能になったのも、消費者の嗜好に関する情報がたっぷりあり、厖大な数の人気ランキングを表示できるスペースがあるからだ。トップ一〇はひとつでなくてもいい。この場合ティト・プエンテは、非常にニッチなジャンルの先頭に立つ小さな国の大物だ。このジャンルのファンにとっては大事な情報である。でもそうでない人にとってプエンテは、よく知らないアーチストというだけで気にとめることもないし、プエンテのアルバムも音楽全体のランキングではトップ一〇にも入らないのでヒット作とは言えない。しかしこのジャンルでは王様であり、作家のエリック・ショーンフェルドがブロックバスター（大ヒット）ならぬ「ニッチバスター」と呼んでいるような作品をもたらす。

人気ランキングなどのフィルタは、主流派の人々に新たな発見をもたらし、ミクロ市場にマーケティング手段を与えて、実はニッチ規模でもっともよく効果を発揮するのである。

……ロングテールはクズだらけではない

ロングテールを機能させるためにフィルタがなぜこれほど大事なのかというと、フィルタがなければロングテールはただの「雑音」になる危険性があるからだ。

情報理論は、最初はラジオ放送で、それからあらゆる電気通信において、機械的雑音からコヒーレント信号をとり出すというテーマが発展してできた分野だが、そこでよく使われるS／N比（信号対雑音比）は、雑音をとり除くのが難しい場合のことを話すときに広く使われるようになった。でも雑音はヘッドが短いかつての市場ではあまり問題とされなかった。商品のすべてがあらかじめフィルタにかけられ、その中から異質な商品など、大衆の最低水準をはるかに超えたものが除かれているからだ。でもほぼすべてを含むロングテール市場では、雑音――未整理のコンテンツや質の悪い商品――が大問題になりうる。野放しにしておくと、雑音が多すぎて人々が買い物をしなくなり、市場が成り立たなくなる可能性がある。

フィルタの役目はこうした雑音をさえぎることだ。殻と実をより分けたり、泥の中からダイヤモンドを拾ったりするように、フィルタは各人に合った商品を少しだけすくいとり、多数の合わないものは隠す。

もっとよく理解してもらうために、人々がよくしている誤解について説明しよう。ロングテールに関していちばん多い誤解は、売れないものは売れるものほどいいものではない、要するにロングテールはガラクタの山だと思っていることだ。そのアルバムなり映画なりが優れたものなら、当然ヒットするだろうというわけだが、はっきり言ってそれは勘違いだ。ニッチはメジャーな世界とは違う経済性で動いている。その理由がわかれば、なぜロングテールのコンテンツには納得できないことが多いのか見えてくる。希少思考《スカーシティー・シンキング》が染みついている場合はなおさらだ。

まずはじめに、ロングテールには現実にクズがたくさんあることを認識しよう。しかしそこにはまた、深みのある優れた作品もたくさん存在する。そしてその間に厖大な数の作品がひしめいている。ウェブサイトについてもまったく同じだ。一〇年前、インターネットにはくだらないサイトが多いとみんなが文句を言っていた。確かにちょっとネット・サーフィンしてみれば、すぐにそうとわかった。でもやがて雑音から信号を抜き出すための検索エンジンが登場した。そしてついにはグーグルが、集合知を利用して混乱状態を整理し、かつてなく権威ある情報に近いものにした。

ウェブの世界だけではなくどこにでもクズはある。「なべてこの世は九割がガラクタ」というのはスタージョンの法則（SF作家のシオドア・スタージョンに由来）だ。たとえばアートを、美術館ではなくガレージセールという視点で考えてみると、（少なくとも）九割はガラクタだ。音楽も本もみんなそうだ。そんなふうに考えたことがないのは、これまでほとんどのガラクタが営利優先の流通業者のふるいにかけられて除かれていたからだ。

商品棚などの有限の流通手段においては、一つの商品が別の商品のスペースを奪うゼロサムゲームであるため、いい商品とだめな商品の比率は大問題となる。何かが目立てば他のものは影が薄くなる世界だ。たとえばおもちゃ屋で、一〇に一つしかいい商品がなくてあとはクズばかりだったら、その店ははずれだったと考えてもうそれ以上探す気になれないだろう。同様に聞いたことのないアーチストばかりだったら、CDをめくっていくのも楽しくない。でも無限の商品スペースがあったらゼロサムゲームではなくなる。くだらないウェブサイトが何十億あろうと、タワーレコードに売れないCDがわんさと置いてあるほどの大きな問題にはならない。インターネットでは在庫はお互いに競争しないのである。商品の良し悪しの比率は単純にS／N比なのであって、情報を仕分けるいいフィルタがあれば解決できる問題だ。要するにたとえ雑音があっても、たとえばグーグルがうまくよけてくれればあまりたいした害にはならない。フィルタの勝利だ。

これはロングテールの特徴を知るいい手がかりになる。ロングテールは、流通の狭き門とその門番（編集者、映画会社の幹部、タレント・スカウト、ウォルマートの仕入れ担当など）による選別を受けない。結果この世のありさまそのままに、品質はピンからキリまでと

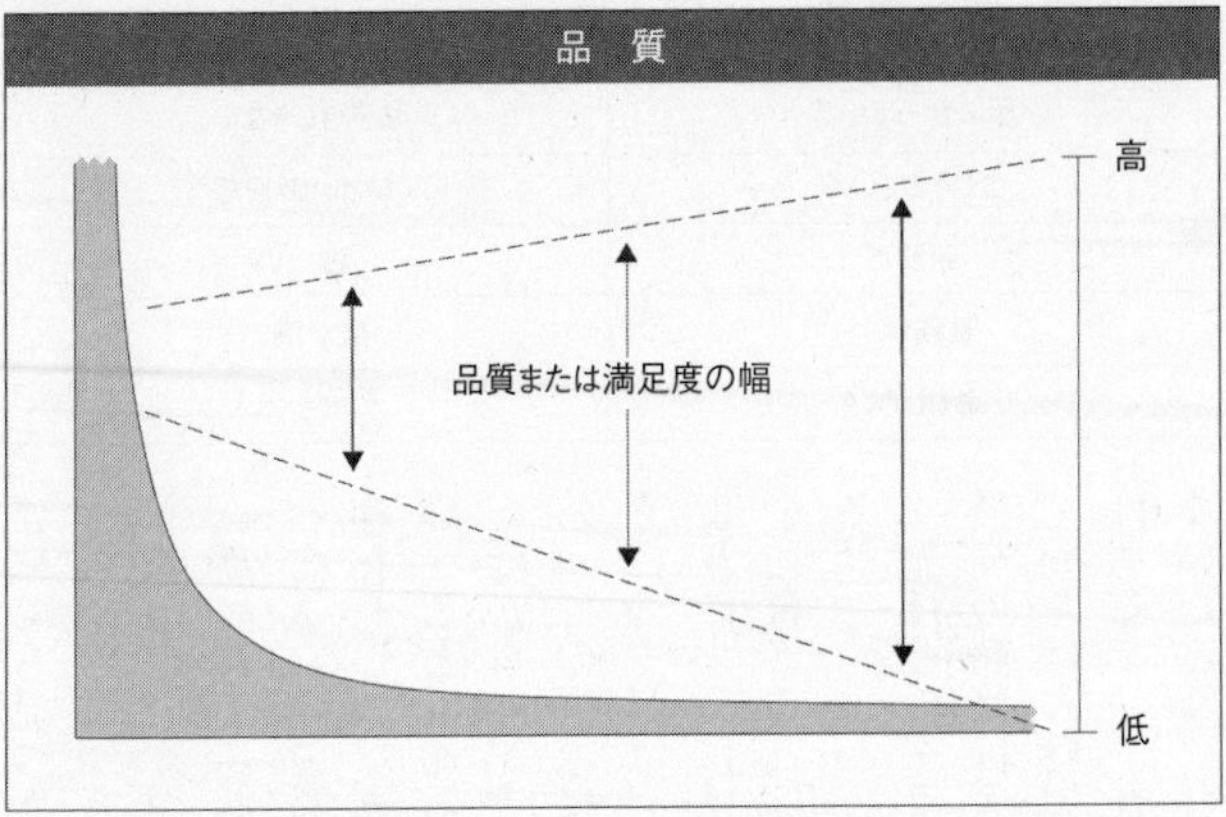

いうことになる。

もしそうなら、（再び情報理論ふうに言えば）ロングテールは品質において最高から最悪までの広いダイナミックレンジ（信号の再現能力を、最大値と最小値の比率であらわすもの）を持つという言い方もできる。いっぽう普通の店舗の品質は比較的狭いダイナミックレンジで、だいたい普通から良までだ（本当にすばらしいものもあるにはあるが、普通の店の棚に置くには金がかかりすぎることが多い。ニッチは品質の領域の両極に存在する）。つまりテールのダイナミックレンジの幅は広く、ヘッドのダイナミックレンジの幅は狭い。グラフにあらわすとこのようになる。

ここで大事なのは、端から端まで曲線のどの部分にも高品質の商品が隠れているということだ。もちろんテールのほうがヘッドより低品質の商品の数が多く、その先へ下っていけばいくほど品質の平均水準は落ちていく。しかしいいフィルタがあれば、平均水準などどうでもいいことだ。ダイヤモンドはど

「高品質」	「低品質」
私に合っている	私向きじゃない
よくできている	ひどい出来だ
新鮮だ	古　い
意義深い	底が浅い
おもしろい	つまらない

こにでも見つかる。

もっとはっきりわかるように、人がコンテンツを評価するときに使う基準をいくつか挙げよう。

「高品質」「低品質」というのは明らかに主観的な言葉で、基準はすべて人によりけりだ。コンテンツの品質を測るのに動かぬ物差しなど存在しない。ある人にとって「良い」ものが別の人にとっては「悪い」こともある。実際にはたいていの場合がそうだ。

だからニッチは千差万別なのだ。ある人にとっての雑音がある人にとっての信号になる。プロデューサーがある視聴者だけに合わせるようにつくれば、当然別の視聴者には合わないだろう。全員が気に入るようにするには妥協が必要だが、そうするとほぼ間違いなく誰かに完全に合うことはなくなる。だから大衆の最低水準と呼ばれることになる。

先ほどのグラフから得られる大事な結論は、多くの人たちにとって最高の商品はテールにあるということだ。オーディオ・マニアにとっていちばん魅力的な製品は、少なくともベスト・バイの売れ筋商品ではあるまい。普通の顧客には高すぎるし難しすぎるし、なかなか売れないだろう。むしろマニアの欲しいものは専門店にあり、ランキング全体の中ではテールのはるか彼方にある。それはマニアにぴったりの製品である以上、あまり興味のない人にはたぶんそぐわないだろう。本来ニッチ商品はすべての人のものではないのである。

ベストセラー商品は幅広い嗜好に対して訴求力を持つが、少なくとも表面的だ。いっぽうニッチ商品は狭い範囲の嗜好に対して強く訴えるようにつくられている。だからフィルタのテクノロジーが大事なのだ。需要をテールへ押すだけでなく、多数に合わせたヘッドの商品よりも個人に合った商品を消費者につなげることで、満足度を高めることができる。ただし死に筋商品が揃い踏みしているあたりには、本当にだめな商品もある。フィルタが目指すのはそれがどれかを見分けることだ。そして検索エンジンやレコメンデーションなど優れたフィルタの力を借りられるなら、自分にぴったりのものが見つかる確率はテールのほうが高いのである。

欲しいものが見つけづらいテール

次のグラフは別の見方を示している。グラフでは、テールの先へ行けば行くほどS／N比が下がっている（雑音の割合が増えている）。顧客が欲しいものを見つけられる程度に信号を得られるかどうかは、フィルタ機能の向上次第だ。

なぜテールの先へ行くにつれてS／N比が下がるかというと、あまりにもたくさん商品が

雑音から信号を抜き出すフィルタの性能

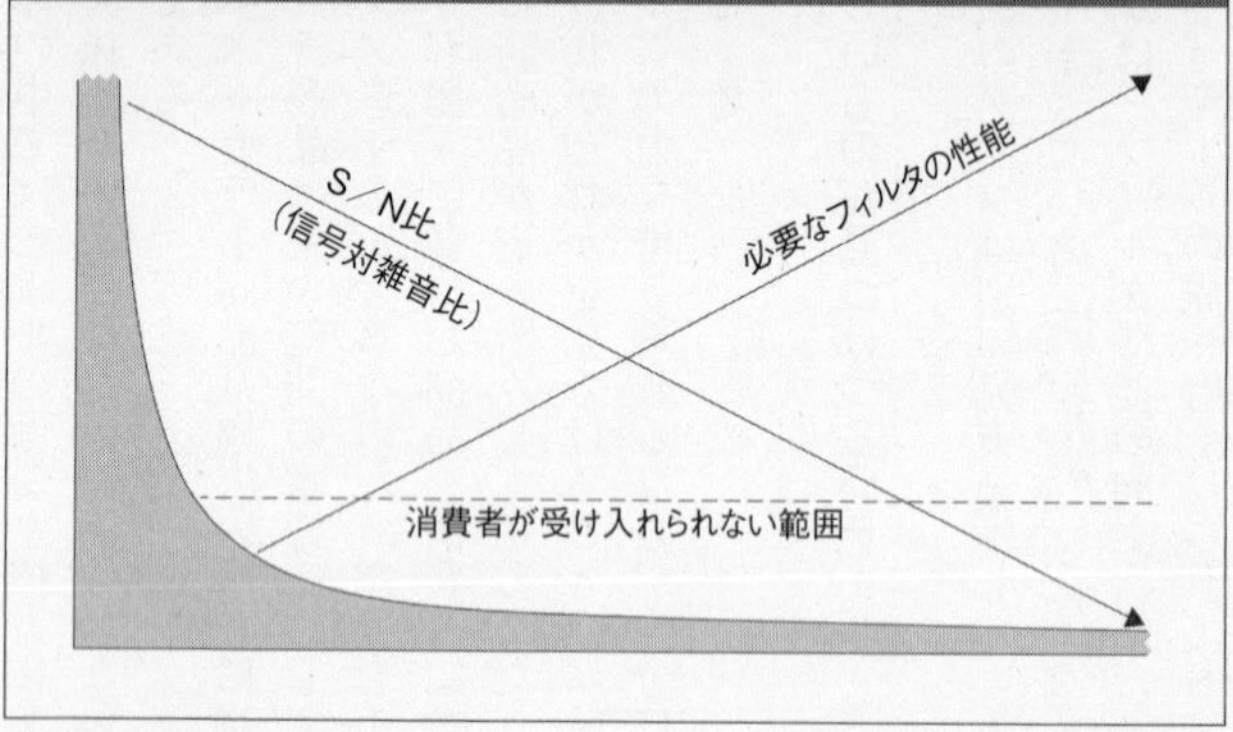

ありすぎて、探しているものがいらないものに紛れて見えなくなってしまうからだ。理由は簡単。この世に存在するものの大多数はテールにあるがゆえである。

ヒット主導型の文化で生きてきた結果として、僕たちは実際よりずっとヒットが市場を独占していると思いこみがちだ。でもヒットというのは稀《まれ》な例外である。投資会社の創業者ナシーム・タレブはこれを「黒鳥問題《ブラック・スワン・プロブレム》」と呼んでいる。

この言葉はそもそも一八世紀のスコットランドの哲学者デイヴィッド・ヒュームに由来する。ヒュームは黒鳥問題を、観測した事実から一般法則を導き出すことの難しさを示す例だとした。いまではヒュームの帰納問題として知られるが、彼は白鳥を何羽見ればすべての白鳥が白で、黒い白鳥はいないと推測できるか考えた。答えは一〇〇なのか一〇〇〇なのかわからない（黒鳥は単なる仮定のたとえではない。オーストラリア大陸が発見されるまで、白鳥はすべて白いと信じられていた。本物の「コクチョウ」の姿を見てやっとその常識は破られたのである）。

問題は、珍しい事象を前後関係の中に置いて考えることが難しいということだ。たとえば、どんな集団の中にもとてつもない金持ちというのは少ししかいないが、彼らは本当に頭がいいから金持ちになったのだろうか。いや実際のところはただ運がよかっただけかもしれないのであって判断はつかない。タレブは『まぐれ――投資家はなぜ、運を実力と勘違いするのか』（ダイヤモンド社、望月衛訳、二〇〇八年）の中で、『となりの億万長者――成功を生む7つの法則』（スタンリー＆ダンコ著、早川書房、斎藤聖美訳、二〇一三年）というベストセラーを嘲笑している。『となりの億万長者』は、読む人がこれにならって金持ちになれるようにと、億万長者の投資の手法と仕事の習慣をあれこれ挙げている。でもタレブが述べているように、偶発的な要素も投資戦略に負けず劣らず、となりの億万長者をつくった原因となっているようなのである。

タレブの定義によると、黒鳥は「次の三つの特性を満たす偶発的事象だ。大きな影響力、計算不可能な確率、驚き効果である。まず第一に、事象は不釣り合いなほど大きな影響力を持つ。第二に、事象が起こる確率は、それより前の情報をもとにすると、小さいが計算不可能だ。第三に、びっくりさせるというタチの悪い効果がある。観測の時点では、事象が起こる可能性が増すことを示す説得力のある要素はない」。タレブは、大ヒットについても容易に説明できるだろう。

2004年の書籍販売		
販売部数	タイトル数	小計
1,000,000以上	10	17,396,510
500,000-999,999	22	13,798,299
250,000-499,999	64	22,252,491
100,000-249,999	324	46,932,031
50,000-99,999	767	51,858,835
5,000-49,999	23,047	280,000,591
1,000-4,999	67,008	149,093,614
100-999	202,938	69,548,499
99以下	948,005	14,346,417
合　計	120万	6億6500万冊強

資料提供:Book Industry Study Group, Inc.

（音楽から映画まで）大多数のコンテンツはヒットじゃないというのが現実で、実際にはほとんどがこれでもかというほどかけ離れたところにいる。そのコンテンツを買う人の数もヒットに比べれば四、五桁違う。あまりいい作品じゃないからという場合もあるが、ただ売り方が下手だからとか、つくった人にコネがなかったからということもある。あるいは偶発的要素が絡んでいる場合だってあるだろう。ときに真新しさという表面的な要素だけで大ヒットが生まれることがあるように（バハ・メンの『フー・レット・ザ・ドッグス・アウト』が思い出される）。

大多数は売れないという現象は、べき法則分布が示す自然な結果だ。べき法則分布とは、少数の事象が高い頻度（つまり販売数）で起こり、多数の事象が低い頻度で起こる曲線のことをいう（べき法則という言葉は曲線の傾きである1／xが、xのマイナス一乗に等しいことから来ている)。つまり少しの商品がたくさん売れて、たくさんの商品が少しずつしか売れないということだ。

ほとんどのものがあまり売れないのだから、手に入るものの量は――要するに欲しくないものの量も――ロングテール曲線が下がっていくにつれて増える。実際に書籍産業のデータを見てみよう。この表は二〇〇四年に売れた本の販売部数ごとのタイトル数を示している。

ここからわかることは、テールの先へ向かえば向かうほどいらないものも増えてくるということだ。これはどんな商品であれ言えることである。だからテールの先のほうでは(もし検索とフィルタを使えれば)欲しいものが見つかる確率が高いにもかかわらず、S/N比は低くなっていく。逆説のようだがそうではない。後はフィルタが役立つかどうかだけだ。

前置フィルタと後置フィルタ

よく考えてみれば、世界にはすでにさまざまなフィルタがある。僕たちは前世紀、商品スペースや映画館やチャンネルがかぎられた、選択肢不足の市場に生きていた。そこではいいものを見つけて売りさばくという一点を軸に、市場全体が回っていた。タレント・スカウトをするレコードレーベルのA&R(Artist&Repertoire の略で、アーチストの育成やレコード制作等に全般的に関わる仕事)やハリウッドの映画会社幹部や、店の仕入れ責任者(バイヤー)などがしてきたのはそういうことだ。商品スペースやページの中の高価な場所に置ける売れそうなものは何で、その逆なのは何か、それを予測するデータを世界中の会議室で市場調査チームが検討してきた。

ここで注目してほしい言葉は「予測」だ。前に説明したレコメンデーションなどのフィルタと違い、予測によるフィルタは市場にたどり着く前に商品をふるいにかける。まさに何を市場へ送りこみ何をふるい落とすか決めるのが仕事である。この仕事を「前置《プレ》フィルタ」と呼ぼう。

いっぽうレコメンデーションや検索技術は「後置《ポスト》フィルタ」だ。このフィルタは、特定の分野の中でいちばんいいものを見つけていく。いいもの（関連があるもの、おもしろいもの、画期的なものなど）だけをすくいあげて、よくないものは重視せず、ときには無視する。商品を全部放出して市場に仕分けを任せるという場合、後置フィルタは市場の声と言ってもいい。そして消費者行動を予測するのではなく、導いたり広めたりする。

二つのフィルタの見本を次の表にあらわしてみた。

行動を事前に予測するのではなく、後で増幅させるというのが後置フィルタの重要な特性である。流通コストと商品スペースが高くつく短いヘッドの市場では、市場にどの商品を出すべきか、激しい選別がおこなわれる。小売業者やプロデューサーはヒット商品をつかむ確率を上げるため、人々が何を求めているか予測しようと研究をつづけてきた。言うまでもなく、彼らの予測がいつも当たるわけではない。市場に出る価値があっても見過ごされて市場に出ない商品の数は、市場に出ても売れなかった商品の数と同じくらい多いのは間違いない。それでも生き残った商品は、消費者心理をうまくついているなどともっともらしい評判を得る。

でもロングテール市場では、流通コストが安く商品スペースがふんだんにある。いずれは

前置フィルタ	後置フィルタ
編集者	ブログ
レコードレーベルのスカウト	プレイリスト
映画会社の幹部	レビュー
デパートのバイヤー	客
マーケティング担当者	レコメンデーション
広告主	消費者

すべてが手に届くことになると考えていいだろう。

ロングテール市場では、フィルタの役目が入国審査官から旅行ガイドに変わる。嗜好は予測されるのではなく、グーグルのような後置フィルタで測定される。ネットフリックスの顧客によるレコメンデーションのような後置フィルタは、旧来の地理的カテゴリーや心理学的カテゴリーで消費者を新たにあらかじめくくってしまうのではなく、行動を通して嗜好を露出する個人として扱う。またMP3ブログのような後置フィルタは、商品を市場に近づけないどころか、需要を刺激することで商品の市場を誕生させる。メディア評論家のジェフ・ジャーヴィスは二つのフィルタの違いは「第一人称の市場と第三人称の市場」の差だと言う。

概してブログは、影響力の強いレコメンデーションを放つ大きな源泉になりつつある。たとえばPVRブログ［PVRblog］やホーティカルチュラル［Horticultural］（有機栽培のブログ）のような個人のマニアのサイトもそうだし、ギズモードやジョイスティック［Joystiq］のような商業ブログもある。また何らかの理由でたまたま読んだブログにレコメンデーションが入っていることもある（知識が豊富で、それを人に伝えるのが好きなマニアたちは、自然とブログをやるようになるらしい)。ブログは範囲が狭くて洗練されていないかもしれないが、そこは信頼性でしっかり補われている。つまり常連の読者は、信用に足る実在の人物が書いていることを知っている。

前置フィルタが完璧ではない――スカウトは必ずしも売れるアーチストばかりを選んではいない――ように、もちろん後置フィルタもまた完璧ではない。後置フィルタはアマチュアがつくることが多いので、独自の意見は減り、悪意ある内容が増える。さらに後置フィルタの場合、内容に対する反応が発表の前ではなく後になってから来る。結果として編集者や知識人が見ていればわかったはずの間違いが、表に出てしまう。後から後置フィルタとしていろいろコメントされて結果的に訂正できるとしても、完全に消えることはないかもしれない。

僕は前置と後置のどっちか考えてみたが、おもしろいことに両方やっていた。かぎられたページ数を持つ雑誌の編集者としては旧来の前置フィルタだ。どの記事を掲載するか決めるため、思い切った選別や予測をあれこれやっている。でも『ワイアード』はたくさんの製品の評価もしていて、その点では後置フィルタだ。僕たちはすでに世に出ている商品の世界を見渡して、いちばん優れたものを読者に紹介する。

前置フィルタのかかった商品を、スペースがコンパクトな光沢紙で包んでいるのが雑誌だ。その商品の市場が存在するかぎり、僕の旧式の選別に対する需要は消えないだろう。でも市場に出すか出さないかを人に決めてもらおうという時代は終わりつつある。やがてすべては市場に出る。そこで真の需要を創出するには、商品すべてを整理することだ。

第8章　ロングテール経済——潤沢と希少

一八九七年夏、スイスの大学の研究室でヴィルフレド・パレートというイタリア人学者が、一九世紀の英国の富と収入のパターン分析に精を出していた。それはマルクスの時代で、富の分配というテーマは流行していた。彼は、英国では富は不平等に分配されており、ほとんどの富は少数の人々の手に渡っていることを知った。正確な割合を計算してみると、人口の二〇パーセントが富の八〇パーセントを所有していたのである。見逃せないのは、その割合が他の国や地域にも通用したということだ。

つまり、富と人口のパターンに一定の数学的関係性があることを発見したのであり、パレートはこれを「バイタルフューの法則」と呼んだ。これはどうやら時代や国を超えてどこにでも当てはまる法則のようだった。ただしパレートは経済学者としては優れていたが、説明はうまいほうではなかったので、この発見の重要性を理解した人はあまりいなかった。さらに彼はエリートに関する社会学の論文を手がけたが、晩年にムッソリーニのファシスト党員たちによって不運にも政治に利用された。以後、所得分布の不均衡の理論はひとり歩きをはじめ、現在パレートの研究は八〇対二〇の法則として広く知られている。

一九四九年、ジョージ・ジップというハーバード大学の言語学者が、言葉の研究過程で似たような原理を発見した。よく使われるのは数少ない単語でほとんどの単語はあまり使われない、ということだ。これは驚くべきことではないが、同時に彼はその関係性が予測可能で、パレートの富の曲線と同じだということも発見した。単語の使用頻度は、使用頻度の順位分の一に比例する。つまり二番めによく使われる言葉は、いちばんよく使われる言葉の約二分の一の頻度で登場する。三番めなら三分の一だ。これはジップの法則と呼ばれている。

また人口統計や生産加工などあらゆる現象に同じ法則が成り立つことをジップは突きとめた。たとえばフィラデルフィアにある二〇区画の地域の結婚許可証を調査したところ、七〇パーセントの夫婦が二〇区画のわずか三〇パーセント離れて住む者同士だった。

以来、後進の研究者たちが、プラズマ原子から都市の規模にいたるまであらゆるものに法則を拡大させてきた。この研究の要は、べき法則分布、つまりパレートが富の曲線で発見した1／xの傾きが、どこにでも見られるということである。

べき法則は生物学や書籍の販売部数などあちこちに見られる曲線の一種である。ロングテールはべき法則であり、かぎられた商品スペースやチャンネルのような狭い流通経路に曲線が切り捨てられない。べき法則の曲線はゼロに近づいても決してゼロにはならず無限に伸びていくため、長い《ロング》テールを持つ曲線として知られている。本書の名前もここからとった。

消費者市場では、次の三つの条件がそろえばべき法則になる。

①多様性（多種類のものが存在する）
②不均等（ある点においてあるものが他のものよりまさっている）
③質の違いを増幅する口コミや評判のようなネットワーク効果

つまり、さまざまなものが存在していて、いいものもあれば悪いものもあり、なおかつ評判などの影響でいいものは浮上し悪いものが押しやられるような場に、べき法則分布は出現するのだ[17]。このような場では、市場や文化や社会がパレートの言う「予測可能な不均衡」になる。成功が成功を呼ぶのだ。言うまでもなく、僕たちをとり巻く世界は概ねそうなっている。

流通経路が狭い、ゆがんだ市場

いま現実にべき法則がどうなっているのか、ハリウッドの興行成績を例にとって見てみよう。普通のやり方でデータをグラフにすると、よく見るような形になる。少数のヒット作が曲線の左手の高い位置を占め、その他大勢（もう見下した言葉はやめて、非ヒット作）は右手の低い位置におさまる。

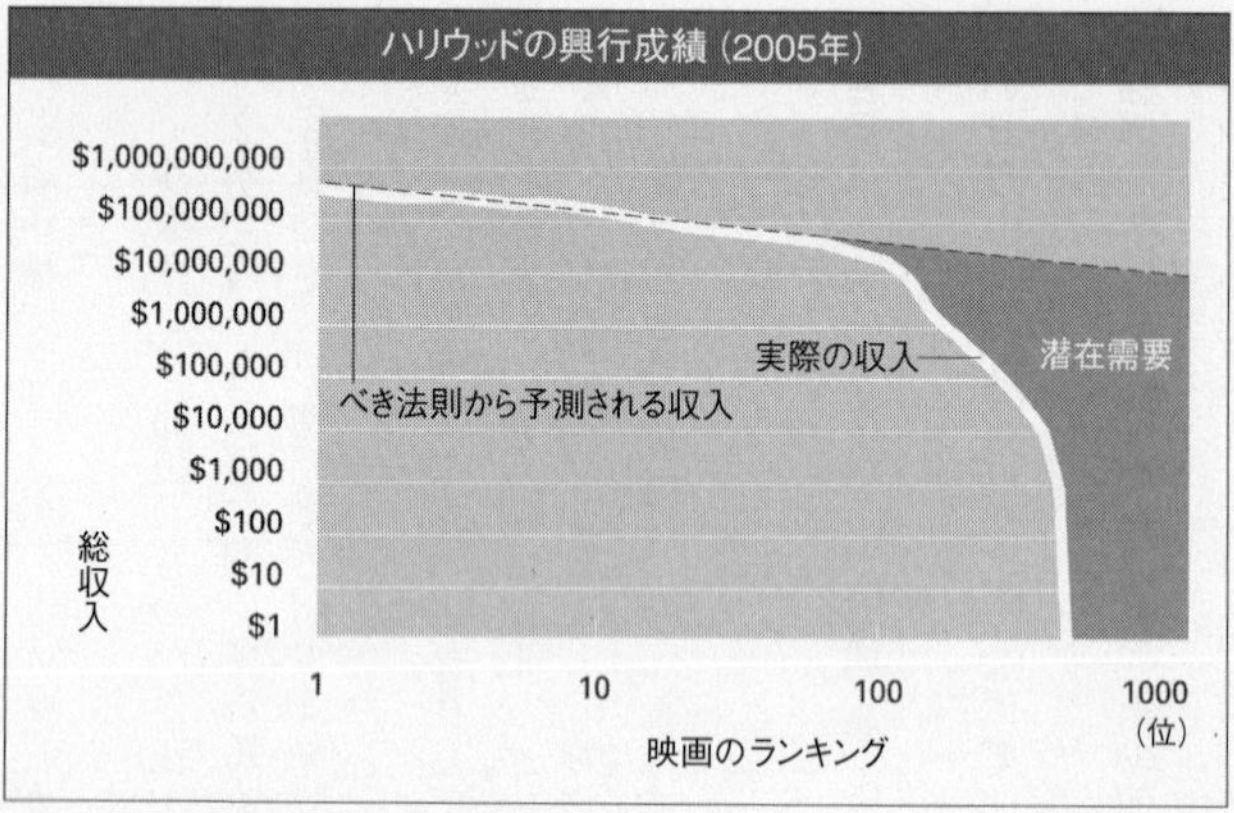

べき法則はこのようにあらわすとどれも同じような形になるので、もっと違いがはっきりわかる物差しを使ったほうが役に立つ。その方法の一つが、対数目盛でグラフを作成することだ。これは一目盛がその前の目盛の一〇倍の因数になっているので、目盛が一〇、一〇〇、一〇〇〇のように増えていく（対数目盛が使われることで有名なのが、地震の規模を示すリヒター・スケールと音量のデシベル表示だ）。

縦軸と横軸両方を対数目盛にして適当なべき法則を描くと（「両対数」のグラフと呼ぶ）、右下がりの直線が得られる。正確な傾きの角度は市場によって異なるが、スープの販売数にせよ上場企業の株式発行高にせよ、市場のグラフは直線になるのが自然だ。

でも実際にはまったく違った形をとることがかなり多い。最初は直線としてはじまるものの、途中から直線ではなくなる。先ほど言った興行成績のグラフはこのようになる。

一〇〇位あたりに注目してほしい。興行収入はここで急激に下がり、五〇〇位ぐらいでゼロに近づく（実はこの年最低の興行収入は『ダーク・アワーズ』の四二三ドルだった。無名のキャストを使って乏しい予算でつくられたカナダのホラー映画だが、観た人に聞くと悪くないそうだ）。

どういうことだろう。映画も一〇〇位ぐらいまで来ると突如としてひどい作品が増えるのだろうか。映画は五〇〇本ぐらいしか撮られていないのだろうか。あるいはこのジェットコースターのような下がり方はただ数の間違いなのか。

残念ながらどれも正解ではない。数値の間違いでないのはもちろん、一〇〇位で映画の質が落ちるわけでもない（むしろ上がると言う人だっている）。映画は五〇〇本しかつくられないどころか、アメリカ国内だけで毎年約一万三〇〇〇本の長篇映画が映画祭に出品されている[18]。しかもアメリカで上映されない何万もの外国映画が存在しているのだ。

どういうことかというと、一〇〇位に届かない映画はあまり劇場公開されないというだけのことだ。つまりアメリカの劇場産業の「容量」が年に一〇〇本程度なのだ。地方の映画館の経済性は厳しく、容赦がない。どれだけいいものであろうとムンバイで映画がヒットしていようと、それだけではだめで、コネチカット州スタンフォードでもどこでもいいが上映される場所で、二週間のうちに二、三〇〇〇人は呼びこめるぐらい集客力がなければならない。概してそのためには多額の宣伝費と配給先を必要とするし、たぶん一人か二人はスターもいるだろう。そんな金があればの話だが。

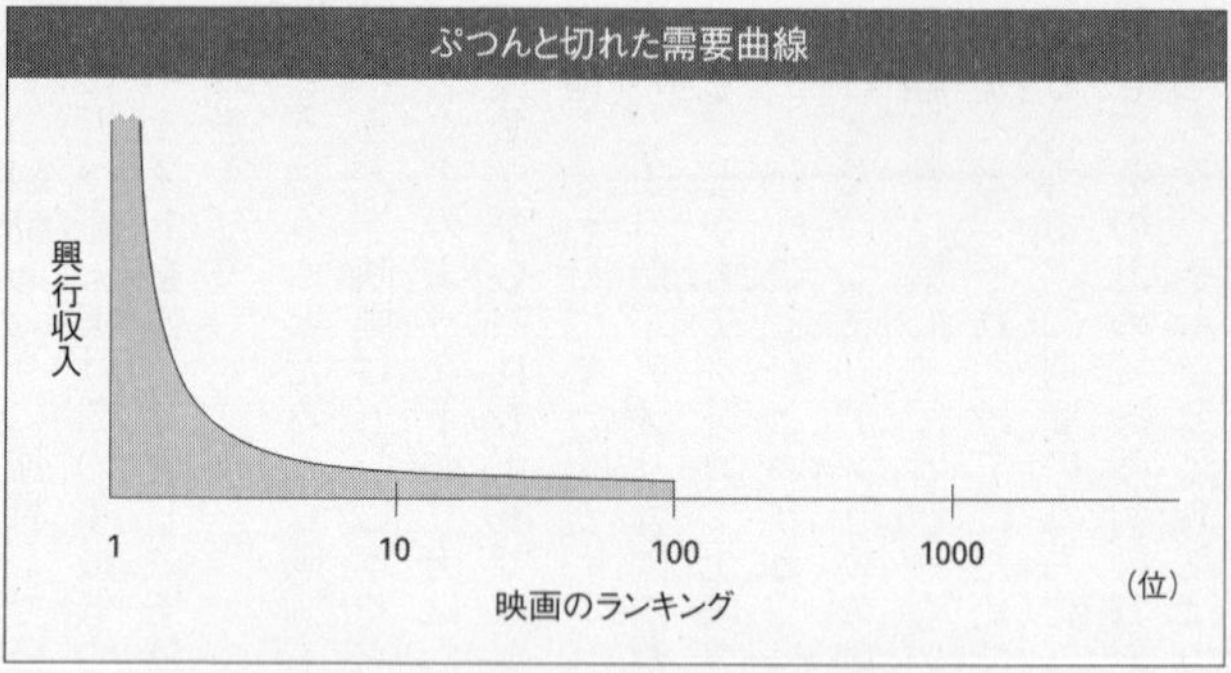

というわけで金もスターもない映画は、大きな劇場チェーンに配給されない。要するに、劇場チェーンが、商売として成立しないところで映画の供給をふるい落としていることになる。曲線を切ってしまったのは彼らだ。もちろん映画製作者はもっといっぱいつくっているのであって、配給先さえあれば得ていたはずのその興行収入を考えれば、切られたところから幻の線がつづいていることになる。でも現実には、こうした映画は主流の商業世界から姿を消す。簡単に言うと出場枠に入れないのだ。だから本当ならロングテールだったはずのグラフは、だいたいこのような感じになってしまう。

とはいえそれほど状況はひどくない。サンダンス映画祭で観客を圧倒するような本当にいい作品の中には、運よく学生街のミニシアターで上映されるものもある。収入は低いがゼロではないそうした作品群は、だいたい一〇〇位から五〇〇位のあたりにいる。さて残りの五〇〇位から（少なく見て）一万三〇〇〇位まではどうかというと、哀しいかな大半が上映されずに終わる。そして劇場にかからなければ興行収入はゼロだ。先ほどの二〇〇五年のグラフでは、存在しないことになる。でももちろん映画は現実には存在している。興行成績という視点でしか映画を見ない産業グラフ上に出てこなかったというだけだ。こうした映画はどこへ行ってしまうのか。というと、ほとんどは映画祭か個人の上映会以外では観ることができない。音楽著作権など必要な認可をきちんととればテレビかDVDにたどり着ける場合もあるし、オンラインで無料配信される場合もあるだろうが。

これはずいぶんさびしいことだが、いっぽうで見下されてきたDVDやインターネットなど、映画館以外の流通経路が独自の力で主流の市場になりつつある。たとえばテレビ番組のDVDは、いまのところDVDビジネスでもっとも成長が速い分野だ。それからインターネットで動画を配信する市場はまだ登場したばかりだが、やがて大きくなるかもしれない。このように映画の興行収入が落ちてDVDの販売数や小売が伸びているいま、劇場公開は映画を売り出す価値のある唯一の道ではなくなった。

要するに、ある点から映画の需要ががくんと落ちるのは、実は旧来型の売り出しにかかるコストのせいである。つまり、もし無限の選択肢と好きな作品を見つける簡単な方法を人々に与えれば、思いもよらないほどニッチな作品にまで需要がつづいていくのがわかる。たとえば指導ビデオ、カラオケビデオ、トルコのテレビ番組、など何でもありだ。ネットフリックスがニッチ作品を提供する経済形態を変えたおかげで、人々が本当は何を観たいのか改めて思い知らされることになった。

思いつくかぎりどの市場でも事情は同じだ。書籍で言えば、バーンズ・アンド・ノーブルの店舗で人気下位一二〇万タイトルの本は総販売部数の一・七パーセントにすぎないが、インターネットのほう（BN.com）では一〇パーセントにものぼる。PRX（パブリック・ラジオ・エクスチェンジ）はインターネット・ラジオの厖大なコンテンツにライセンスを出している団体だが、コンテンツの人気下位八〇パーセントが需要の半分を占めると報告している。またインドのレディフ・コム［rediff.com］は携帯の着メロ販売もしている最大手のポータルサイトだが、ここは着メロ需要の状況について、人々は新聞で人気上位二〇曲を見て買うより、インターネットで検索して買うようになった、と見ている。新聞時代には総販売数の八〇パーセントを占めていたトップ二〇の販売数は、約二万曲あるカタログからインターネットで検索できるようになると、四〇パーセントにまで落ちこんだ⑲。

音楽が受けている影響のいくつかは、実にはっきりあらわれている。ニールセン・サウンドスキャンによれば、旧来の小売店舗では、新しくリリースされたアルバムの販売数が全体の六三パーセント（二〇〇五年）を占め、残りは古いアルバムだ。ところがインターネットではその割合が逆になり、新しい曲が総販売数の約三分の一で、古い曲が三分の二になる。

八〇対二〇の法則はどう変わるか

パレートとジップの分布を示すことでもっとも知られるのが、八〇対二〇の法則だ。商品の二〇パーセントが収入の八〇パーセントを占めるとか、時間の二〇パーセントで生産の八〇パーセントをおこなうとか、とにかく少数派が他より強い影響力を持つあらゆる場合を言うのによく使われる。

八〇対二〇の法則は、長きにわたって三つの理由で間違った理解のされ方をしてきた。第一に、正確には八〇対二〇にならない場合がほとんどだ。僕が研究しているような在庫が巨大な市場は、たいてい八〇対一〇以下だ（商品のわずか一〇パーセントが売上の八〇パーセントを占める）。

八〇と一〇を足しても一〇〇にならないから納得がいかない、と言うあなたは鋭い。これが第二の誤解されやすい点だ。八〇と二〇はそれぞれ商品数と売上という別のものの割合なので、合わせて一〇〇になる必要はない。しかも、八〇と二〇の関係をどうあらわすか、あるいはどちらを一定にしておくか、これといった基準もない。ある市場が八〇対一〇で、なおかつ九五対二〇（商品の二〇パーセントが売上の九五パーセントを占める）ということもありえるわけだ。

三つめの理由は、この法則がさまざまな現象に対して使われることだ。そもそも商品と売上についての話だが、法則は商品と利益の関係にも同じように適用される。

もっともよくない誤解は、八〇対二〇の法則が、売れる二〇パーセントの商品しか置かないようにすすめる法則だと思ってしまうことだ。この思いこみは、基本的にどの商品を置くかよく選別していい商売をすることを促す法則だ、という見方から来る。

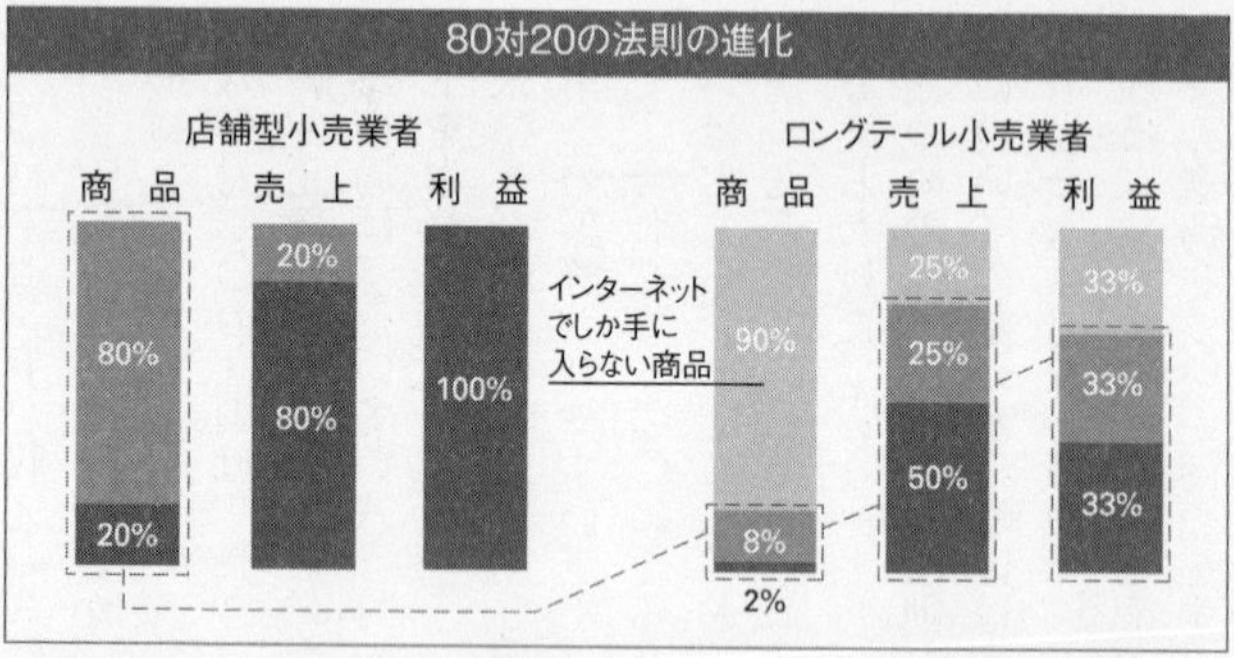

だから、ロングテールの到来を八〇対二〇の法則の終焉だと言ったのであって、本来この法則はそういうものではない。八〇対二〇の法則は、何かがパレート分布を示し、売れているものもあれば売れないものもある、という認識のことにすぎず、旧来の市場だけでなくロングテール市場でも言えることなのである。

とはいえロングテールを見てみると、八〇対二〇の法則に振り回されてはいけないのがわかる。たとえ商品の二〇パーセントが売上の八〇パーセントを占めるとしても、だからといって残りの八〇パーセントの商品を置かなくていいことにはならない。在庫を保管するコストが安いロングテール市場では、売れる売れないにかかわらず全商品を置く理由がある。人気のない八〇パーセントの商品が、検索エンジンやレコメンデーションで上位二〇パーセントに躍進することだってありうる。

昔ながらの店舗で商売する小売店は、在庫の保管にかかるコストが高いので、あまり売れない商品から利益が出ないことがよくある。だから事実上、よく売れる二〇パーセントの商品から利益のすべてを得ることになる。グラフでそれをあらわしてみた。向かって左半分は店舗を持つ架空の小売業者の理想的な事例を示している。

右半分では、ロングテールの小売業者がまるで違った様相を呈している。右から三つめの棒グラフを見てほしい。まず店舗型小売業者に比べロングテールの小売業者には在庫が一〇倍あると仮定すると、店舗を持つ小売店で売上のほとんどを占める二〇パーセントの商品は、ロングテール業者の在庫の二パーセントにしかならない。

売上を示す右から二つめの棒グラフは、べき法則分布なら当然の結果を示している。商品の販売ランキング上位二パーセントが売上の多くの割合を占め、この場合は五〇パーセントだ。その次に売れる八パーセントは売上の二五パーセントで、売れない九〇パーセントの商品が売上の残り二五パーセントに当たる（これはあくまでも架空の話だが、数字はラプソディとネットフリックスの実際の値にかなり近い）。

そしてロングテール経済が真価を発揮するのはいちばん右端の棒グラフだ。利益である。在庫コストが安いので、ロングテール小売業者の非ヒット商品の利ざやは店舗型小売業者よりもずっと高くなる。

DVDを例にとってみよう。その次のグラフは、ウォルマートのような店舗型小売業者のDVD経済の状態をおおよそあらわしたものだ。

新作の経済性は昨今ひどいありさまだというのがわかる。映画会社が一七ドルから一九ドルの価格をつけたDVDを、大型小売店（ウォルマートやベスト・バイなど）は発売後一、

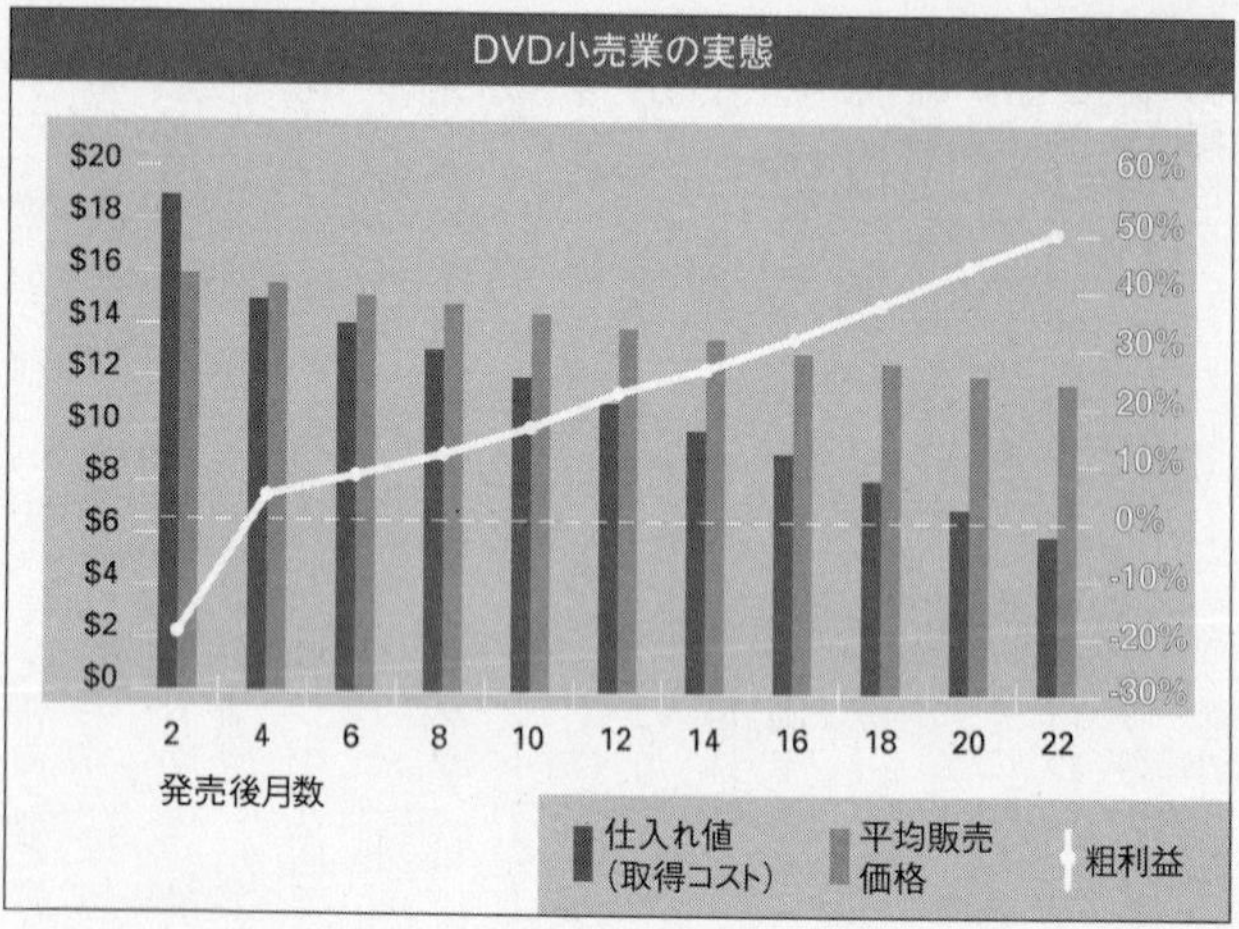

二週間の間は一五から一七ドルで売る。ＤＶＤ一枚につき二ドルの損失だ（諸経費を含んでいないので実際には損失はもっと大きい）。

発売後約一カ月すると、ＤＶＤの卸売価格（小売店が流通業者に払う額）は小売価格（僕たちが小売店に払う額）よりも速いスピードで下落し、利益が少しずつ出るようになる。でもＤＶＤ小売業者の販売数の約八割は発売後二カ月以内のもので占められていて、なおかつ大きな利益が出るのは二カ月してから。そもそもなぜ新作をそんなに安く売るのかというと、大型小売店にとって新作は、利益が多く出る他のＤＶＤや別の商品に顧客を招き寄せるおとりという捨て石だからだ。ＤＶＤの流通業者が売れない新作の返品を受け入れて小売店の在庫リスクを減らしているので、ますますその傾向が強まる。

そんなふうに他に売る商品がある大型店はい

いかもしれないが、ブロックバスターなどDVDを専門に扱う店など、他のあらゆる小売店にこの低価格の影響が及ぶのが問題だ。つまりウォルマートなどの大型小売店は業界全体の新作の利益を下げ、ヘッドの経済状態を悪化させているのである。ブロックバスターが奮闘を強いられているのも無理はない。

しかし需要をテールへ移動させて、新作に頼らなくても済むような市場をつくれば、かなり利益の状況はよくなるだろう。グラフを見てもわかる通り、タイトルが古ければ古いほど利益は増える。その点ロングテールの小売業者は有利だ。彼らには古いタイトルを置く商品スペースがある。ロングテール市場でレコメンデーションなどのフィルタが重要な理由もここにある。ヒットの世界（仕入れ値が高い）からニッチの世界（仕入れ値が低い）へ踏み出すよう人々を導く賢い小売業者は、劇的に小売の経済性を向上させる可能性があるのだ（ちなみにこれはまさにネットフリックスがしていることだ。彼らは新作の買い控えをおこなっている。新作が来るのが遅いと顧客をいらつかせ、何度もサイトをチェックさせることになるのだが、実は利益を維持するためだ）。

以上のことから、先ほどのグラフで、ロングテール小売業者の利益の棒グラフが売上の棒グラフよりも均等に分割している理由がわかる。ロングテールの商品は売上の多くを占めてはいないけれども、しばしば安く仕入れることができるので、在庫コストをほぼゼロにしておければ多くの利益をあげられる。かくしてロングテール市場では、八〇対二〇の法則が次のように変貌を遂げる。

①ずっと数多くの商品を提供できる。
②商品を見つけるのが（レコメンデーションなどのフィルタのおかげで）ずっと容易になるので、ヒットとニッチの売上がより等しくなる。
③ニッチの経済性はヒットとほぼ変わらないので、人気のよしあしにかかわらず利益を見こめる。

八〇対二〇の法則はまだ有効だが、ロングテール市場では説得力を失うということだ。

テールが伸びるとヘッドは低くなるのか

ロングテール市場を数値化すべしと研究に邁進するうちにあれこれ疑問が浮かんできたが、その主なものの一つがこれだ。選択肢が増えると、需要曲線全体にどう影響するのだろうか。集積者がどんどん商品を増やしてテールを伸ばすと、ヘッドの比較的少数のヒット商品は売れなくなるのか。もっと売れるのか。もしくは変わらないのか。

ロングテールには、需要をテールのほうへ、つまりヒットからニッチへと移行させる三つの側面がある。一つめは、実に多くの選択肢が手に入ることだ。人々に一〇個のもののうちから選ばせればその中の一つを選ぶだろうが、一〇〇〇個のものから自由に選ばせると、人気のある一〇個にそれほど需要は集中しない。

二つめは、欲しいものを見つける探索コストが安いことだ。これには検索機能からレコメンデーションなどのフィルタまでいろいろある。

三つめはお試し機能があることだ。インターネットを通じて無料で曲を三〇秒試聴できたり、本の一部を読めたりするおかげで購入リスクが減り、顧客がよく知らないものにも気軽に手を出せるようになる。

これらが需要をヒットからテールの先のニッチへ押していくことを、実際のデータを使って数値化するにはいくつか方法がある。その一つは、同じ種類の商品について、少ない選択肢しかない市場と多くの選択肢がある市場を比較することだ。もう一つは、時間をかけてロングテールの集積者もしくは小売業者を追跡し、在庫が増えるにつれてどうなるか観察することだ。さらにもう一つ、オンライン小売業者の安い探索コストの影響を観察し、似た在庫を持つ店舗型小売業者と同種比較する方法もある。

マサチューセッツ工科大学のエリック・ブリニョルフソンは、アマゾンのロングテールの在庫に関する研究をいち早くおこなった人物だが、彼が率いる研究チームが、二〇〇五年に婦人服の小売業者におけるロングテールの影響を調査した[20]。対象となった会社は通信販売とオンライン販売の両方をやっており、どちらも正確に同じ商品を同じ価格で販売している。

二つの違いは、インターネットのほうには検索機能があり、商品や色違いなどを見るのが楽なうえ、人気ランキングというフィルタによって商品が整理されているという点である。

結論を言うと、顧客は――通販とインターネットの両方で買い物をする人たちですら――インターネットではテールの先のほうで買い物をする傾向があった。売れない八〇パーセントの商品は、通信販売では売上の一五・七パーセントだが、インターネットでは二八・八パーセントを占める。よく売れる二〇パーセントのほうから見ると、通販は八四対二〇の法則を、インターネットのサイトは七一対二〇の法則を示したとも言える。このようにして探索コストを低くしたらどうなるか、同じ在庫で比較することができた。

異なった在庫――どちらかの在庫のほうがずっと多い――の場合の影響を調べるため、僕たちはかぎられた商品スペースしかない小売業者と、無限のスペースを持つ小売業者を同種比較する研究をおこなった。現実には、同じものを売るかレンタルしている店舗型小売業者とオンライン小売業者を比較するということだ。僕たちは音楽とDVDの両方について調べた。エンタテインメント産業の事例をとりあげることにしたのは、調査結果に確信を持てるほどそのインターネット市場が成熟しており、具体的なデータも入手できたからだ。

一つの店舗をとりあげるというよりは、ニールセンが分野ごとに集めた――音楽ならサウンドスキャンで映画ならビデオスキャンだ――業界全体の店舗型小売業者のデータを使った。そしてラプソディとネットフリックスというオンライン小売業者のデータと比べた（正しく比較するためいくつか修正が必要だった。音楽では、店舗でのアルバムCD販売数とインターネットでの曲の販売数を比較する方法を見つけなくてはならなかった。それから一回ごとの販売と登録制のストリーミング販売という違いもある。DVDにおいては店舗による販売およびレンタルのデータと、インターネットの登録制レンタルのデータとの比較の問題になった。方法論を説くのは本書の本筋からはずれているが、曲線を正確に描き、システムの違いによる誤差をできるだけ除くため、方法論は概ね一曲ごとに料金を払うオンライン販売のような別のデータを使うことを中心に展開した）。

修正をおこなった後の結果は驚くべきものだった。インターネットの需要曲線はずっとフラットになった。平均的なニッチ音楽アルバム――販売ランキング上位一〇〇〇タイトルより下位――は、インターネットでは店舗型小売業者の約二倍よく売れていた。そして平均的なニッチのDVD――同じく販売ランキング上位一〇〇〇タイトルより下位――は、オンラインではオフラインのなんと約三倍の人気を集めていた。

インターネット市場に占めるヒット作の割合がいかに低いかを見るのも一つの方法だろう。[21]これは音楽のデータだが、オフラインではアルバムCDの販売ランキング上位一〇〇〇タイトルは市場全体の約八〇パーセントを占める（CD全体のほんの一部しか置かない典型的な大型店では、上位一〇〇〇タイトルが総販売数に占める割合が実に九〇パーセントを超えることもある）。いっぽうオンラインでは、同じ一〇〇〇タイトルが市場の三分の一に満たない。見方を変えると、インターネット市場の半分は五〇〇〇位以内に入れないアルバムで成り立っている。

ロングテールは需要を増やすのか

ロングテールは市場というパイのサイズを大きくするのか、それとも切り分け方を変えるだけなのか。つまり、バーチャルなオンライン小売業者の場合、無限の商品スペースがあるので手に入る商品が何倍にも増えるが、そうなると人々が買う量は増えるのか、それとももっと人気のないものを買うようになるだけか。答えは概ね分野によって異なる。幅広くニッチ商品に手が届くようになると、見たところ大きな成長が期待できる分野もあるが、そうでない分野もある。

人間の注目量と消費力には限界がある。しかし時間と金で増やすことができる。たとえば音楽のようなエンタテインメントは、何か別の作業をしながら聴くことができるので、視聴を奪い合う競争相手がいない。七〇年代と八〇年代にテレビの平均視聴時間が伸びた理由は、ある世代がテレビをつけっぱなしにして生活しながら育ったからだと言われることがある。当初他のメディアと人間の注目量を奪い合っていたテレビは、目新しくなくなるにつれ競争をやめた。こうして人々はますますテレビを消費するようになった。

文章のようなメディアでは消費のスピードは速まらないかもしれないが、もっと効率的に消費できるし、事前にうまく厳選できれば満足度を高められる。実際、僕たちがグーグルの検索結果やRSSフィードを走り読みしたりしてどれだけ情報処理能力を上げられるかといったらまったく驚くほどだ。僕は昔ほどたくさんの文章は読まないが、内容を選んでくれる

（新聞の編集者なんかより僕の興味に合わせてくれる）いいフィルタがあるおかげで、自分にとって重要度の高い情報を読んでいる。ツボをついた内容なのだから、大切な情報の処理能力は高くなっているわけだ。ある意味、読書注目量を圧縮している。

もし自由に使える収入があまりないうえに時間もそれほどなかったら、競争しないメディア同士が競争をはじめるかもしれない。人々の日常にテレビが入りこんでいるのは、金も何もかからないからだ。ところがもしも番組ごとに料金を払うビデオ・システムがあったら、集中して見るようになるのは確実だ。それに比べれば、消費者にとって無制限に視聴できるサービスはうれしいものだ。テールの先のほうをリスクなしで開拓できるのだから。金を払わずに済むなら消費量は増える。

要するに、人間の注目量は金よりも増やしやすいということだ。ロングテールはおもに人々の嗜好をニッチへ押していくわけだが、人は自分が見つけたものに満足すればするほどそれを消費するかもしれない。ただし、人は必ずしもその恩恵にはあまり金を払わない。

テールの価格は上がるのか

ロングテールの価格への影響について、僕はよく質問を受ける。テールの先へ行くにつれて、需要とともに価格も下がるのか。あるいは的を絞った専門的な商品はニッチの顧客にとって魅力が大きいのだから、価格は上がるのか。

答えは商品によって異なる。一つの見方としては、「ニーズ市場」と「ウォンツ市場」とを区別する方法がある。この場合、市場によって市場と価格との関係は異なる。「ニーズ市場」とは、消費者があらかじめ探している商品があり、インターネットなど特定の場でなければそれを見つけられないような市場のことをいう。たとえば特に関心が深いテーマの、比較的入手しにくいノンフィクションの本などがそうだ。その本を見つけた消費者は、たぶんあまり値段にはこだわらないだろう。この影響はオンライン書店の値引きのやり方に大きく出ている。アマゾンはベストセラーを三割から四割引きにし、人気ランキングが低くなるにつれて徐々に値引率を小さくして、数万位あたりにいるような本はほとんど値引きしない。

それに比べて音楽などエンタテインメントは典型的な「ウォンツ市場」だ。適正価格なので金を遣うリスクが低く、未知のものを聴いてみようとテールの先へ行く気になれる。多くのレコードレーベルは、古い作品と無名の新人の作品を安くする試みをおこなってきた。これの究極の形が変動価格だ。人気が下がるにつれ価格が下がる。これは実はグーグルのキーワードを使う広告が自動オークションのようなシステムでおこなっていることでもあり、イーベイがありとあらゆるもののオークションでしていることでもある。

本当に経済効率のいい変動価格の市場では、販売数の下がり方がおだやかになり、曲線が全体的に水平に近くなるだろう。しかし少なくとも音楽の場合は、変動価格によって単一価格というわかりやすさ（iTMSは〇・九九ドルという固定価格を設定している）を犠牲に

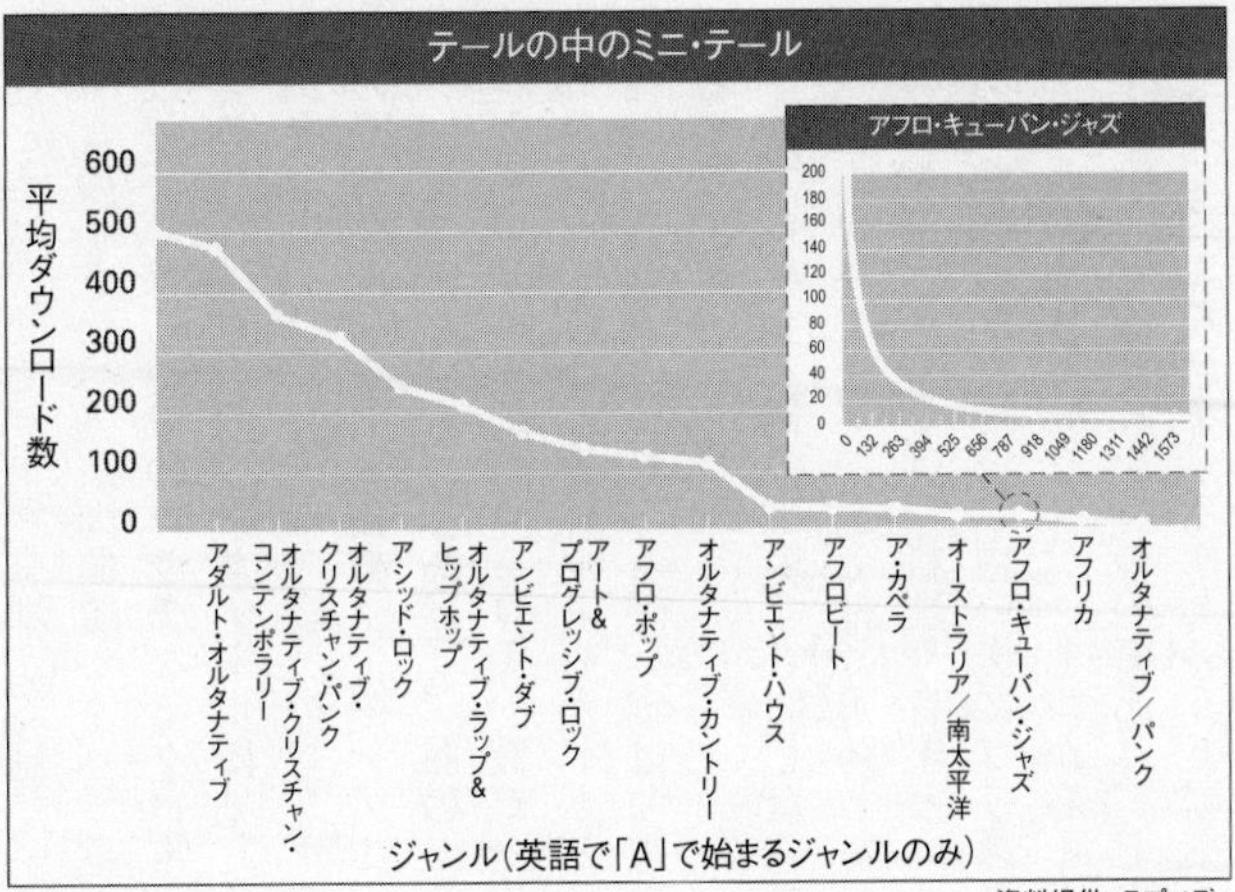

資料提供・ラプソディ

しなければならないし、価格を簡単には変えられないCD小売業者と激しいチャネル・コンフリクト（流通経路同士の軋轢）になる恐れもある。でも音楽産業がいよいよ切羽詰まってくれば、新しいビジネス・モデルをもっと積極的に模索しはじめるだろう。そうすればもっといいデータが得られて、価格に関する疑問にも答えが出るだろう。

ロングテールのミニ・テール

べき法則の特徴の一つはフラクタルだということだ。つまりどれだけ接近して細部を見ても、同じようなべき法則になっている。数学者は多重スケールにおける自己相似性という言い方をするが、これはロングテールが小さな世界を持つたくさんのミニ・テールの集まりになっているという意味だ。

たとえば音楽でデータを細かく見ていくと、実は一本のべき法則曲線はさまざまな音楽ジャンルの小さなべき法則曲線がすべて重なり合っているだけにすぎないのがわかる。音楽市場はおびただしい数のニッチなミクロ市場でできている。この小さな生態系を人気ランキングで並べれば一つのロングテールに見えるが、よく見ればそれぞれにヘッドとテールがある。

例として、ラプソディの音楽のロングテールをジャンル別に分け、それぞれのジャンルの曲の平均ダウンロード数をランキングにしてグラフにした。さらにそこからアフロ・キューバン・ジャズだけをとりあげて、曲の人気度の曲線を示した。

全ジャンルの平均ダウンロード数が全体のロングテールをつくり、一つのジャンルの中に曲のロングテールが存在するのがわかる。音楽の世界全体がそうで、一見大きな一つの曲線を描いているように見えるが、実は曲線の中に曲線があり、その曲線の中にまた曲線が存在するのだ。

本やブログなど他の市場でも同じだ。ブログ検索サイトであるテクノラティの幹部ピーター・ハーシュバーグが、会社で追跡している「主題別ロングテール」について教えてくれた。このロングテールでは、料理や育児といったブログのジャンルそれぞれに人気度のべき法則があらわれるそうだ。「白い光にプリズムをかざしたように、ブログ圏の中には数々のロングテール共同体というスペクトルがある」と彼は言った。人気ランキングはこうした共同体の中でもっとも意味を持つのであり、その枠を超えてはならない。

なんでこんな話をするかというと、第一にフィルタは概ね市場全体ではなく、一ジャンルの中でもっとも効果を発揮することを示しているからだ。また第二に、ロングテールの曲線が一見矛盾とも思える事態を示すのはどうしてかがわかるからだ。

人気度のべき法則分布に特有の急な傾きは、消費者の好き嫌いを増幅させる口コミのいい循環が強く働いた結果生まれる。口コミはいい評判をより高め、よくない評判はより悪化させる。成功は成功を生むわけだ。ネットワーク理論では、こうしたいい循環は勝者独り占め現象を生む傾向がある。それはすばらしいヒット製造機だとも言えるのである。諸事情に鑑みるに、いまやフィルタはさらに多くの人々から多くの商品に対して厖大におこなわれているため、口コミがもっと強力なものになる。

それならばべき法則分布の傾きはもっと急になり、ヒットとニッチはフラットになるのではなく両者の差が広がるはずではないのか。あるいはこう言ってもいい。効果を増幅させるレコメンデーションは需要をテールへ押していくために必要だが、実は逆に作用してコンテンツをテールからヘッドに押し上げ、ヒットとニッチの不均衡をさらに増すのではないか。もっと強力なネットワーク効果があれば、そうなりそうである。しかし実際には、ロングテール市場ではヒットとニッチの差は縮み、べき法則分布はフラットに近づく。

どういうことかというと、実はフィルタやレコメンデーションは一つのジャンルやサブジャンルの中のニッチなレベルで強く影響するのだ。ジャンルの枠を超えてしまうと影響力が弱まる。突発的なヒット作がジャンルの中でてっぺんにのぼりつめたあげくメジャー・ヒットの仲間入りをし、全体のランキングで頂点に立つこともあるが、ごく例外的なことだ。むしろそのジャンルにおける人気を利用して曲線全体の中程に割りこむが、他のジャンルのヒット作と競い合わなくてはならないため、それより上へは行かないのが普通だ。

「アンビエント・ダブ」というジャンルで曲線の先頭に立ついちばん人気のアーチストは、そのカテゴリーの中では他を大きく引き離せるが、だからといって雪だるま式に人気を集めて曲線を駆け上がり、トップ一〇から人気バンドの50《フィフティ》セントを蹴落とせるわけではない。このミクロ構造分析からは、人気は多重スケールで存在するのであって、たとえ友達グループでいちばん人気になっても、全員が集まる同窓会で女王《クイーン》になれるとはかぎらないことがわかる。

時間のロングテール

なぜある商品は他の商品より人気がないのか。ここまではヒットかニッチか、あるいは質が高いか低いか、といった商品の訴求力の幅や深さにばかり注目してきたが、実は人気を左右する要素はもう一つある。経年数だ。幅広い層に人気がある商品のほうがマニアックな商品よりよく売れるように、新しいものは古いものより売れる傾向がある。

ある商品が他より売れない理由はいろんな要素が溶けこんだ人気ランキングの中に埋没してしまって、基本の需要曲線を見ただけではわからないが、人気にはさまざまな側面がある。たとえばアルバムのランキングを決める要素は音楽の質だけではなく、他バンドとの類似性、ジャンル、発売日、知名度、国籍などが考えられる。でもベストセラーかどうかという面だけが強調され、概ねこれらの要素はすべて十把一絡げにされてわけがわからなくなってしまう。

思えば今日のヒットは明日のニッチだ。ヒット作まで含め、ほぼすべての商品は時間がたてば販売数が減る。たとえば『ツイスター』は一九九六年の興行成績第二位の映画だが、アマゾンでこの映画のDVDは、ヒストリーチャンネルというケーブルテレビ局が二〇〇五年に製作したフランス革命のドキュメンタリーの半分しか売れていない。

アインシュタインは時間を空間の四つめの次元と考えたが、同じように時間をロングテールの四つめの次元と見なすことができる。ヒットもニッチも時間とともに販売数が減る。ヒットの起点は高い位置にあるが、最終的にはやがてどの商品もテールの下のほうへ行く。この理論を数値化する研究はつづいているが、概念上はこのようなグラフになる。

時間とロングテールについては、ゲームのルールがどうやらグーグルによって変えられつつあるというのがおもしろい。あらゆるメディアと同じく、インターネットのメディアでもたいてい新作が幅をきかせていて、昨日のニュースは紙くず同然になり、ウェブサイトのトップページから消えたコンテンツは人気ががた落ちする。でもそんなコンテンツへのアクセスがグーグルを通じて増えれば、そのパターンも崩れるのだ。

グーグルは時間を無視しているわけではないが、概ね新しさではなく、被リンク（外部のサイトからつけられるリンク）に照らして関連性を測っている。だからある語彙を検索すると、いちばん新しいペ

時間のロングテール

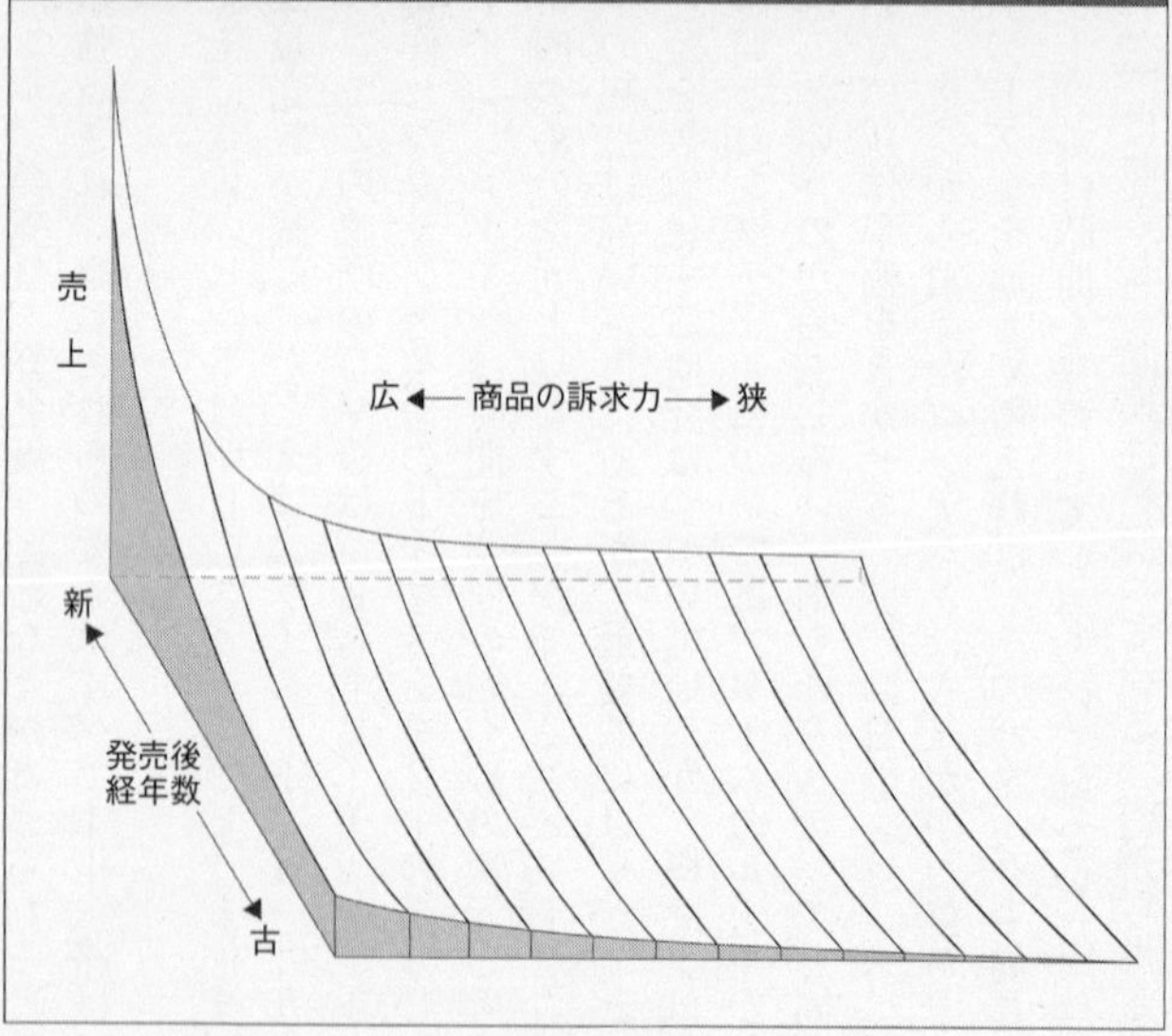

ージではなくベストのページがあらわれやすい。また古いページほど被リンクが増える時間が長いため、新しいページより有利なこともある。その結果、ブログの投稿やニュースのページの人気度の落ち方は、検索を通じて来るトラフィックのおかげで、かつてよりずっとゆっくりとしたスピードになる。グーグルはある意味タイムマシンの役目もしているわけだ。出版、広告、注目量に及ぼすこの影響を、そろそろ測れるようになりつつある。

見過ごされてきた潤沢の経済

おおまかに言ってロングテールは潤沢な世界だ。商品スペースはゆったりし、流通経路は広く、選択肢は厖大にある。ということは、ウィキペディアの「経済学──希少な選択肢の社会科学」という記述は、経済学をうまく定義していないことになる。他の辞書でもいろいろ定義されている（「無限の欲求を満たすよう希少な資源を分配する」など）が、多くは頭をひねる同じ要素が入っている。希少性、とりわけ希少な資源をいかに分配するかという点に照準を合わせているのだ。だがムーアの法則（コンピュータのコストパフォーマンスが一八カ月ごとに二倍向上するという観測〔本来は半導体の集積密度が二倍になるという法則〕）が成り立ち、それが記憶容量と帯域幅にも当てはまるなど、あらゆる形で潤沢ないまの時代には通用しない。

経済学はすべてを無料で得ることはできないという原則を基礎にしている、といっても過言ではないだろう。つまり、学問全体が交換に関する研究を指向しているのだ。たとえばアダム・スミスは、金と時間（または便利さ）の交換について研究した結果、近代経済学を築いた。彼は、人が町の近くに住んで高い家賃を払うか、遠くに住んで安い家賃を払うかというとき、その人は「便利さから生じた差額を払っている」と述べた。彼以来、経済学は有限なものをどう分けるかという問題になった。

経済学というのはこういうものであって、新古典派経済学などは豊富な資源という要素をあからさまによけて通る。ただし火が燃えるとき酸素が無料なのを否定はしない。経済学の方程式には入れないというだけで、それは化学のような他の学問の仕事だと考えている。

しかしいまや無限に有効スペースがある時代だ。昔ながらの経済学が指摘してきた希少性による影響——製造と流通の限界費用（製造と流通の量を増やした場合のコストの増加分）——は、ロングテール市場においては消えつつある。デジタル商品をほとんどコストをかけずに複製かつ送信できるからだ。この事実に対して、まさか経済学は何も言うべきことがないってことはないだろう。

潤沢（「充溢」なんて言ったりもする）の徴候はあちこちにはっきりと見られ、特にテクノロジーの世界では顕著であり、ムーアの法則はむしろ古い例だ。一九七〇年、カリフォルニア工科大学教授で半導体の先駆者であるカーヴァー・ミードが、学生にトランジスタを惜しまず使えと言ったとき、トランジスタはすでに豊富であること、つまり事実上無料であることを知っていた。それから有限なコンピューティング資源をつくるという企画が、スクリーンにウィンドウとアイコンを置いて演算を惜しまずやらせようという考え方になり、それがマックとパソコン革命につながった。さらには恐るべき浪費——スーパーコンピュータを遊びに使うなんて！——がはじまり、Ｘｂｏｘ３６０が生まれたことはもうご存じだろう。

記憶装置や帯域幅などデジタルなものすべてに潤沢の法則が見られる。テクノロジー以外の分野では、緑の革命が農業全般に潤沢さをもたらした（だから農産物価格を維持するため、農民にお金を払って農作物を植えさせないようにしている）。また中国とインドの繁栄の原動力は、まさに豊富な労働力だろう。人々をある意味で浪費している。

アイディアですらある程度豊富と考えていい。競合相手がいないため際限なく広められるからだ。アメリカの特許システムの父であるトマス・ジェファーソンは言った。「私からアイディアをもらう人は、私のアイディアを損なわずに自ら学ぶ。ちょうど私に蠟燭の灯をかざす人が、私を照らしながら自らも光を浴びるように」

もう一〇年は昔のことだが、潤沢の経済の唱道者ジョージ・ギルダーが、この問題を考察するための一つの見方を示した。

歴史上ずっと経済学はゼロサムゲームだと信じられてきた。最終的には希少性が潤沢さに打ち勝ってしまうというのだ。牧師で経済学者のマルサスは、人口は幾何級数的に増加し、農産物は等差級数的に増加する（人口の増え方は急激で、農産物の増え方はゆっくりということ）という見方を主張したことで有名だが、そのマルサス派の見解によれば、食糧不足のせいでいずれ成長は止まる。またカール・マルクスは、あらゆる経済状態は最終的に希少な生産手段をめぐる階級闘争に終わると考えた。

経済学者が希少性に着目するのは、不足は測定が可能で末端がゼロに帰するという事実から来ている。彼らは、経済モデルは明確に計測できる結果、つまり産業の循環において特定可能な隘路となるところを出すものでなければならないと考えていた。ところが潤沢さは計測できず、これといった上限もない。空気や水のように遍在していると、目に見えず把握できなくなる。つまり〝外部性（ある主体の経済活動が、取引を経ずに直接関係のない第三者に及ぼす影響）〟を持つ。

しかし、あらゆる経済成長と変化の原動力だ。[22]

このことは新古典派経済学の考え方とどう折り合うのか。ギルダーは資源を惜しまず使うことを奨励している。

産業に革命が起こるたびに、生産に必要な要素のうちどれかのコストが激減する。以前のコストと比べて無料《ただ》同然になるのだ。たとえばかつての産業革命によって動力は、動物と人間の筋力から得ていたときの支出を思えば無料になったと言っていい。以前はコストがかかりすぎてできなかったことが、突然できるようになった。一日二四時間工場を稼働させ、工業時代以前には想像もできなかったやり方で商品を大量生産できた。だからある意味ではまさに動力が事実上無料になったことになる。この動力を活用するための改革が経済全体に必要になった[23]。戦時でも平時でも、勝つためには蒸気機関などの力を惜しまず使わねばならなかった。

これを読むと、潤沢さを経済学の文脈にどう位置づければいいかが見えてくる。豊富な資源が、もしそれまで希少性によって制約を受けていたシステムの一要素にすぎないなら、経済学の正当性を損なわないのではないか。つまり学習曲線（累積生産量と単位生産コストの関係をあらわす曲線で、累積生産量が倍増するたびに単位生産コストが減少する）や最小限に抑えた取引コスト――これらは生産効率を高めて価格を下げ、生産性を上げるが、経済の法則を無効にはしない――のようなものだ。

しかも、ロングテールの潤沢さは大きな影響力を持つわりに、実際のところは多くの制約を受けている。ロングテールはあらゆるメディアの無限に近い選択肢を擁するかもしれないが、人間の注目量と一日の時間はやはり希少だ。僕たちが遣える収入の額もかぎられている。だからある程度はやはり、パイの大きさが固定されているゲームなのだ。テレビばかり観ている人たちに一〇〇万のテレビ番組を与えても、前と同じ時間しか観ないで、ただ観ている番組がその人好みになるだけかもしれない。

最後に触れておきたいのは、経済学は優れているが、そのわりに何でも答えを出してくれるわけではないということだ。多くの現象が、心理学や物理学など他の学問か、学問以外の分野に任されている。だから法則のようなものはまだないかもしれないが、潤沢さは経済成長のように世界を日常生活から変えていく力なのである。

第9章　短いヘッドの世界——商品スペースですべてが決まる

好むと好まざるとにかかわらずヒットは存在するし、かぎられた商品スペースを持つ店舗、テレビ放送網、大衆の最低水準に合わせた作品なんかも存在している。eコマースは成長しているけれど、オンライン・ショッピングはまだアメリカの小売業の一割に満たず、やっと通販を超えたばかりだ。オンライン・ショッピングのかなり熱心な支持者たちですら、今後数十年間にわたって消費者支出の二五パーセントを超えることはないだろうと予測している。

店舗ならすぐ満足感を得られる便利さがあるし、商品に直接手で触れられる、とかそういう利点の問題だけではない。僕たち人間は群れをつくる種であって、他者と一緒にいろいろやりたいときもあるのだ。集団でいると安心感があり、共有体験が親近感を生む。

だから必然的に、ヘッドが高くテールが低い不均衡なべき法則分布になる。ロングテール市場は旧来の市場より曲線がフラットな傾向があるが、やはり大ヒットはそれなりの割合を占める。人は一人一人がお互い異なっているが、それでも似ている点のほうが多いということとだ。このことは、インターネット市場を成り立たせるレコメンデーションなどのフィルタが機能するために不可欠なだけでなく、実は非常に重要である。

本章では、べき法則分布の左側を占めるヒット世界を見ることにしたい。そして商品スペースとそのコストについて、いい面を見ていく。さらに、放送技術やハリウッドのヒット製造機についても触れていこう。まずはこれらの強みから見ていく。

ヒットは前世紀ほど社会や商業を占拠していないかもしれないが、いまでもむやみに華々しい影響力を誇っている。共通文化の源泉になれる力を持つのだ。そしてその共通文化の周りに的をぐっと絞った市場が形成されていく。

ロングテールの集積者は、ニッチとヒットの両方を抱えなければ成功できない。幅広い層で人気を集める商品から無名の商品まで、品揃えを最大限広げる必要がある。全員に欲しいものが用意されているロングテールの中で、テールの先のほうへつづく道を照らして導く役割を、ヒット商品にしてもらうためだ。

それに、消費者は一カ所で買い物を済ませたがる。探している商品は特定の場所で必ず手に入る、と安心していたい。だから、欲しいものは何でもあるという確固たる信頼を顧客から得た店は成功する。優れたロングテールの集積者が人々を引きつけるのは、最高の選択をしたい、つまりすべて（少なくともその分野のすべて）の選択肢からフィルタがいちばんいいものを選んでいることを知っておきたいという思いがあるからだ。

もしヘッドの商品しか置かないと、顧客はすぐ別のものを欲しがるけれど提供できない。

いっぽうテールの商品しかないと、顧客がどこから見ていけばいいかわからなくなる。顧客は何を出されてもよく知らないので、その市場に魅力を感じない。ヘッドとテールの商品を両方提供するのが大事なポイントだ。こうすれば、顧客がすでによく知っている世界から商売をはじめられる。つまり、よくわかっている商品から顧客はスペースの奥に入っていくし、また全体を判断するのである。

このことがいかに大事か、初期のオンライン音楽配信サービスであるMP3・コム［MP3.com］の事例がよく示している。一九九七年にマイケル・ロバートソンという起業家が典型的なロングテール・ビジネスらしきことをはじめた。誰でも音楽ファイルをアップロードでき、それを誰にでも手に入るようにしたサイトだ。レコードレーベルを迂回して、直接アーチストが聴き手につながることができるサービスというアイディアだった。サイトで曲の販促をしてもらうためにバンドが支払う料金からMP3・コムが収入を得る仕組みである。成功すればレコードレーベルの独占体制を打ち砕き、幾多の新バンドが才能を開花させるはずだった。

ところが、すぐに何十万もの曲がアップロードされてサイトはぐんぐん成長したにもかかわらず、たいていのバンドは努力の甲斐なく聴衆を増やすことはできなかったし、インディーズ系の音楽シーンは変わらなかった。そして、MP3・コムはほとんどがヒットするはずもないひどい音楽ばかりだ、というそのままずばりの評価を受けてしまった。

MP3・コムの難点は、ヘッドがなくてテールだけがあったことだ。レコードレーベルと使用許諾契約を結んでいればメジャーな曲や市販の人気曲も提供できたはずなのに、設立以来ほぼずっとそれをしなかった。したがって顧客が知っている曲がなく、新しいものを聴いてみたくてもどこから入っていけばいいかわからない状態になったのである（後にMP3・コムは生き残りをかけて新たなビジネス・モデルを模索し、ユーザーがCDをアップロードできるサービスを提供した。それが結局は音楽産業全体を巻きこむ訴訟問題につながり、事業は閉鎖された）。

MP3・コムが失敗に終わり、iTMS——インディーズ系ミュージシャンにそれほどこだわらなかった——が成功した理由は、iTMSがおもなレコードレーベルとの契約からはじめたことだ。レーベル各社は必要なだけのメジャーな音楽をiTMSに提供した。それからCDベイビーのような「著作権の集積者」が何十万ものインディーズ系ミュージシャンの音楽を詰めこんだハードディスク・ドライブを送ってきて、どんどんニッチが増えていった。かくしてiTMSのユーザーはすでに機能している市場の中へ飛びこんで、既存の商業活動に定義されたカテゴリーを足がかりに、ニッチ音楽を見つけることができたのである。

余談だが、マイスペースはMP3・コムを思わせる無料のインディーズ系音楽ビジネスもおこなっている。それがなぜあれほど成功しているのか考えてみたい。現時点での答えは、マイスペースの場合コミュニティとコンテンツを組み合わせたのがよかったということだ。何千万ものファンの間に強い連帯が生まれて、それが思いもよらないようなマイナーな音楽の案内をしてくれる。加えてコンテンツがあるからファンは離れていかない。そういうわけで、以前他のソーシャル・ネットワーキング・サービスは人間同士のつながりのためのつながりだったせいでたいてい燃え尽きていたが、マイスペースはその轍を踏まずに済んでいる。

都市のテール

大都市はまた別の種類のヒット作品だ。地球上の人口密集地をグラフにしたら、きっとべき法則分布になるだろう。上海やパリなど数少ない場所が莫大な人口を抱え、他の大多数の場所にはわずかな人口しかいない。『クリエイティブ資本論——新たな経済階級の台頭』（ダイヤモンド社、井口典夫訳、二〇〇八年）という本の中でリチャード・フロリダは「世界のあちこちから釘が突き出ているみたいだ」と述べている。

人々が集まる理由は、お互いの近くにいたいとか生活が便利な国際都市にいたいとかいうのもあるが、それだけではない。人や会社が集まるのは高い人口密度によって、生産の有利性、規模の経済、豊富な知識を得られるからだ。多くの発案者、実行者、財政支援者たちが会社の中でも外でも常に連絡を密にしていれば、アイディアは自由に行き交い、練って磨きをかけられ、早く実現させられる。(24)

人口が一点に集中しがち——世界の大都市のことだ——なのは、文化的にも経済的にもたくさんの人々のそばにいることで得られる利点の数々が、都市生活にかかる費用を補ってあまりあるからだ。そしてその利点の一つは皮肉にも、あらゆるニッチの選択肢が厖大にあることなのである。

ニューヨーク、パリ、東京のようなところには、実際何でもある。世界のメニューときたらエリトリア料理やベンガル料理はおろか、モンゴルの鍋料理まである。またあらゆる類のエンタテインメント、どんな要望でも満たすサービス、加えて街を隅々まで知っていればアマゾン・コムにすら匹敵する数の商品も発見できる。

これは都市の人口密度が高いため、広く分散しているはずの需要が凝縮されているから可能なのだ。インターネットが思想空間や文化空間のロングテールなのと同様に、都市はある意味で都市型空間のロングテールだと考えられる。

スティーヴン・ジョンソンという作家がこう書いている。

ボタンだけを売る専門店は人口五万人の町では見つからないだろうが、ニューヨークにはボタンの専門店ばかり並ぶ地区がある。大都市でサブカルチャーが盛んになるのには次のような理由もある。ちょっと変わった趣味を持っている人も、九〇〇万都市でなら同じ趣味の人を見つけやすいのだ[25]。

都市論の論客ジェイン・ジェイコブズがずいぶん前に発見していたことだが、大都市は小さなニッチが栄える環境をつくるところだ。彼女はこう書いている。

小さな町や郊外には……大型スーパーマーケットはあっても小さな食料品店はほとんどなく、普通の映画館かドライブイン・シアターはあっても劇場の類はあまり見当たらない。もっといろいろな店ができるには、人口が足りない。あれば利用する人たちはいるだろうけれど、数が少なすぎる。

しかし大都市ではスーパーマーケット、映画館に加えて惣菜屋、ウィーン菓子店、エスニック食料品店、アート系ミニシアターなどが自然にでき、すべてが共存する。普通の店と変わった店、大きい店と小さい店が互いに寄りそう。都市で人の行き交う活気ある地区ならどこでも、小さな店のほうが大きな店よりずっと多いものだ。(26)

進化した商品棚

商品棚はもういらないと見捨てる前に、そのすごさを知っておきたい。商品棚はいま、時間と空間を最大限に活用するため高度に発達したサプライチェーンとつながったヒューマンインターフェース（人間とコンピュータをつなぐ接点となるもの。デバイスならキーボードやマウスなど）だ。平均的なスーパーマーケットの商品棚は、高さ約二〇〇センチ、幅約一二〇センチ、奥行き約六〇センチもある。小型ワゴン車一台分の容量だ。

商品は棚の標準規格サイズに完璧に合うよう包装される。そんな商品がずらりと並んだ棚は、現代の潤沢の象徴だ。平均的なスーパーマーケットは三万種類を超える商品を置いているが、最小のコストで最大の販売数を達成するため、すべてがいかにも見栄えよく棚に陳列される。商品棚は、驚くほど効率のいい保管庫であり管理の行き届いた販売機でもある。

商品棚には最先端の小売の科学が反映されている。在庫を最適化するアルゴリズムと変動する需要のピークに合わせて商品が包装され、並べられる。この最適化された在庫配分量は、小売チェーンの本社で毎日計算しなおされ、販売データをもとにリアルタイムで微調整される。

こうした棚在庫の管理モデルはすべてを求める。つまり需要を満たし、新しい需要を促進し、なおかつ最小のスペースで販売数を最大にしようとするのである。そこで小売業界の人類学者たちが隠しカメラやIDタグを使って、スーパーの商品棚のあらゆる側面について研究したり、顧客にディスカッションしてもらったり、顧客を観察したりする。商品棚はアメリカ経済の約六〇パーセントを占める事業の最前線であり、それを熱心に研究する調査産業がその重要性を押し上げている。

よく知られていることだが、商品棚の価値は上から下まで高さによって違う。商品のカテゴリーや小売業者のタイプごとに、目のすぐ下あたりの高さのいちばんいい棚に置かれることが、金に換算すると正確にいくらに相当するのかも知られている（たとえばスーパーでは、真ん中ぐらいの高さが、いちばん下の棚の五倍を超える販売力がある）。したがって売れる位置に商品を置くことで、店がメーカー側にいくら「場所代」を要求できるか正確に判断できる。売れる位置に置けばメーカーは販売数を、売り手は利益を増やすことができる。

いっぽう高さではなく広さも、ブランド露出を最適化するために検討される。幅をとりすぎて、乏しい棚正面をいたずらに使うことなく、なおかつ買い物客の目をとらえるためには、あるメーカーの商品にどれだけ幅をとればいいか、正確にわかっているのだ。バーコードや在庫補充ソフトと連携したＰＯＳ《ポス》システムのおかげで、棚を常に正しい商品で満たしておくにはどうすればいいかもわかる。

端的に言えば、スーパーマーケット学の優秀な研究者が何十年も調査したおかげで、小売スペースを隅々まで最大限に活用する方法を覚えたということだ。量と選択肢が爆発的に増え、さらにグローバルなサプライチェーンによって価格が低下したのを見ると、ここまで来たのかと考えさせられる。だから、そうそう商品棚に難くせはつけられない。むしろ商品棚は、進化を遂げた資本主義の権化なのである。

商品棚には制約がある

進化したとはいっても、やはり商品棚にはずいぶん無駄が多い。目立つ要素から見ていこう。建物のスペースの月々の賃貸料ときたら、目玉が飛び出るほどだ。とはいえ商品棚は同じスペースに何枚も重ねられるので、床面積一平方フィート（約〇・〇九平方メートル）の上に六平方フィートの商品スペースをつくれるのは確かだ。でも小売業界のだいたいの経験則では、商品棚が占有する床面積一平方フィートにつき、通路、レジ、共有スペースのために二、三平方フィートが余分に必要だ。店の形態、在庫の量、業務用スペース次第では、その床面積が二五パーセント増しになる。二〇〇五年前半のアメリカの主要な商業地において、ショッピングセンター一平方フィートの賃貸料は平均約四〇ドルだった。これらを計算すると、商品棚一平方フィートの純空間コストは月二六ドルから三三ドルとなる。

しかし店舗型小売業者には他にもろもろのコストがある。たとえば店員、在庫価値の下落、光熱費、万引きなどによる損失、返品、保険、マーケティングなどだ。これらを合わせると空間コストとほぼ等しくなり、商品棚一平方フィートの賃貸料はトータルで少なくとも月五〇ドルにはなる。そして平均値入率は四〇パーセントだから、ショッピングセンターでは平均して商品棚一平方フィートにつき月一〇〇ドルから一五〇ドルを売り上げねばならない。それでやっと商売になるのだ。

そんなわけで隅から隅まで貴重な棚には、いちばんの売れ筋――確実に人気や利幅を期待できる商品――しか入れてもらえない。その選別は情け容赦なくおこなわれ、大多数の商品は落とされる。消費者組合《コンシューマーズ・ユニオン》によれば、スーパーマーケットは年に一万五〇〇〇点の新商品を審査するが、そのうち棚に並べられるのは一部の商品だけで、しかもそのうちのおよそ七割から八割がすぐ姿を消す。またビデオレンタル店にDVD一枚を置くコストは年間平均二二ドルで、それをまかなえるのはもっとも人気のあるタイトル群だけだ。

これならまだいいとしても、さらに棚に並ぶ商品には直接原価より高いコストがひそかにかかっている場合がある。そのコストとは主に、見つけられなかった商品の機会費用（他の選択をしていれば得られたはずの最大の利益）と、商品棚の物理的制約のせいで気づかれないでいる潜在需要である。ところがグーグルの時代がやって来た。グーグルは求めるものを見つけ出す力《ファインダビリティー》という、富を生むその長所で、人々を目覚めさせた。知りたいことを入力すれば、（スペルが少し違っていても）十中八九すぐに答えが出てくる。思いもよらなかったり独力では見つけられなかったりするものを紹介してくれる便利なレコメンデーション（先人の教え）に、僕たちは甘やかされている。

これは地元の大型店セイフウェイには通用しない。このスーパーではおおざっぱな分け方（ただ「缶詰」とか）で商品が押しこまれている。他の客の買い物パターンは経営者側にしかわからず、唯一頼れる検索エンジンは低賃金で働く在庫係の店員だ。とはいえこの事態はセイフウェイのせいではないし、他のどの店が悪いのでもない。ただ店舗型小売業者は、棚だの通路だのと融通のきかない世界に生きる運命にあるというだけだ。商品はデジタルではなく頑固な物理の法則に従う。

有形の物質は時間と空間を超越できないという悲しい性を負っている。当然のことだが、物質は一カ所にしか存在しえない。たとえば、ツナ缶はいくつものカテゴリーにまたがって置かれることはない。でも買い物客の考えや買い物のルート次第で、たくさんのカテゴリーが浮かびあがる。たとえば「魚」「缶詰」「サンドイッチの材料」「低脂肪」「人気商品」

「二ドル未満」など。

物理的な店舗は、顧客それぞれの要求を満たすようその場でさっと商品の位置を変更することができない。たとえばワインが検索結果に合わせて魔法のように場所を変えることはない。つまり、熟成ゴーダチーズと黒オリーブを買う人がピノのワインも好みそうだからといって、ワインがそばにひょっこりあらわれることはありえない。

客が買い物かごに商品を入れても、レジに行くまで店は気づかないのだが、気づいたときにはもう次の買い物のために割引券を渡すことぐらいしかできることはない。商品のIDタグで中身を検知して、その場でさっとレコメンデーションを示す知的ショッピングカートをつくろうと夢見る販売学研究者たちもどこかにはいるが、さすがに商品を客のもとへ運んだり、買い物しやすいようにレコメンデーションを知らせたりすることはできない。物理の世界では、移動するのは客であって商品ではないのだ。

大型店舗は本当に豊かなのか

二〇歳過ぎの頃、ぶらぶらしている多くの若者の一人だった僕は、レコード店でバイトをしていた。ワシントンDCのビジネス街にある、もう存在しない大型チェーンの店だ。店のお得意さんはほとんどが近辺で働く弁護士やその助手や役人で、品揃えは比較的メジャー指向だった。輸入レコードのコーナーのことを覚えているが、それでも大半がブリティッシュ

・ニューウェイブ（八〇年代中期だった）で、店の入口から奥までぎっしり並んでいた。僕はそのそばにある椅子に座って入口を見守ったり、客の問い合わせに応じたりしたものだ。また一二インチのシングル（デペッシュ・モードとビリー・アイドルがヒットしていた）だけで奥の壁全部を占拠していたし、クラシックには専用の部屋があっていい音質で聴けるよう音響設備が整っていた。

そんな光景が何もかもよみがえってきたのは、ついこの前カリフォルニア州オークランド市のウォルマートに寄ったときだった。僕は二列ある音楽コーナーをうろついていた（二列を一五歩で歩くことを、うろつくと言っていいのか）。アメリカで音楽産業の総売上の約五分の一をたたき出すウォルマートは、国内最大の音楽小売業者だ。約一億三八〇〇万人のアメリカ人が毎週ここで買い物をするのだから、ウォルマートはおそらくこの国でもっとも文化を統合する力を持っている。

ここ一〇年間でベスト・バイを含むこうした大型総合店は、比類なき規模の経済でもって音楽産業の様相を変えた。昔僕がバイトしていたような大きな音楽専門店の多くが一気に衰退した。クラシック試聴室もいまや絶滅寸前だ。輸入盤のコーナーをほとんど見かけないのは言うまでもない。

専門店がいろいろな種類の曲を揃えているのに比べ、総合店が提供するのはヒット曲ばかりで数も比較的少なめだ。大型店と謳いながら各ジャンルでは品数が少ないというのは皮肉だが、総合という経済の性格上そうなってしまう。とはいえ価格が魅力なので今日も熱心な買い物客であふれている。効率のいいサプライチェーンとまとめ売りによる値引きのおかげで成功した大型総合店は、今日の店舗型小売業が到達しえた究極の姿だ。

というわけで、短いヘッドの世界へようこそ。

ところで短いというのはどのぐらいのことを指すんだろう。平均的なウォルマートの店は約四五〇〇タイトルのCDを置いている（比較のために、アマゾンは約八〇万だ）。では僕がうろついていたオークランドのウォルマートの音楽コーナーを例に、もっと具体的に見てみよう。次に示すのは、その店にあったジャンルごとのCDの数だ。

「ロック／ポップ／R&B」――一八〇〇枚
「ラテン」――一五〇枚
「宗教音楽／ゴスペル」――三六〇枚
「カントリー」――二二五枚
「クラシック／イージーリスニング」――二二五枚

しつこいようだが、そこには二列分しかCDがなかった。一列は「ロック／ポップ／R&B」で、もう一列は「ラテン」だ。他のジャンルはすべて、いくつかの約一二〇×一五〇センチのラックにまとめて押しこまれている。「ジャズ」「クラシック」「世界の音楽」「イージーリスニング」「ニューエイジ」が全部一つのラックにいっしょくただ。

以前レコードレーベルの幹部だったデイヴィッド・ゴットリーブによれば、毎年リリースされる新しいアルバム約三万タイトルのうち、ウォルマートにあるのはわずか七五〇だそうだ[27]。割合にすると二・五パーセントにすぎない。しかもウォルマートが置く四五〇〇タイトルは音楽全体からすれば〇・五パーセント未満。ダンスやスポークン・ワードといったジャンルはまるで置いていないか、「ロック／ポップ／R&B」のような何でもありのジャンルの中に放りこまれて埋没している。ニルヴァーナの『ネヴァーマインド』もローリング・ストーンズの『メイン・ストリートのならず者』も見つからない。

これが実態なのだ。一つの大型総合店の中に品不足、ボトルネック、流通による選別のゆがみ、商品棚の制約が揃い踏みだ。ウォルマートの中に足を踏み入れた者はその量と選択肢の多さに一度は圧倒されるが、よくよく見ればこの豊かな世界のかなりの欠乏ぶりがわかってくる。豊かさが逆の結果を招くのだから皮肉な話だ。ウォルマートの商品棚は奥行き約六〇センチの棚板がおよそ一キロ半つづく計算になる。だから一見何でもある宝庫のようだけれど、それはうわべだけの品揃えであってじゅうぶんではない。世界の棚には奥行きも一キロ半必要なのだ。

図書館の本の並べ方

物理的な商品のいちばん難しい点は、分類がきれいにできず、しかもその分類の仕方を変えられないことだ。ウォルマートもそうだ。つまり、ウインドブレーカーは「ジャケット」コーナーや「スポーツ用品」コーナーに入れられるが「青」や「ナイロン」コーナーではありえないだろう。でも普通こんなことを深刻に考える人はいない。多くの人にとっては分け方などどうでもいいことだ（全員に同じものを押しつける経済では、小売業者は青やナイロンにこだわる少数の買い物客を無視せざるをえない）。

店長は事前に、客がどこでウインドブレーカーを探そうとするか予測しなくてはならない。店全体をその予想にもとづいて分類したら、あとはその分類が客の考えと一致するのを祈るのみだ。違う考え方をする客はどうなるかというと、店員に聞いてくれという話になる。

しかしオンライン小売業が発達して、商品の分類や場所をその場でさっと変更できれば、商品本来の価値を発揮させられることが明らかになってきた。オンライン小売業者は商品を、どの分野にいくつまたがろうと心おきなく好きな場所に表示できる。おかげで規定のカテゴリーでは欲しいものを見つけられなかった買い手も新たに関心を持って、その結果需要が促進される。巧みな置き方がされているせいで、人は考えもしなかった商品を買う気になることがあるのだ。

オンライン小売業者の効率性と成功によって、旧来の小売店の融通がきかない性格と単純すぎる商品分類は、余計なコストを生んでいると見なされるようになった。欲しいものを見つけられるよう人々を手助けできないというのは、価格の高さや選択肢不足とはまた別問題だ。

情報科学では、何をどこに置くかというやっかいな問いのことを「オントロジー」問題という。オントロジーという言葉の意味は分野によって異なるが、図書館とコンピュータ科学の人たち（それと自覚はないかもしれないが店長たち）にとっては、物事を体系化して整理する方法のことを指す。たとえばデューイ十進分類法は、本を系統立てて配置する方法の一つだし、『ブリタニカ百科事典』も情報を体系化した例だ。また元素周期表は物質を体系的に示している。

いま挙げた方法はどれも役立つが、世界を理解するのに固定的な形式では限界がある。それにいきなり気づかせてくれたのがグーグルだった。

さてデューイ十進分類法から見ていこう。知の世界をまず大きく一〇に分類している。

000 コンピュータ・情報・総記
100 哲学・心理学
200 宗教
300 社会科学
400 言語
500 科学・数学
600 技術

700　芸術・スポーツ
800　文学
900　歴史・地理

ここまではよし。さて「宗教」の次の階層だ。今度は数字の一〇の位で分類をあらわす。

200　宗教
210　哲学・宗教理論
220　聖書
230　キリスト教
240　キリスト教の倫理・信仰
250　キリスト教組織・教会
260　布教・伝道
270　キリスト教及び各宗派の歴史
280　キリスト教の諸教派
290　比較宗教学・その他の宗教

もうおわかりだと思うが、イスラム教、ユダヤ教、ヒンズー教、道教をはじめ、世界人口の大多数が信仰する他の宗教が全部「その他」の中に突っこんである。この分類の仕方は現実的な世界の信仰のありさまではなく、このシステムがつくられた一九世紀のアメリカ文化（それからたぶん、この分類法を発明したメルヴィル・デューイの趣味）を反映している。デューイ十進分類法は知の世界を正しく分類できていない。ただ本を整理しただけだ。このことをクレイ・シャーキーが次のように書いていた。ちなみにこの人はインターネット関連テクノロジーの社会的・経済的影響について発言をつづける優れた思想家である。

最適化されているのは書棚の本の数だ。この体系の筋肉組織に当たる部分はコンセプトのように思える。本を分類するカテゴリーは、下位の階層へどんどん細かくなってもお互いに重複しない。そんなカテゴリーの中に筋肉組織は整理されている。どのコンセプトもただ一つのカテゴリーにしか入らないことになっているが、ときにこのカテゴリーという骨が筋肉を突いて引き裂く。骨はこのシステムを支える基本構造だが、ただ書棚の本の検索時間を最短にするようにつくられている。

もちろん一九世紀からずいぶん長い道のりをへてきた。図書館は複数の分類項目の索引から本を探せる蔵書目録をつくりあげた。たとえば著者、書名、キーワード、サブテーマなど。最終的にはデジタルの目録でキーワード検索ができるようになり、本を見つけやすくなった。にもかかわらず、書棚にある生身の本はいまだにデューイ十進分類法で並べられている。したがって欲しい本はすぐ発見できる（メルヴィル・デューイの世界観に同意しなくても大丈夫）が、そのあたりに並んでいる本はあまり関係がないかもしれない。

いい目録ができても、やはり本は物質なので物質の法則から逃れられない。本がもし誤って違うカテゴリーに置かれて迷子になってしまったら、蒸発したかのようになる。誰かが偶然見つけてもとの場所に戻さないかぎり、（どこかに存在していたとしても）消えてしまったも同然だ。棚を使った言葉にはネガティブなものが多いというのも納得がいく。たとえば「棚持ち期間（在庫寿命）」は消費期限のある商品の寿命を指す。また映画やテレビの世界では、「棚上げ」というと中止や保留を意味する。棚は、死に近づいていく場所だ。

いっぽう、もっと場当たり的な分類の世界を想像してみよう。何であれそのときのみ通用する原則で決められるのだ。ものが棚に整然と並んでいるというより、机の上にどさっと積んである感じなので乱雑そうなのは確かだが、これも一つの分類の仕方だ。自発的にものが移動し、その配置は文脈に応じて容易に変更される。これはウェブの世界をグーグルを通して見るのとちょっと似ている。選択肢が無数にあり、あらかじめ決められた秩序はほとんどない。見る人それぞれに違う形を見せる変動の世界だ。

先日、僕はシアトル中央図書館を見学しに行った。二一世紀を象徴する図書館として、著名な建築家レム・コールハースが設計した建築だ。彼は設計に際し、蔵書をインターネットの検索エンジン時代に合ったやり方で保管するという課題にとり組んだ。コンピュータと本の比率は変化しつつあり、おそらく今後も変わりつづけると気づいた彼は、蔵書の配置にあまりルールを設けず、スパイラル状に一続きにした床の上にすべての書庫を並べた。だから必要に応じて全体の長さを伸ばしたり縮めたりできる。

伸縮可能とは心憎いシステムだが、それでも何らかの基準で本を整理する必要はある。そこで採用されたのは我らがデューイ十進分類法だった。図書館文化を変えるには、世紀の変わり目を一、二度越えるぐらいではすまないのだ。ただしシアトル中央図書館では、本の分類記号がラバー製のマットに書いてあり、床のコンクリートの溝に書棚に寄りそうようにはめこんである。世界の情報の重要度が変化するにつれ書庫が伸び縮みしたり移動したりするのに従って、そのマットも変えられる。そしていつかデューイのシステムに消費期限が来たら、そのマットを裏返してただの足ふきマットにすることができる。いつまでも新しさを失わない図書館は、未来の情報の姿を決めつけないのである。

顧客次第の分類法

図書館の問題は小売業ではもっと深刻だ。図書館には少なくとも基準となる分類法があって検索のための目録が使えるし、図書館司書もよく教えてくれるけれど、はじめて行ったスーパーマーケットですぐに欲しいものが見つかるかどうかは運次第だ。分類がくるくる変わり配置がいい加減だと、顧客は普通不満を抱き、見つけやすいなじみのブランドと商品にしか関心を持たなくなり、商品が売れなくなる。工具から洋服までどんな店でもそうだ。

僕は先日、近所のブロックバスターに日本の名作アニメ『AKIRA』を探しに行った。さてどのコーナーを見ればいいか。サイエンスフィクション、アニメ、海外作品、アクション……などと悩んだあげく、結局その店にはないことがわかった。観たいときにすぐ観られるのが物理的店舗のよさなのに、ないんだったらお手上げだ。

でもアマゾン・コムなら検索のところに「akira」（大文字にする必要はおろか、完全に正しいスペルにする必要すらない）と入力するだけで、瞬時に三種類のバージョンのDVDが表示される（しかもそれぞれに新品と中古がある）。さっき挙げたどのカテゴリーから入って探したとしても、この作品は出てくるはずだ。どのカテゴリーの中にもこの映画は入っている。またアマゾンは『GHOST IN THE SHELL 攻殻機動隊』とセットで買うよう提案していて、そそられる。これもマーケティングや配置が変動するから可能な利点だ。さらに『GHOST IN THE SHELL 2：INNOCENCE』と『もののけ姫』も好きではないかとすすめている。もちろんどちらも在庫があって、しかもブロックバスターより安い（アマゾンでは中古品も買える）。この二つの店で僕が体験したことは天と地ほどに違っていた。

オンライン小売業者と店舗型小売業者の関係は、ある意味でグーグルと図書館の関係に似ている。物理的な商品棚には制約が多いので、現実の世界の販路である店舗や図書館は分類の仕方を一度決めたらそれにすべてを合わせなくてはならない。僕は本書がデューイ十進分類法でどこに置かれるかと思うとぞっとする。テクノロジーか、経済学か、ビジネスか、文化か。どれも一つだけではしっくりこない。「以上の全部」というカテゴリーがないなんてがっかりだ。

対照的にグーグルは、本書のカテゴリーを最初から決めつけない。被リンクの測定結果によって実態が判明してからひとりでに決まるのだ。版元の出版社が「ビジネス」本と思っていても、世間が「一般教養」と判断してその文脈でリンクすれば、それがこの本の性格になってしまう。他にも誰かが関連性を見つければ、それも本の性格になる。グーグルの世界では、意味も分類も完全に受け手側に任される。一つのことがさまざまな受け手によってあらゆる違った意味を持つ。要するにグーグルのアルゴリズムがしていることは、集合知を割り出すことだけだ。検索する人がキーワードを入力したら、それに対してもっとも適切な検索結果が算定される。

いっぽうアマゾンはというと、まずはとりあえずこの本に五つか六つのカテゴリーを当てはめるだろう。それから顧客が「タグをつける」ことで自分なりの意見を表明する。タグをつけるというのは、顧客が自ら選んだ分類項目を入力して独自のカテゴリーをつくることだ(「インターネット」「ブロガー」「パレート」「積《つ》ん読《どく》用」「オタクへのプレゼントに最適」など)。他の顧客もどんなタグがつけられたか見ることができる。それはこの本がどのような位置にいるか知るための手がかりになる文脈だ。タグをつけるプロセスはいわゆる「フォークソノミー」(ユーザーが情報にタグをつけることで分類する方法。「フォーク=民俗」と「タクソノミー=分類」を足した言葉)を築く。人々が選んだ言葉だけをもとに実態に合わせて分類すれば何かに役立つ。アマゾンはこうしたタグをとても重視しており、おもしろいことにその項目はアマゾン側の分類項目より優先される。

これはまだ広大な書店の中で、何の本なのかを導き出す多次元的プロセスの一歩にすぎない。実はアマゾンのソフトは本書の文章を一字一句すべて消化して「統計上ありそうにない語句」、つまりあまり他の本に出てこない言葉の組み合わせを抽出する。これはある意味では本の指紋をつくるようなもので、その本特有のアイディアやテーマを表示するものであり、これだけでも役立つ。またソフトによって珍しい大文字の言葉もはじき出し、本の実質的基盤を見定めるのに役立てている。さらにアマゾンはみんなの意見を反映させたレコメンデーションという便利なフィルタを配備して、他の顧客が僕の本と合わせて買った本、またはチェックした本を発見できるようにしている。顧客は他の顧客を通して本の性格を判断できるのだ。

地理という支配者

商品棚にはまだ制約がある。地理にしばられているのだ。コンテンツはたまたまそこに居合わせた人にしか手に入らない。それはもちろん利点でもある。近くにある店は便利だし、買ったものをそのまま持ち帰れて満足感をすぐ得られる。僕たちは年じゅうインターネットをやっているかもしれないが、やはり物理の国の住人なのだ。

店舗型小売業者の制約として大きいのは、地元の顧客をつかまねばならないということだ。

だから映画やCDなど数ある商品のどれであろうと、かぎられた人数の地元民から最大の関心（と金）を集めて保管コストを稼ぎ出せるコンテンツしか置かない。

アメリカの人口の二〇パーセントが、もっとも近い書店から一三キロ以上離れたところに暮らしている。[28] 三二キロ以上という人は八パーセントだ。レコード店、映画館、ビデオレンタル店についてもだいたい同じだ。実は買いたくても買えないという人が多いのである。

そして物理的な商品スペースの制約がある場合、顧客がばらばらに分散していると、いないも同然になってしまう。物理的流通にかかる高いコストをまかなえるぐらい、地元の需要の密度は濃くなければならない。もっとはっきり言えば、地元にじゅうぶんな需要がなければ店舗はつくれない。

どんな商品でもそうだ。スキー用品店はたいてい暑い気候の場所にはないし、スキューバダイビング用品店は海から遠い場所ではほとんど見つからない（多くの人はそういう場所からスキーやダイビングへ出かけるのに）。地元にも需要はあることはあるのだが、店長たちにとって大事なのはその需要がじゅうぶんあるかどうかだ。それはこんな計算になる。

売れ行き＝見こみ客数の割合 −《マイナス》 一五キロ以上離れたところに住んでいる人の割合 −《マイナス》
店に来ない人の割合 −《マイナス》 商品を目にとめない人の割合 −《マイナス》 ……その他いろいろ

必ずこうというわけじゃない。ちょうど商品のロングテールがあるように、顧客のロングテールというものが存在すると考えてもいい。グラフの横軸が町で、縦軸がそれぞれの町にいるある商品の見こみ客数だとすれば、店舗型小売業者は顧客が集中している曲線のヘッドに焦点を合わせなくてはならない。でもこれまで見てきたように、ほとんどの顧客はテールにいて、いろんな町にぱらりぱらりと散在している。これが店舗型小売業者の隠れた短所だ。彼らがテールの商売を見送っている理由は、その経済性による制約のせいなのである。

つまるところ、これがオンライン小売業者にとって商売をはじめる根拠になる。彼らは人口密度の如何にかかわらずどこにでも効率よく商品を販売できるから、散在する需要のロングテールを引き出せる。一〇〇年前にシアーズとローバックがカタログ販売でしたことは、まさにこれだった。シカゴで、各地に点在していた多様な選択肢への需要を引き出したのだ。現在はそれをもっと速く、安く、さらに厖大な選択肢でもって実行しているというだけだ。

希少な電波

ラジオとテレビもまた、誰にでも平等にコンテンツを届けることを目指していた。大衆市場の商品ですら、放送の経済性にはなかなか勝てない。放送なら相手が一人だろうと大勢だろうと同じ安さで届けられる。ただし送信コストと著作権料が一定であっても、広告収入はその都度変わる。たくさんの人に観てもらえれば、それだけ多くの広告収入が得られる。ヒット世界の「ショートテール」とはその程度の単純なものだ。

二〇世紀の中頃にテレビ放送が登場してから、ニュースや番組を各家庭に毎晩届けられるようになった。劇場や映画館に比べると、ラジオとテレビは非常に民主的な手段であり、ニュースや娯楽番組の視聴者による需要のテールを史上最長に伸ばした。

それでも放送技術にはそれなりに限界がある。まずその物理的な性格だ。放送電波が許容できる放送局数、そして同軸ケーブルが許容できるチャンネル数は決まっている。しかも一日二四時間の番組表しかつくれないのは誰の目にも明らかだ。

テレビやラジオ局の幹部にとって、こうした制約は非常に大きい。ラジオ局でもケーブルテレビ局でも、時間枠それぞれにコストがかかる。それは放送権やケーブル使用権に支払われるコストかもしれないし、広告主から得られたはずがもらいそこねた広告収入かもしれない。いずれにしても、利益をあげる（または赤字を出さない）ためには、放送枠を最大限に生かせるだけの視聴者を得るしかない。

そのため昔からヒット作品ばかり放送されてきた。視聴者をかき集めて番組に引き寄せ、乏しい流通手段を効率よく使う。またそれとは別に、ヒットはマーケティングにおけるネットワーク効果（つまり噂のことだ）から利益を得る。広告によってある程度の人気を得ると、それがもし本当に人の心を打つ作品なら、口コミが広がり出して組織的に人気度が高まり、大ヒット作品にまでのぼりつめる。

でもどうやってヒット作をつくるのか。基本的には二つの道がある。①めったにいない意外性のある天才的才能を広く求める、②大衆の最低水準に合わせるいつもの手を使って、もっとも売れそうな作品をつくる。どちらのほうをよく見かけるかはおわかりだろう。
結果、ヒット主導型のメディアとエンタテインメント文化が二〇世紀後半を定義するようになった。その文化は次のような性格を持つ。

- 全員に受けそうな作品を必死で探す。
- 需要を予測する。
- 市場から「死に筋」を追いやる。
- 選択肢が制限される。

デジタル・メディア経済の評論家ウメイア・ハクは「消費者の注目量（consumer attention）」という言葉を使っている。内容は浅いがそこそこ大衆受けするありきたりのテレビ番組（とコマーシャル）は視聴されるのだが、他に競争するメディアがほとんどなかったらもっと視聴される。それがだいたいこれまでのテレビの実態だった。映画もラジオもだ。ハクはこう書いている。

過去一〇〇年間のエンタテインメント経済は原則として、コンテンツと流通が希少で、消費者の注目量は豊富だった。映画や電波放送や印刷物というのは誰にでもつくれるものではなく、それをつくれる人間が生産手段を支配していた。つまり売り手市場であり、彼らは消費者の注目量をぜいたくに浪費することができた。

このことを、テレビコマーシャルの氾濫ぶりに関する統計値が物語っている。八〇年代中頃の規制緩和にともなって、テレビ放送網が流すコマーシャルは一九八二年には一時間に六分四八秒だったのが、二〇〇一年には一二分四秒になった（ほとんど倍だ！）。どうしてこんなことになったかといえば、コマーシャルが増えてもアメリカ人がテレビをますます観つづけたからだ。コンテンツが減っているのに人々がテレビに注目しつづけるなら、当然コンテンツはますます減らされる。ハクに言わせれば、テレビ放送網側からするとコマーシャル時間の増加は「市場の向こう側にいる参加者が自ら生んだコスト」だ。コマーシャルが増えるのも無理はないのである。

ヒット主義の罠

流通経路が乏しかった前世紀の知恵を忘れるには長い時間がかかるだろうが、でも消えかけてはいる。まずインターネットで育った最初の世代からだ。

二〇〇一年、「デジタル育ち《ネイティブ》」の第一世代がはじめて青年になった。一九九五年に一二歳でインターネットを使いはじめた彼らが、一八歳になったのである（つまりニールセン・メディア・リサーチの統計で「一八〜三四歳」という、広告主がおもに狙う層に入った）。彼らのうち少なくとも男性はあまりテレビを観ない。選択肢がたくさんあって、なおかつコマーシャルを避けられるインターネットとテレビ放送網のどちらを選ぶかとなれば、彼らはインターネットを選ぶ。実際「一八〜三四歳」層のテレビ視聴率は、過去五〇年間ではじめて下がりだした。

変化はまだ微妙だが、確実にはじまっている。視聴者はテレビやラジオの放送から、ニッチ経済が幅をきかせるインターネットへ移行しつつある。また選択肢が増えたため、自分がもっとも価値が高いと思うものに注目するようになった。それはコマーシャルの多いありきたりの作品ではない。ハクの言葉を借りれば、消費者は注目量を自らの手に取り戻しつつある。でなければ少なくとも尊重するようになった。

エンタテインメント産業が得た教訓は明らかだ。人々が求めるものを与えよ、である。人々がニッチなコンテンツを求めているのなら、それを届けなくてはならない。そしてヒット作やスターに高い金を払っていいのか考えなおすようになると、新しい市場では商品や参加者や動機のあり方が異なることもわかってくる。

物事を極端に白か黒か——ヒット作か失敗作か——はっきりさせたがるのは人間の常だ。でももちろん世界はもっと曖昧で混乱に満ち、統計学的だ。ほとんどの商品がヒット作ではないことを僕たちは忘れがちだが、それは少なくとも最初から店に置かれなかった商品に比べれば、棚で見かける商品の大半が実によく売れているからだ。でも音楽から洋服まで大半のものがせいぜいちょっと売れる程度で、ほとんどはヒットとは言えない。それでもなぜか存在しているのは、ヒット商品の経済だけが経済ではないからだ。ヒットはあくまでも例外的なもので、主流ではないのだが、僕たちはごく一部だけを見て産業全体を判断してしまう。

たとえば、ハリウッドの経済はインターネットの動画の経済とは違うし、マドンナが受けとる収入はクラップ・ユア・ハンズ・セイ・ヤーと同じではない。またディズニーの陳情団による要望で著作権保護期間の延長を承認した議会は、曲線のてっぺんにだけ味方していたことになる。おかげでディズニーはうれしいだろうが、アメリカにとっては必ずしもいいことではない。デジタル・ファイルのコピーや動画の送信技術を規制する法律もそうだ。いかんせんテールにはディズニーのようなロビー活動をする人がいないので、短いヘッドの意見しか聞いてもらえないことが多すぎる。

希少思考をしているために犯してしまう勘違いを他にもいくつか挙げてみよう。

- みんなスターになりたがっている。
- みんな金のためにやっている。
- 売れなければ失敗。
- 成功とは大衆受けすること。
- DVDでしか観てもらえない作品は二流。
- 自費出版本はクズ。
- インディーズ系とはプロ失格のこと。

- アマチュアは未熟の別名。
- 売れないのは質が悪いから。
- いいものなら人気が出る。

ところで「選択肢がありすぎると困る」という考え方がある。根拠もないのに広く信じられているようなので、次章をまるごとその検証に使うことにする。

第10章　何でも手に入る時代――選択肢がわんさとあるのはいいことだ

一九七八年、『サタデーナイトライブ』が「セロハンテープ屋」というコントを放送した。舞台は、はやりのショッピングセンターであらゆる種類のセロハンテープだけを売っている店だ。店主たちは客が来ないので不思議がる。これほどたくさんのセロハンテープがあればほとんど誰でも欲しいものが見つかるはずなのに、なぜか売れない。このネタでは、セロハンテープに入れこんでいる店主たちが、すっかり困っているところをおもしろがっていた。セロハンテープ屋ほどふざけたものはないというわけだ。

ところが現実に、ライス・トゥ・リッチズという店が二〇〇四年にマンハッタンにお目見えした。ライスプディングばかりを売る店で、その種類は二〇を超える。聞いたところでは店は繁盛しているらしく、通販事業へも手を広げているそうだ。いっぽうホワイト・ハウスというチェーン店が、白い家具やインテリア雑貨だけを売っている。それが成功したので今度はブラック・ハウスというのもつくって合体させた。昨日の笑い話が今日の現実になっている。

僕たちは歴史上もっとも選択肢が豊富な時代の真っ只中に生きている。それはあちこちで感じることだが、数少ない数値に注目すると、よりはっきりわかる場合がある。広告会社のOMDによれば、スターバックスのコーヒーには一万九〇〇〇のバリエーションがあるという。また市場調査会社のミンテル・インターナショナル・グループが持つ世界の新商品データによれば、二〇〇三年だけで、新発売された食品と家庭用品は二万六八九三点あった。たとえば消臭剤一一五点、シリアル一八七点、婦人用香水三〇三点といった具合である。

一九六〇年代の自動車市場には四〇種類の商品しかなく、一年に売れる八〇〇万台の車のうち、シボレーのインパラのセダンが一〇〇万台を超えて市場の約一三パーセントを占めていた。現在約一〇倍の規模に膨れあがった自動車市場には、一二五〇を超えるモデルがある（色違いなどすべてのバリエーションを入れれば一〇〇〇を超える）。そのうち販売台数が四〇万を超えるモデルの数は一〇に満たない。ちなみに四〇万台というのは市場の〇・五パーセントである。

どうしてこれほど選択肢が増えたのか。その理由にはグローバル化と、それにともない効率性を最高に高めたサプライチェーンがある。商人が一つの国にいながら世界中の商品を扱うことができる時代だ。事実、全米経済研究所（ＮＢＥＲ）の概算では、二〇〇一年のアメリカにおける輸入品の種類は一九七二年の三倍を超える。

別の理由は、人口動態の中にある。この前『ビジネスウィーク』に以下のような記事が載っていた。

一九五〇年代から六〇年代にかけて、アメリカはいまよりもっと均一化していた。民族だけでなく――ヒスパニック系移民の流入はまだはじまっていなかった――欲望においても均一化していた。隣人に遅れずについていきたいというだけでなく隣人のようになりたい――同じ車や食器洗い機や芝刈り機が欲しい――という空気が蔓延していた。しかし七〇年代から八〇年代に著しく豊かさが増すにつれて人々は自らの位置を見直すようになり、その結果〝普通でいたい〟から〝特別でいたい〟に気分が変わった。この希望をかなえようとしのぎを削る各企業は、大量生産品に手を加えてマス・カスタマイゼーションをはじめた。

そして最後の理由はロングテールだ。ｉＴＭＳにはウォルマートの約四〇倍の曲があり、ネットフリックスにはブロックバスターの一八倍のＤＶＤがある。もともと市場に商品がもっとあれば、その数はさらに多かっただろう。アマゾンは大型書店のボーダーズの四〇倍近い本を抱えている。イーベイのようなオンライン小売店が普通のデパートの何倍かは計算できないが、数千倍に及ぶのは間違いない。

商品がありすぎるのは問題か

何でもかんでも手に入るなんて、圧倒されてしまうというのがインターネット時代の現実だ。オンライン小売業者はつい一〇年前には想像できなかったほどの種類を提供している。ありとあらゆる種類や組み合わせの何百万もの商品である。でもここまで多くの選択肢が本当に必要なのか。みんな手に負えなくなってしまうんじゃないか。インターネットに品数が増えつづけている昨今、こうした疑問の声はますます上がっている。

伝統的には、選択肢は多ければ多いほどいいとされている。選択肢の多さは人の多様性を認めることになるし、そのおかげで各人に合ったものを見つけられる。しかし二〇〇四年に出版されて話題になった『なぜ選ぶたびに後悔するのか――オプション過剰時代の賢い選択術』（武田ランダムハウスジャパン、瑞穂のりこ訳、二〇一二年）という本の中で著者のバリー・シュワルツは、選択肢が多すぎると混乱するだけでなく、まったくの重荷になると述べた。さらに彼はスーパーマーケットの消費者行動に関する有名な研究について触れているが、その研究論文『選択が嫌になるとき』[29]の詳しい内容は次の通りだ。

コロンビア大学とスタンフォード大学の研究者が食料品店にテーブルを置き、いろいろな味のジャムを客に試食してもらった。その際、一つならどのジャムにでも使える一ドル割引券を客に渡した。調査時間の半分は六種類、残りの半分は二四種類のジャムをテーブルに置く。ただし客が安易に選ばないよう、ストロベリーのようなあまりにもありふれた味を入れないように気をつけ、またレモンカードなどの異質なものも避けた。

するとはっきりした結果が出た。試食後にジャムの瓶を買った人は、六種類のときの客のうち三〇パーセントいたが、二四種類のときでは三パーセントしかいなかった。でもおもしろいことに、二四種類のときのほうが試食する客は多かったのだ。六種類のときは全体の四〇パーセントだったが、二四種類のときは六〇パーセントの客が試食した。でも後者の客は金を出さなかった。選択肢を増やせば増やすほど客は買わなくなり、しかも買ったことによる満足度が下がった。

客は種類の多さに迷ってしまい、わずらわしいとさえ感じたようだった――ジャムの種類に詳しくならないと自信を持って買い物できないなんておかしい。余計な選択肢があるせいで、わかりやすいジャム――ストロベリーやブルーベリーなど――がある安心な場所から引きずり出され、聞いたこともないボイゼンベリーやルバーブなどの未開の地に放りこまれたわけだ。客はなかなか決められず、買って後悔する人もあらわれ、雲行きが怪しくなってきた。急に面倒になったようだ。

シュワルツは次のような結論を出している。


選択肢の数が増えつづけるにつれてそのマイナス面が露わになり、さらに増えてエスカレートすると、ついには重荷になりすぎた。こうなると選択肢はもはや人を解放するものではなく、束縛となる。いや支配と言ってもいいかもしれない。

現代の潤沢さが持つこうしたマイナス面の処方箋としてシュワルツがすすめるのは、消費者が社会科学用語でいう「マキシマイズ」（完璧を求める）をしないで「サティスファイス」（そこそこで満足する）することだ。つまり、もっと他にいいものがあるかもしれないと思うより、手元にあるものを受け入れた方が幸せだということだ（そういえばアマゾン・コムの『なぜ選ぶたびに後悔するのか』のレビューに、同じテーマの本が二〇冊もあったので決められず、やっぱりどれも買わなかったと書いたおもしろい人がいた）。

でも本当にそうだろうか。人々に選択権を与えないなら、代わりに選択して人々に商品を与えなくてはならないのだが、大半の消費者はそんなことなど求めていない。これは小売科学の世紀（と旧ソ連のデパートの歴史）から得られた教訓だ。

もちろん厖大な選択肢が常に善というわけではない。「私は何が欲しいんだっけ」という疑問に年中悩まされるし、誰もが容易にそれをじっくり考えられるわけでもない。でもそれを解決するためには、選択肢を減らすのではなく、むしろ重荷にならないよう選択肢を整理するべきだ。シュワルツが自ら述べているように、「小さな町からマンハッタンに来た人はその活気に圧倒される。でもすっかり慣れきったニューヨーカーたちは街の刺激に気づかない」。

シュワルツが引き合いに出したジャムの実験に僕が疑問を感じたのは、ちょうど地元のスーパーマーケットでジャムのコーナーの前を通りかかったときだった。ジャムばかり六メートル以上つづいていた。普通のストロベリーやラズベリーをはじめ、ありとあらゆるジャムがある。少し紹介しよう。洋ナシとイチジク、トマトとシナモンとクローブ、ストロベリーとルバーブ、パッションフルーツ、ハックルベリーとラズベリー、ピーチとアプリコット、ブラックチェリー、ハラペーニョ（赤）、ハラペーニョ（緑）、ローズヒップ、ミント風味のアップル……など。さらにそのほとんどに「糖分控えめ」バージョンがある。

六種類や二四種類どころか、三〇〇種類を超える。全部で四二ある各ブランドに平均八種類のジャムがある。店長と話してみたが、さっきのジャムの論文の発表から五年後には、このスーパーのジャムの種類はおよそ二倍になったそうだ。「ずっといろいろ手に入るようになりました。みなさん珍しいものを試したいようです」

品数をただ増やしてもだめ

これはどういうことなのか。研究論文に問題があるのか、それともアメリカのスーパーマーケットの店長は客の要望がわかっていないのか。僕は論文を書いた人たちにメールを送り、消費者行動をいちばん熟知しているはずのスーパーの人たちが研究結果を無視している理由は何だと思うか訊いてみた。

すると研究者たちはもう理由を突きとめていて、折よくそれを新たな論文の中に入れて出版しようとしているところだった。その『好きなものを知っていることと欲しいものを見つけること（*Knowing What You Like versus Discovering What You Want*）』の中でコロンビア大学教授シーナ・アイエンガーらは次のように書いている。

選択肢が多すぎるといろいろ損失があるにもかかわらず、消費者は多様性を求め、量を求める。豊富な選択肢から得られる恩恵は、選択肢そのものよりもむしろ選択する過程にある。選択の際に自らが嗜好と最終的な選択を決定する意志的主体だと感じられたとき、選択肢の多さは再び重要になる。『フォーブス』に最近掲載された記事『選択の自由を』の〝顧客に豊富な選択肢を与え、選ぶ手助けもせよ〟という要望について考えてみてほしい。我々にはもうその手段がある。

彼らが得た答えは、選択肢は顧客に手を貸すように配置されるべきだということだ。では、それがどんな影響を生み出すのか、オンライン小売業者を見てみるとしよう。うまいことにアマゾンもジャムを売っている。しかも二四種類どころではなく一二〇〇種類を超えている。食品を専門に扱う多くの小規模業者が「マーケットプレイス」に参加しているからだ。でもインターネットでは、品揃えの見せ方が物理的な店舗とは大きく異なっている。

もし店舗なら商品は棚にずっと鎮座している。顧客が何を選べばいいかわからなければ、頼りは何であれ箱に書いてある宣伝資料と、そしていちばん多い商品がたぶんいちばん人気だろうという大ざっぱな憶測だけだ。

しかしインターネットでは、顧客はもっと手助けしてもらえる。市場に隠れている情報を利用し、選択プロセスを楽にする手法は数えきれないほどある。商品を価格、評価、日付、ジャンルなどにもとづいた並び方に変えられるし、購入した人のレビューも読める。また価格を比較できるのはもちろん、なんならグーグルを使って商品について存分に知ることもできる。そして自分と似た顧客が購入した商品をレコメンデーションがすすめてくるのだが、これがいつも驚くほどツボを突いている。たとえそのジャンルについての予備知識がなくても、人気ランキングが売れている選択肢を表示してくれるのでわかりやすいだけでなく、買った後の後悔がほとんどなくなる傾向がある。やはり、みんなが買う商品がそれほどひどいはずはないのだ。

先ほどのジャムの実験でまずかったのは、整理して並べなかったことだ。二四ものジャムがいっぺんに置いてあり、客の頼りは自分の知識とラベルの表示だけだった。スーパーマーケットの商品棚も同じで、手がかりは自分の得意分野の知識、経験や広告から覚えたブランドの情報、包装や置き場所に書いてある宣伝文句だけである。

実はほとんどのスーパーの店主も、オンライン小売業者が庞大な選択肢を整理して選びやすくするために使う情報――人気度や価格比較やレビューなど――を入手できる。しかしいい方法がないせいで顧客には使わせてくれない。商品棚一つ一つに小さな説明モニタを設けるわけにはいかない。選択肢が多いと問題が起こるという逆説は、ただ物理の世界の限界がつくり出したものだ。そこでは、納得いく選択をするための情報が失われる。選択肢は多ければ多いほどいいという社会通念は正しいものの、選択肢がただ多いだけでは不十分なのだ。選択肢の情報や以前同じものを買った消費者の動向も知る必要がある。そんな情報への道を照らしたのがグーグルだ。知りたいことが真っ先に出てくるように、混沌とした無限のウェブ世界を全知とも思える能力で整理した。並べ方を誤ると選択は重荷になるが、正しく並べれば楽になる。選択肢の逆説は、豊富さをなくすのではなく、選択の手がかり不足をなくすことで解決するのだ。

選択肢に関する多くの学術研究は、数十年にわたるビジネスの体験から得られた教訓となぜ矛盾するのだろうか。多様性の経済について論説を書いているヴァージニア・ポストレルが説明している。

心理学の実験では科学的な理由から、現実の選択、特に購買の際の決断をしやすくする習慣やビジネスの慣行が意図的に排除されている。市場の実態ではなく心理を理解するための実験だからだ。……実際には人は選択が嫌いではない。たとえ圧倒されるほどの選択肢があってもだ。そのことに対する感情は複雑だ。そして現実の市場では、人はしばしば決断を助けてもらっている。

『ニューヨークタイムズ』のコラムの中でポストレルは、不動産業者、投資コンサルタント、検索エンジン、アマゾンのレコメンデーションは、すべて同じことをしていると指摘した。「これらはどれも人と価値についてよく知っている。私たちがもっとも求めているものは何かを考慮しながら、賢明にも彼らは選択肢の数を減らさない。私たちに選択権を残し、自主性を持つ手助けをするのである」

ところで、二〇年前にはほとんど耳にしなかったウェディング・プランナーという職業が、昨今人気を集めている。ポストレルによれば「伝統の束縛がゆるんだせいで、ブライダル市場が招待状や送迎リムジンなど何から何まで選択肢を増やした。それにともなって結婚式はより複雑で、個人に合わせてつくられるものになった」。全米ブライダル・コンサルタント協会の会員は、一九八一年には二七名だったのが二〇〇四年には四〇〇〇名にまで伸びた。

さらに経営コンサルタント、ジョン・ヘーゲルはこう言っている。「選択肢が増えれば増えるほど私たちは何が本当に欲しいのか知らねばならなくなり、そこで本当に欲しいものは何か考える。そして考えれば考えるほど［カスタマイズという形で］買う商品やサービスの製作に関わっていくことになる。そして関われば関わるほど、自らのためにますます多くの選択肢をつくりだすのである」

多様性の経済

選択肢を増やすと、消費者はもっと買おうという気になるのだろうか。品数が多くて、なおかつ探しやすい方法があると購入意欲が増すことは、誰でも経験から知っている。たとえばナップスターで僕は、音楽を再び探究してみようかという気になった。その気持ちはラプソディでもっと楽に（かつ合法的に）維持されて、結果、音楽を聴く時間が二倍に伸びた。それからネットフリックスのおかげで、うちの家族がDVDを観る回数が増えたのも確かだ。白いイヤホンをした大勢のニューヨーカーは明らかにiPodの登場以前よりたくさんの曲を聴いており、一世代前のウォークマン現象をさらに拡大させたわけだが、彼らは音楽を前より多く「買っている」のだろうか。あいにく統計値からは実態がよくつかめない。二〇〇七年春の時点で、アップルコンピュータはiPodを一億台、そしてiTMSを通じて音楽を二五億曲売り上げているが、これは平均するとiPod一台につき二五曲という計算になる。iTMSが登場してから約六年たっているのに、CD三枚分より少ないのだからあまりたいしたことはない。

そしてiPodの発売以来、CDの販売数は二〇パーセント近く落ちた。ではiPodが持つあの大容量を消費者がどうやっていっぱいにしているのかといえば、ご想像の通り、友達のCDをリッピングしたり、P2Pファイル交換サービスから無料でダウンロードしたり、大学内のLANを通じてデータを交換したりしている。

実は、選択肢が多ければ多いほど販売数は増えると一般に推測されてはいるものの、それを立証する統計結果はほとんどない。とりわけ商品数が厖大な場合はきわめて少ない。しかし数少ない消費者心理学の研究は、選択肢が意味をなす場合は、多ければ多いほど売れることを示唆している――欲しいものか、せめて好みに合ったものが見つかる確率が高くなるからだ。

ヨーグルトの種類を一つ二つ増やしたら販売数が増えたとか、そんな事例を扱う研究がいくつかある。そうした「多ければ多いほど」研究で比較的有名な論文の一つが『選択の魅力』(30)だ。銀行、ナイトクラブ、カジノで実験をおこない、その結果を分析したところ、消費者が特定の選択肢を手にとる回数は他にも選択肢があるほうが多くなることがわかったという。消費者はスクリーンの数が多い映画館を好み、賭博台数の多いカジノを好んだ。選択肢を多く与えられるほど、いらないものを押しつけられるリスクを感じなくなったのだ。

同様にマルコム・グラッドウェルが、スパゲティソースの次世代メーカーを事例としてとりあげたことがある。それによると、彼らは究極のソースをつくって大手ブランドのラグーに勝つ道ではなく、いろいろな種類の多彩なニッチ・ソースをつくって市場を細かく分割することで、市場全体を拡大する道をとった。品数が増え、消費者本人も気づかないような嗜好を開拓したこともあって、いまやスパゲティソースはドレッシング＆ソース市場における上位六つの成長分野に入った。

出版評論家のフランシス・ハミットは、種類が多いと消費量が増える理由は、何より基礎経済学でいうトレードオフ（同時には成立しないこと同士の関係。たとえば時間を節約しようとすると安い買い物はできない）にあるという。

私の古い経済学の教科書に載っていたグラフが典型的な例だ。それは長距離爆撃機と新しい校舎のトレードオフをあらわしていて、そこでトレードオフを制約するのは金だった。でも今度は時間が制約する。欲しい商品を見つけるのには時間がかかる。だからほとんどの人はもっと安い店を探すより最初の店で買ってしまう。

小売店がレジの横にあれこれ小物を並べておくのもそういうわけだ。すぐ手に届くところにある便利さは、販売数を増加させる。ちなみにセブン-イレブンのようなコンビニエンス・ストアは、牛乳、パン、飲み物といった、地元スーパーよりずっと高い価格をつけた商品からほとんどの収入を得ている。売れているのは商品そのものよりもむしろ、ただちに手に入るという事実だ。[31]

デジタル流通はこのモデルにおいて二つの効果を発揮する。見こみ客の買い物できるフィールドを広げること、そして探す時間を減らすことだ。やがて販売数が伸び、市場全体が成長を遂げるはずだ。長いテールが太くなる可能性もある。

第11章 ニッチ文化とは——ロングテールに生きるということ

ディスコ・ミュージック時代がその幕を閉じようとしていた一九八〇年代初頭、典型的なロングテール型の音楽文化がシカゴの元工業地区に姿をあらわした。『サタデー・ナイト・フィーバー』から約五年、R&Bにハンド・クラップもすでにコモディティ化（商品の価値が下がり、日用品化すること）して行き着くところまで行き、消費者が不満の声を上げていた。当時の音楽産業が垂れ流すヒットの二番煎じのような退屈な音楽に、もううんざりしていたのである。その少し前には、シカゴの野球場、旧コミスキー・パークへ野球観戦に来る観客が、いらないディスコ・ミュージックのレコードを持ってくるよう促された。試合後にレコードは「ださいぞディスコ《ディスコ・サックス》」というスローガンを繰り返しながら大きな焚き火の中に放りこまれた（シカゴのDJの発案ではじまった打倒ディスコの運動は社会現象のようになった）。

その頃ウェアハウスというクラブで、DJのフランキー・ナックルズが新しい試みをおこなっていた。さまざまなジャンルの音楽をリミックスしたりマッシュアップしたりして、新しい音楽に変身させるのである。古いディスコ・ミュージック、新しいユーロビート・ポップ、シンセサイズド・ビートを、当時新しかったドラムマシンを使用した音楽も含めて融合させ、激しく力強いソウルに再生させた。この新しい音楽は、クラブの名前にちなんでハウス・ミュージックと呼ばれるようになった。

スチュアート・コスグローヴは『シカゴのハウス・ミュージック史（*The History of House Sound of Chicago*）』の中で、その頃の様子をこう描写している。

　フランキーはただのＤＪではなかった。彼はミキシング技術を新たな高みへと昇華させた音の建築家だ。ウェアハウスは、当時注目を浴びていたダンスミュージック・シーンの先端を行く中枢的存在であり、常連はシカゴでもっとも洗練された場所としていまでも記憶にとどめている。ハロルド・メルヴィン、ビリー・ポール、オージェイズらによるフィリー・ソウルのクラシックが、マーティン・サーカスの『ディスコ・サーカス』のような最新のディスコ・ヒット、そしてクラフトワークやテレックスといった海外のシンセサイザー・グループによるヨーロピアン・ポップ・ミュージックと結合した。

そのサウンドはシカゴのミュージックボックスという別のクラブに飛び火し、ＤＪのロン・ハーディーが、一説にはヘロイン使用の影響を受けて、大音量と熱狂的なテンポでさらにレベルアップさせた。やがてハウス・ミュージックはイングランド北部に渡り、後のレイブシーンの基礎となる。

注目すべきなのは、ハウス・ミュージックがヒット文化の凋落に対して反応した結果生まれたということ、そして独自の活力ある音楽文化だということだ。DJとクラブは、ポップ・ミュージックとはまったく違う分野を確立した。クラビングとは、ダンス・ミュージックのロングテールをさまようことである。この生態系で新たな革新のモデルが発展した。ではハウス・ミュージックの栄光の道をたどって、その背景を探ってみよう。ラリー・レヴァンは、ニューヨークのパラダイス・ガラージのレジデントDJとして脚光を浴びた人だが、そんな伝説のDJたちにハウス・ミュージックの起源はある。七〇年代後期、レヴァンやデイヴィッド・マンキューソといったDJたちが、いまやお馴染みとなったDJセットに複数のレコードを並べるようになった。そこから紡ぎ出される音楽に合わせて、みんな夜明けまで踊ったのである。

このスーパーDJたちが時代の寵児になったのはなぜか。それは現在も吹いている多くの追い風が、そのときも吹いたからだ。まず最初に、ミキサーや多重録音装置などのテクノロジーが手に届く価格となって広まった。これは生産手段の民主化というロングテールの第一の追い風に当たる。そして生産手段が安くなればスタジオ使用料も安くなる。加えてマスタリング技術も安くなったため、多くのインディーズ系レコードレーベルがレコードを市場に出せるようになった。ウエスト・エンド・レコーズなど、ほんの二、三年の間に何百ものレコードを世に送り出して有名になったレーベルもある。

こうした経済効果によってレコードの数は一気に増えたが、そこでレコードの情報不足が問題になった。そこでいいレコードを見つける手助けをする、フィルタのような存在の人間への需要が生まれた。これがDJである。ただしそもそもこうしたアングラなレコードを入手できる機会がなければ、フィルタとして意味をなさない。そこで、参入障壁が低い流通経路がいる。クラブやパーティーが提供したのはこれだ。かくして流通の民主化という第二の追い風が吹いたのである。

マスメディアのラジオ局は、情報をレコードレーベルのマーケティングの一環として一方的に流すだけだ――レーベルは売れそうなアルバムを売りこむが、それが正しかったかどうかは後になるまでわからない――が、クラブは客の近くですぐにその反応を得られる。DJが流した音楽を客が気に入らなければ、その不満度ははっきり目に見える。彼らが踊らないのだ。つまり客は脚を使って投票しているようなもので、それぞれの好みや要望を統合した形でDJに伝える。そしてDJの方は、客がもっとも満足しそうな――踊りそうな――コンテンツを音楽のロングテールに探し求めては推薦する。

レコードの制作コストが下がると、ハウス・ミュージックは急速に発展し、ディープ・ハウス、ファンキー・ハウス、ダブ・ハウスなどのジャンルに細分化していった。そのとまどうほど複雑な世界の案内人になるため、DJには新たなシステムが必要になったが、外部の人間から見るとそのシステムは矛盾に満ちている。長年ハウス・ミュージックの制作者は、さまざまな別名を使ってレコードをリリースしてきた。レコードを売るのが目的なのに、どうして名前を統一しないのかと言えば、つまるところ反ブランド主義のあらわれと見ていい。その結果、情報が氾濫して市場が混乱する。

でもDJにとっては、曲よりレーベルの情報のほうが重要だ。インディーズ系レーベルは曲の分類タグのようなもので、細かく分かれたジャンルのどこに属するか知る手がかりを与えてくれる。これは客の期待にこたえる音楽を安く効率的に見つける道なのである。分散した情報は後にダンスフロアで集積されることになるわけだが、レーベルはその基盤をつくっていると言ってもいいだろう。

事実、ある時点からDJの名前は注目されなくなった。レーベルからほとんどの情報が得られるようになったからである。例を挙げよう。ベーシック・チャンネルというバンド名で知られるベルリン出身のモーリッツ・フォン・オズワルドとマーク・エルネスタスの大物二人組は、いろいろなレーベルから共同制作者とともにレコードを出している。たとえばベリアル・ミックスというレーベルからは歌ものの暗くてディープなダブ、Mシリーズからはインストルメンタルでミニマルなダブ・ハウス、リズム・アンド・サウンドからはレゲエの影響を強く受けたアブストラクト・ダブで、チェーン・リアクションからはハウス・ミュージックの影響が強いインストルメンタルなアブストラクト・エレクトロニカという具合だ。それぞれのレーベルがさまざまなアーチストのレコードを擁している。

こんな状況を一〇〇〇倍にしてみれば、いかにハウス・ミュージックの世界が複雑怪奇なことになったかわかるだろう。レーベルの分類タグとしての役割が必要になるのも納得のはずだ。ＤＪたちはレーベルから情報を読みとれるため、オズワルドとエルネスタスが参加している音楽をいちいち全部聴かなくても、自分の客が好みそうなレーベルにだけ注目すればいい。レーベルのおかげでハウス・ミュージックのロングテールを速く安く見て回ることができるわけだ。

またハウス・ミュージックの制作者は、ネット上で無料でアクセス可能にする戦略をとっている。大手レコードレーベルが著作権侵害訴訟にどんどん時間を費やしているのとは対照的に、ずいぶん前から彼ら（それからおもにアングラな制作者）は、自由に商品をリミックスしてもらうほうが結局は経済的にも得をすることに気づいていた。

ハウス・ミュージックの出来のいいレコードは他の制作者によくリミックスされる。他の作品の踏み台のような存在になるのだ。たいていそのリミックス作品はさまざまな専門ジャンルに細分化されるので、オリジナルの曲を目立たせる役割をする。こうして引き立て役が増えれば、踏み台作品の価値はぐんぐん上がっていく。そんな波及効果をどの曲が発しているか、ＤＪはすぐ簡単に見つけてしまう。価値を上げるこの雪だるま効果は、集積者であるＤＪが音楽のロングテールを迷わず進んでいくのに役立つもう一つのメカニズムなのだ。

ヒットとニッチが共存する

ロングテールは、まさに無限の選択肢の集まりだ。安くて潤沢な流通経路は、安くて潤沢で、なおかつ無限に多様な商品をもたらす。その結果、消費者もまた商品のように幅広く分散する。メディアとエンタテインメント産業にとっては、旧来のメディア対インターネットの闘いがはじまったように思えるだろう。しかし問題なのは、人々がインターネットに注目するようになったとたん、単にあるメディアから他のメディアへ引っ越すわけではない、ということだ。むしろ人々は細かく分散する。無限の選択肢は究極の細分化を意味する。メディア評論家のヴィン・クロスビーが、オンライン・マガジンのコラント［Corante］にその理由を書いている。

視聴者や読者は、常に一般的な興味と専門的な興味の両方を持ち、一人一人が違う形でそれを混在させている。つまり多くの人が天気のようなありふれた関心事を持ちながらも、同時にそのほとんどが、いろいろに特化した関心事を持っているのである。個人はそれぞれ異なる一般と専門の混合物だ。約三〇年前まで、普通のアメリカ人には自分だけの専門的関心事に合わせてくれるようなメディアがなかった。唯一あるのはマスメディアだけで、それは一般的（つまり大衆的）関心事のほうをある程度満たしていた。その後メディアのテクノロジーが専門的関心事に合わせるように進化し、七〇年代にはオフセット印刷技術の向上によって専門誌創刊ブームが起きた。雑誌は売店に並ぶ一〇や二〇ではなく、数百を数えるようになった。しかもほとんどが非常に専門的なテーマを扱っていた。八〇年代にアナログのケーブルテレビ局、九〇年代後半にはデジタルのケーブルテレビ局が急激に増え、平均的なアメリカ人が観ることのできるチャンネル数は四だったのが数百にまで膨れあがった。そのほとんどが専門チャンネルだ（たとえばホーム&ガーデン・チャンネル、ゴルフ・チャンネル、陸軍チャンネルなど）。それからインターネットが九〇年代から一般にも利用できるようになり、普通の人が厖大な数のウェブサイトにすぐアクセスできるようになった。そしてサイトのほとんどは非常に専門的なテーマを扱っている。

結果として、（画一的な）マスメディアしかなかったがためにそれだけを利用していた人々が、それを利用しつづけるのをやめて専門誌やウェブサイトなどに引き寄せられていった。いまマスメディアから離れていく人の数はますます増えている。やがてほとんどの人が去ってしまうだろう。人々が変わったのではない。彼らはもとから細分化した存在だったのであって、変わりつつあるのはメディアの傾向だ。いまや人々は以前からのさまざまな専門的関心を満足させている。本来、専門の数は個人の数だけ存在する。いままで常にそうだったし、今後もずっとそうありつづけるだろう。

一般から専門へと文化が移行しても、既存の権力構造が消滅したり、パソコンを武器にした総アマチュア文化に完全に塗りかえられたりはしない。全体のバランスが変わるというだけだ。つまりヒットかニッチか（メジャーかサブカルチャーか）「どっちか」という時代から、「どっちも」時代へと進化するのである。いまや文化は、ヘッドとテール、ヒットとニッチ、組織と個人、プロとアマチュアが混在する場になりつつある。大衆文化はなくならないが、ただ規模が小さくなる。そしてニッチ文化が目立ってくる。

その影響はもう音楽の世界に見られる。CDの世界でクラシック音楽は販売数の約六パーセントを占めるのだが、その程度だとウォルマートのラックをせいぜい一つ占有できればいいほうだ。でもiTMSではもっと多くのCDを揃えておく余地があるのでクラシックの販売数も伸び、総販売数の一二パーセントを占めている。また『キャプチャリング・ザ・フリードマンズ』や『マーダーボール』のような社会派ドキュメンタリー映画は映画館で上映されることはあまりないが、ネットフリックスではもっとも人気のある分野の一つになっていて、その売上はアメリカにおけるドキュメンタリー総売上の半分近くを占める。

巨大な並列文化の隆盛

二〇〇五年七月のことだ。ブログ・テクノロジーの会社シックス・アパートの幹部であるアニル・ダッシュが、『ニューヨークタイムズ』の紙上で「ハッキング」をした。その記事自体は、グーグルの検索結果が示す人の評判を変えるのはいかに難しいかという何でもない内容だったのだが、その写真に彼は「GOATSE《ゴーッティ》」と書いたTシャツを着て写っていたのである。僕はその過激な行動に仰天したが、同時に職場のスタッフのほとんど誰も（そして明らかに『ニューヨークタイムズ』の記者も）「GOATSE」がどういう意味か知らないのにびっくりした（どうしても言わずにはおれない。これは目をそむけたくなるような衝撃の写真が出ているサイトだ。ネットのいたずら者たちが、ナタリー・ポートマンの写真みたいについ見たくなるようなものへのリンクだと思わせて、初心者にクリックさせようとする。エロいというより気色悪いサイトだ）。でも僕のオタク仲間の間では、そのことをわかる人にだけわかるジョークにして書いていた人もけっこういた。

誰もが「GOATSE」を知っていると思っていたのは間違いで、わかったのは一部のネット上の知り合いだけだった。これではじめて気づいたが、僕は明らかにサブカルチャー族の一員だった。そして「GOATSE」を知っているということが、仲間同士の暗号のようになっていた。つまり『ニューヨークタイムズ』であつかましくもあのTシャツを着ていたダッシュは、一種の暗号を見せていたわけだ。

僕は他の暗号も通用するかどうか、試してみることにした。僕の小さなインターネット世界と現実世界の友達に、いくつか定番のフレーズを知っているか訊いてみた。たとえば「君達の基地はすべて我々のものだす [All Your Base Are Belong To Us]」（日本のゲームの英語字幕で、文法が間違っている）、「もっとカウベルを！ [More Cowbell!]」（『サタデーナイトライブ』のコントで、バンド演奏でカウベルの音をもっと出せと言うセリフ）、「少なくとも私は、新しい君主Xを歓迎します [I, for one, welcome our new X overlords]」（アニメ『シンプソンズ』に出てくるキャスターのセリフ。Xには近づきつつある権力の名を入れる）など。その結果、僕が普遍的だと思っていたこれらのミニ文化は、実はかなり知られていないことがわかった。うちの編集部ですらそうだ。それからある広報活動会議で講演をした際、聴衆に非公式の調査をおこなったところ、それぞれのフレーズを聞いたことのある人たちは各一割ずつだった。

ウィキペディアでインターネット現象の項目を見てみれば、こうした言葉のミーム（遺伝子のように淘汰や複製をしながら伝わる文化の単位）がごまんとあるのがわかるだろう。とりわけ有名なもの（ちょっと古いのもあるが）を一〇個挙げよう。いくつ知っているだろうか。

・エレン・ファイス［Ellen Feiss］（ウィンドウズからマックへ切り換えさせるキャンペーンに登場した女の子の名前。ネット上で人気になった）

・スターウォーズの子［The Star Wars Kid］（映画『スターウォーズ』の真似をして一人で棒を振り回す少年の映像が、本人に無断でネット上に流され事件となった）

・ダンシング・ベイビー［Dancing Baby］（3Dアニメ作成ソフトのデモ用につくられた踊る赤ん坊で、日本でもコマーシャルに採用されたことがある）

・バートは悪人［Bert is Evil］（『セサミストリート』のキャラクター、バートを悪人に仕立て、実在した独裁者などの写真の中に彼の姿を合成して「証拠」として見せているサイトの名前）

・盆栽子猫［Bonsai Kitten］（子猫を観賞するため瓶に入れて育てている人がいるという嘘の情報がネット上に流され、残酷だと騒ぎになった。日本人という設定だった）

・観光男［Tourist Guy］（世界貿易センタービルの展望デッキに立つ男性と、近づいてくる飛行機が合成された偽写真がネット上に流れ、メディアにとりあげられた）

・MCホーキング［MC Hawking］（CDを出している架空のラップ・ミュージシャンで、物理学者ホーキング博士のパロディ。車椅子に乗り音声合成装置を使って歌う設定になっている）

・1337（「リート［leet］」と読む。1はl、3はE、7はTと形が似ているためで、このようにアルファベットを記号や数字に置き換えた言語をリート・スピークと呼ぶ。リートはエリートのこと。ハッカー用語とも言われていた）

・服従チキン［Subservient Chicken］（バーガーキングが企画した覗き見サイトのようなもので、命令を入力すると画面の着ぐるみの鶏が従う）

・最初の投稿 [First Post]（ネットの掲示板などに掲載された主題に最初につけられたコメント。最初に投稿したいがために主題とは関係のないことを数語しか書きこまない者や、悪意のある内容をわざと書きこむ者もあらわれた）

これを見て気づいてほしいのは、一緒に働いたり遊んだりしている人たち、あるいは同じ世界に暮らしている人たちが、必ずしも同じ文化に属する種族とはかぎらないということだ。考えることは人それぞれなのだ。

ロングテールの追い風やテクノロジーは消費コンテンツに豊富な選択肢をもたらすが、同時に主流に逆らう文化グループを数々生む傾向がある。大衆文化は大きく割れたが、その後に同じ規模で別の大衆文化が形成されるのではなく、無数のミクロな文化が混沌と共存し、相互に影響しあうようになる。

結果として文化は一枚の大きな布ではなく、絡みあうたくさんの糸が折り重なったようなものになると考えてもいい。一本の糸である個人は、それぞれ位置を特定できる存在で、さまざまなグループの人たちと同時につながりを持つ。

要するに、僕たちは大衆文化から「超並列」文化へ移り変わる場面に遭遇しているのだ。自覚していようがいまいが、各人がいろいろなグループに同時に属していて、グループ同士重なっていたり（オタク文化とレゴブロックとか）いなかったりする（テニスとパンク・ファンクとか）。

同僚や家族と同じ関心事を持つこともあるが、すべての関心事を共有するわけではない。自分と共通の関心事を持つ人の数は増えるが、その人たちに会ったことはないし、個人としてとらえることすらない（ブログの書き手やプレイリスト作成者など）。

自分ではいくら主流派と思っていても、実はみんな生活のどこかに非常にニッチな部分を持っている。僕に関して言えば、映画では主流派だけれど音楽では違うし、読書ではかなりニッチで、最近はネットワーク経済に関する本ばかり読んでいる気がする（この本のせいだ）。それに、人は特にニッチには、どんどんはまっていくことが多い。情熱の赴くまま、ワインやアンティーク・ジュエリーの世界の奥深くまで行ってしまう。それが可能なのも、いまの僕たちには豊富な選択肢があるからだ。

ヴァージニア・ポストレルは、多様性が重視されるようになったのは人類がもともと多様だからであって、それが文化に反映されたにすぎないと述べている。

> 体の大きさ、形、肌の色、それに性的指向や知的能力にいたるまで、あらゆる面において人間の個性は幅広い。統計分布では、たいてい中央あたりにほとんどの人が集中するし、そんな釣り鐘曲線はいくつも存在するが、誰もがそのうち少なくともどれか一つでは端のほうにいる。たとえば、珍しい記念品をコレクションする。秘伝の書を読む。珍しい宗教を信仰する。左右のサイズが違う靴を履く。稀な病気にかかる。売れない映画を観る。[32]

こういうことは以前から言えたのだが、多様であることを前提にして行動できるようになったのはやっと最近になってからだ。結果としてニッチ文化が隆盛し、社会はその様相を変えてしまうだろう。人々は文化的関心をもとに無数のグループに再編成され、地理的に近いとか職場でよく話すとかいった類のつながりは弱まる。つまり、みんなして数少ない同じヒット・コンテンツを視聴していた井戸端会議時代は終わりを告げ、それぞれ異なった対象を見つめるミクロ文化時代がやってくる。

マルクス主義の社会学者レイモンド・ウィリアムズは一九五八年、『文化と社会』（ミネルヴァ書房、若松繁信・長谷川光昭訳、二〇〇八年）にこう書いた。「大衆は存在しない。人々を大衆と見なす方法があるだけだ」彼には先見の明がある。

……ニュースの未来像

ニッチ文化はどんな感じになるのだろうか。その手がかりはメディアの変化の中に潜んでいる。ニュースはインターネットの影響を強烈に受けた最初の業界だ。いまやあらゆる問題に関して自分の知りたいニュースだけを常に無料で読むことができ、それを当然のように思って育った世代がいる。ニュース好きにはけっこうなことかもしれないが、ニュース・ビジネスにとっては大打撃だ。新聞の購読数は、ピークだった八〇年代中期から三分の一以上落ちこんだが、これはロングテールが既存の産業に与えうる破壊的影響をはっきり示す事例だ。

かつて新聞の活力は、生産手段を支配したことから生まれた。「インクを樽で買う者とは喧嘩するな」はことわざにもなっている。それから九〇年代はじめ、新聞紙だけでなく、パソコン画面にもニュースが登場した。パソコンとインターネット接続があれば、誰でも印刷媒体という権力を持てるようになった。

実はウェブサイトをつくって最初にインターネットを利用したのは、新聞をはじめとする既存のメディア自身だった。しかし人々が自分でホームページやブログを書くようになると、プロによるジャーナリズムとアマチュアによるリポートの違いが曖昧になってきた。ブログの書き手は自分の詳しいことについては新聞記者程度か、もしかするとそれ以上よく知っているし、同じぐらい上手に書くこともできる。しかも情報がずっと早い。できごとを傍観せずに実地参加するブロガーたちの場合、記者より多くの情報を持っていることもある。

リチャード・ポズナーは高名な判事であり法学者でもある人だが、この事態を一生に一度しか巡ってこないような根本的な変革だと考えている。彼は（たぶん皮肉のつもりで）『ニューヨークタイムズ』の書評欄に次のような所見を書いた。事実上コストがいらないブロガーは、新聞やテレビのニュース局が狙うかもしれない読者層よりも、ずっとターゲットを絞りこむことができる。事実、ブログはニッチとなって主流メディアの顧客を一人ずつ奪っている。いっぽう先行する旧メディアは大衆《マス》向けのままだ。

メディア企業の記者が専門化すればするほど、全分野を網羅するためには多くの記者を雇い入れざるをえなくなる。そこでブロガーは、ほとんどの記者をしのぐほど特定のテーマに専門化できる。新聞社は古いタイプライターのことを知っているからといって記者を雇うことはしないが、ブログ圏にいる多くの人々はそうした珍しい知識を持っている。ダン・ラザー（CBSのニュース番組で看板アンカーマンだったが、二〇〇五年三月に表舞台を去った）を降板させたのはこうした人々だ。

ブログは、一つ一つには正確さの保証はないが、全体としては旧来のメディアよりも誤りを訂正する仕組みを持っている。これがプロの記者たちをいらだたせている。速いスピードで厖大な情報が結合し変化していくため、旧来のメディアは後れをとってしまうのだ。しかもおびただしい数のブログとブロガーが存在し、それぞれが専門を持っているだけでなく、読者がコメントをつけて情報をさらに膨らませる。そんなコメントの情報も、ブログと同じく電子通信の速さでブログ圏を飛び交う。

ブログ圏は、旧来のメディアに比べて暴走を防ぐバランス感覚を持っている。両者は違うものなのだ。ブログの基本モデルは、フリードリヒ・ハイエクの経済分析に見られる。つまり、分散していて、中心に指揮や調整をおこなうものがなく、参加者個人には非常にかぎられた知識しかないにもかかわらず、その経済市場は効率的に大量の情報をまとめていくのである。

事実上、ブログ圏は一つの集団的企業なのだ。一二〇〇万の異なる企業ではなく、一二〇〇万人の報道員や特約記者や論説委員のいる一つの企業だ。しかもコストはほとんどかからない。まるでAP通信やロイター通信が、専門知識を持つ報道員を大量に給料なしで雇って、広告なしのフリーペーパーをつくっているようなものだ。

その例として、テクノラティによる人気サイト・ランキングのグラフを見てみよう。ここにはブログと主流メディア（ブログ用語では「MSM」）のホームページの両方が含まれている。

白い棒グラフだけを見てほしい。デイリー・コス［Daily Kos］というサイトが四番めに来ている。これはリベラルな政治情報サイトで、バークレーの活動家マーコス・ムーリツァス・ズニガが基本的に一人で運営している。『シカゴ・トリビューン』よりも多くリンクされており、一日におよそ一〇〇万件のアクセスがある。それからちょっと下っていくとインスタパンディット・コム［Instapundit.com］がある（六五位なのでグラフからややはみ出している）。これはテネシー大学の法学教授グレン・レイノルズ四七歳（一九六〇年生まれ）の個人的ブログだ。仕事の合間に自由主義政策やナノテクノロジーなど興味のあるテーマについて書きこみをする。頭が切れて骨太の主張を持ち、しかも反応が速いため人気が高い。したがって影響力も強く、彼がリンクしたサイトはトラフィックが爆発的に増える傾向があり、最大手の主流メディアを除き、どのサイトがリンクしてもたいていはそれにかなわない。インスタパンディット・コム自体は老舗スポーツ誌の『スポーツ・イラストレイテッド』のサイトよりも多くリンクされている。

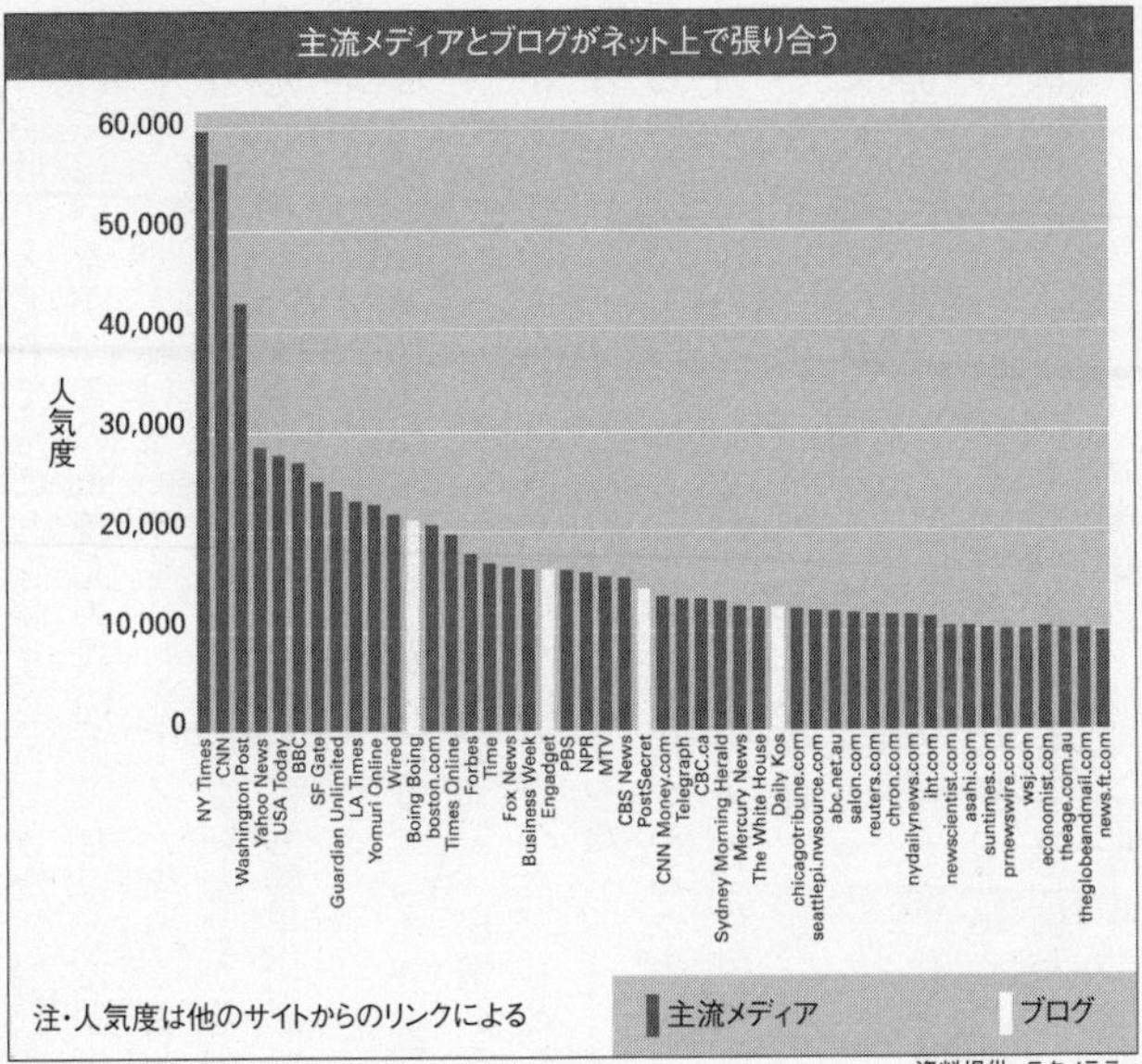

資料提供・テクノラティ

　この二人のブロガーは、概ねどのアメリカの新聞よりも「リンクの権《オー》威《ソリティー》」が高い。とはいえ、新聞はいまでも印刷媒体の方でほとんどの業務をおこなっているのだから、もちろん公平な評価とは言えない。しかし新聞業界の人々がこのグラフを見れば、ロングテール世界の新たなビジネスの将来について考えこんでしまうに違いない。

　ジャーナリストのクリストファー・ヒッチンスが『若き反逆児への手紙（*Letters to a Young Contrarian*）』の中で書いていたが、彼は毎朝起きるとまず『ニューヨークタイムズ』の一面を見て自分の元気度を測るそうだ。「〝印刷に適したすべてのニュース〟と書いてある。何十年もの間、明けても暮れてもこれを読まされてきた。会社の精神をこれみよがしに目立つところに掲げてはいるが、この正統派の新聞を読むほとんどの人はもうずっと目をとめなくなっていると思う。だが私はまだ不愉快に感じるかどうか毎日確認している。小声だがこう言えたら、少なくともまだ自分の元気は衰えていないとわかるのだ。なぜ彼らは私を侮辱するのか。私をだまそうというのではないか。いかにも勝手に思い上がった、威圧的な発言だとしか思えない、と」

この標語は一九世紀末までさかのぼる。『ニューヨークタイムズ』を買いとったアドルフ・オックスが一八九七年につくった文句で、扇情的なイエロージャーナリズムで知られるニューヨークの競合新聞への痛烈な皮肉だった。もともとの意味はすでに失われ、いまでは傲慢な言葉にしか聞こえなくなってしまった。

この標語を本当に実行していた時代があるかといえばたぶんなかっただろうし、いまでも実行していないのは確かだ。コメディアンで作家のジェリー・サインフェルドが冗談で言っていたけれど、「毎日世界で起こる事件の量が、いつも新聞のサイズにきっちり合ってるなんてびっくりだな」。

標語はさておき、『ニューヨークタイムズ』はいま他の新聞と競合しているだけでなく、ネット上の集合知や情報と張り合っているというのが現実だ。権威のありかは読み手側の判断次第で決まるものであり、組織にもともと備わってはいない。それでもいまだに『ニューヨークタイムズ』などの新聞がスクープ記事を載せ、問題提起をしつづけながらうまく成り立っているのだから、記者や編集者たちは立派なものだ。しかしニュースや情報がもうプロだけの領域でないのは明らかだ。

すでに推計一五〇〇万人のブロガーが存在する以上、どこかに重要で鋭い発言が潜んでいる確率は高い。しかもその確率は上がりつづけている。またフィルタ機能が向上したおかげで、そうした記事に出会える確率も上がっているのだ。主流メディアにとっては相手が誰であれ競争の激化を意味する。しかもそのほうがいいという読者がいる。どうしたって細分化は避けられない。

文化が細分化されると

文化が細分化されるのはいいことなのか悪いことなのか。大衆文化がある意味で人間関係の接点となり、社会にまとまりを与えると信じている人は多い。もしそれぞれが独自に行動しはじめたら、共通文化がなくなるのではないだろうか。隣人と関心事が合うのだろうか。

シカゴ大学の法学教授キャス・サンスティーンは『インターネットは民主主義の敵か』（毎日新聞社、石川幸憲訳、二〇〇三年）という著書の中で、その恐れは現実にある――確かにネット文化は集団を分極化させる――と語っている。「個人に合わせたコミュニケーションのカスタマイズが進むにつれ、社会は分裂し、共同体が崩壊する恐れがある」また彼はマサチューセッツ工科大学メディア研究室のニコラス・ネグロポンテが言った有名な「日刊自分新聞（Daily Me）」という言葉に触れている。これはインターネット時代の新聞が、完全に個人のための特別仕様になるという仮説を象徴する言葉だ。サンスティーンにとって、誰もが独自の「日刊自分新聞」を読んでいる世界は「正確に見たいものだけを容易に見ることができる」以上、「探していないテーマや視点は知らなくてもよい」ことになってしまう世界だ。

倫理公共政策センターで上級研究員を務めるクリスティン・ローゼンもサンスティーンと同じ懸念を持っていて、『ニューアトランティス』誌に寄せた論文にこう書いている。

テクノロジーが政治の分極化を促進するなら、アートや文学や音楽にはどう影響するのだろう。私たちは欲しいものを手に入れる、もっとも速くて便利で容易に自分に合わせられる方法を見つけようと急ぐあまり、いろいろ詰めこんだ一人ぼっちの劇場や、閉めきった精巧な反響室のようなものをつくっているのではあるまいか。創造性豊かな個人主義を育てつつあるのか、それとも視野の狭い個人主義に手を貸しているのか。選択肢を増やしているのか、それとも選択眼を鈍らせているのか。

ローゼンによれば、こうしたテクノロジーがもたらすものは、徹底して自分だけの狭隘な嗜好ばかり追いかける「エゴキャスティング（個人の嗜好に合わせたものだけを配信・受信すること）」の普及だ。ティーボやｉＰｏｄなど的を絞ったコンテンツでその人独自の文化を築くのは、よくないことだと言う。

自分で何もかも管理できるという幻想を抱かせるテクノロジーは、驚く能力を私たちから奪う危険がある。趣味が洗練されるどころか、一つのことばかり固執して繰り返し、感覚が麻痺してしまう。テクノロジーでつくりあげた小さな自分の世界に閉じこもり、真の個性を認識することは逆に難しくなっていく。

ローゼンの言うことは正しいのだろうか。僕は疑問だ。実際にはまったく逆のことが起こっているように思える。ニッチの世界は確かに選択肢の多い世界だが、レコメンデーション等のフィルタという強力な助っ人のおかげで、新しいものをどんどん開拓できる。閉じこもらない。たとえば僕たちは友達からもらった音楽をｉＰｏｄに入れるし、ティーボが他の人たちの視聴パターンをもとに気に入りそうな番組を絶えず提案してくれる。ネットフリックスのデータからも、消費者は厖大な選択肢からどんな映画でも選べるとなると、第二次世界大戦のドキュメンタリーのようなニッチ作品に一度はまったらそこから出てこなくなるのではなく、非常に幅広い関心を持つようになることがわかっている。ある月には古い名作を掘り起こし、またある月にはいいＳＦ映画に向かうという具合だ。

またブログ圏は、史上もっとも優れた発言媒体だ。ブログを通じて価値の高いアイディアや情報にリンクする習慣は、おおいに多様化を促す。その情報がどこから来るものであっても、またプロのものであろうとアマチュアのものであろうとそうだ。ブログのおもな問題は手がかりが多すぎて困ってしまうことであって、少なすぎることではない。インターネットでいろ読んでいて文化的視野が広がらないという人は、ブログ圏のあまりにも不毛な部分を見てしまったか、さもなければハイパーリンクがどういうものなのか勉強し直したほうがいい。

確かにネット上に完全に信頼のおける情報というものはないので、どれだけの情報源に当たって最終的な判断を下すかは本人次第だ。だから何が正統かは当然決まっているとか、絶対に間違えない組織があると信じて自分を甘やかす時代は終わり、混沌とした情報の渦の中で調べて考えることを要求される——そうすれば報われる——時代が来たのである。六〇年代にも情報筋の信頼性を疑問視する声はあったが、調査する手段がなかった。でもいま僕たちにはその手段がある。現在問われるのは、不確実性に振り回されず、いかにその手段を使いこなすかだ。

そもそも、狭い範囲の専門家や組織が流す情報ばかり鵜呑みにする社会より、自ら問いかけをしてその答えを出せる社会の方が健全だ。プロが参加しているからといって正当性があるとはもう言えない以上、僕たちは独自の品質基準をつくっていく必要がある。こうして、自分の力で考えるよう促されるのだ。ウィキペディアはテーマを調べていく起点にはなるけれど、最終的に頼れる情報にはならない。

カウチ・ポテトの時代は終わった。考えてみれば、テレビ放送網がもっとも繁栄した頃はみんな同じ番組を観ていたが、観るときはたいてい一人だった。ゴールデンタイムの『孤独なボウリング』（政治学者ロバート・パットナムが共同体の崩壊について論じた著書のタイトル）だ。いっぽうインターネット時代のいまは、各人違うことをしながらも他者に遭遇する度合いは増えている。つまり他者の書いたものを読み、他者とチャットをし、他者の例に従う。だから共通の文化がなくなって失うものは、他者に触れる機会が増えることで補える。

いま僕たちは細分化されているというより、さまざまな次元で再編成されているところなのだ。たとえば最近では井戸端会議はバーチャルになっていて、ネット上で自発的に集まった人たちがあちこちでさまざまなおしゃべりをしている。僕たちは底の浅い大衆文化を通じて人々と弱いつながりを持っていたが、今後はニッチ文化の好みを共有する少なくとも同じだけの人々と強くつながる力を持つようになる。

主流の文化組織が衰退すると、同じ意見を持つ人々の間で閉じこもる人も出てくるかもしれないが、情報源をふんだんに得て好奇心を呼び覚まされ、大半の人は視野を広げて、狭くすることはないだろう。

当たり前のように思われていた大ヒット作時代は、概して二〇世紀後半の放送テクノロジーがもたらしたものだった。それまで文化はだいたい地元に密着していたが、将来はそれが好みをもとに、大規模に並列するようになる。大衆文化は消えていくかもしれないが、共通文化が消えるわけではない。僕たちはやはり文化を他者と分かちあう。ただし全員と分かちあうわけではないということだ。

第12章　無数のスクリーン――ポスト・テレビ時代の映像はどうなる

テレビが低俗でくだらないのは、視聴者である人々が低俗でくだらないからではない。ただ人々は低俗でくだらないことにかけては非常に似ており、洗練された上品なことにかけてはあまりにも異なっているからだ。

――デイヴィッド・フォスター・ウォレス

テレビの未来がこんなふうになるとは誰も思わなかった。二〇〇五年一〇月一五日、生まれて八カ月のユーチューブ［YouTube］という新規事業が、究極の動画のロングテール市場を公開した。アップルによるiTMSの洗練されたビデオ・ストアのほうが、はるかに多くのテレビ放送網のコンテンツがあったかもしれないが、ユーチューブは誰もが無料で動画をアップロードして、大きな再生ボタンをクリックするだけで瞬時にそれを観られるようにしたのだ。

予想通り結果は、放送禁止になったコマーシャルから赤ちゃんのビデオまで、ほとんどでたらめな野放図になった。でもその世界には、かぎりない多様性を垣間見ることができた。商業ビデオとアマチュア・ビデオのコンテンツが肩を並べて張り合い、アマチュアが勝つことが多い。

ユーチューブのトップページは毎日、そのときもっとも人気の動画をのせているが、このページがすべてを物語っていた。ずらり並んだ縮小表示《サムネイル》の中に、商業コンテンツ（『コルベール・リポート』からブリトニー・スピアーズの失敗パフォーマンスまで）の動画に混ざって、そこらの犬とか、笑えるコマーシャルとか、鮫を食う蛸（実はこれ、すごかった）なんかのちょっとした短編も入っているのだ。次々にページを進めても、同じようなものがさらにどんどん出てくる。スノーボードの転倒シーン、笑える歌、ビデオゲームをえらく上手にやっているところ、など。

二〇〇六年春までに、ユーザーはユーチューブに一日一〇万の動画をアップロードし、視聴者はユーチューブのサイトか、もしくはブログなど外部のサイトに「埋め込んだ」ユーチューブのプレーヤーで、一日約一億の動画を観ていた。つまり一日に五〇〇万時間の動画が視聴されていることになり、それはユーチューブが中規模のテレビ放送網とだいたい並ぶぐらいの視聴率だということなのである。二〇〇六年後半にグーグルがこの会社を一六億五〇〇〇万ドルで買収したのも無理はない。

グーグル・ビデオとユーチューブは、ロングテールのコンテンツ制作者からだけでなく、新たな視聴者を獲得しようとしている映画製作所やテレビ放送網からも好まれる配信手段になっている。

テレビ放送網はグーグル・ビデオを過去の番組の展示場にすることもできるし、ただ番組宣伝の場にすることもできる。インドでしか放送されていないヒンズー語の番組が観られるので、すでにグーグル・ビデオは国中に分散しているインド人たちの情報源になっている（法的には疑わしいが）。いまやインディーズ系の映画製作者は自分の傑作を一二ドル（一日なら三ドル）で観てくれる人たちをそこに探すことができる。これで、配給手段がないというのはもう言い訳にならなくなった。

いっぽう、マイクロソフト、ヤフー、AOLなど他企業も次々動画市場に着手した。そのうち最大のサイトは主流のテレビ局に匹敵する規模を持つ。たとえばヤフーのミュージック・ビデオの視聴率なら、MTVとVH1（音楽主体のケーブルテレビ局）の間ぐらいだろう。いまいちばん人気の司会者ジョン・スチュワート（コメディアン出身の司会者）が出ている番組は、ライブではなくインターネットで観るという人が増えている。ティキ・バーTV［Tiki Bar TV］のようにネット配信される人気番組は一日四、五〇万人が観ているが、この視聴率はかなり大きなケーブルテレビ局の番組と同じぐらいだ。

時事問題を法律面から考察する『エイブラムズ・リポート』は、MSNBC（マイクロソフトとNBCが出資して設立した放送局）が何百万ドルもの予算と何十人ものスタッフを投入している番組で、これを書いている現在一日平均二万五〇〇〇世帯が視聴している。いっぽうジョン・スチュワートのイメージを彷彿とさせるネット配信のコメディ系ニュース番組ロケットブーム［Rocketboom］は、ビデオテープ、照明二つ、背景の世界地図の費用だけで二人のスタッフがつくっているが、これを一日平均二〇万世帯が視聴している。この番組はいま広告を募集しているが、最初の週に五つの三〇秒枠へ四万ドルを集めた。テレビ番組の収入には及ばないだろうが、その利益を聞けばテレビ放送網もうらやましがるのではないか（当然ながら、ロケットブームの司会で共同オーナーでもあるアマンダ・コンドンは、二〇〇六年夏にABCから誘いを受けた）。

こんな日が来ることは一〇年ぐらい前から予測されていたが、実現にはブロードバンドの普及を待たねばならなかった。インターネットで育ち、長じてはインターネット使い放題の大学寮でメディア消費行動を進化させてきた世代は、パソコン画面で映像を鑑賞することにまったく抵抗を持たない。とはいえパソコン画面で観る必要がなくなりつつある。ホームネットワーキングがブームになって、居間のテレビにブロードバンドがつながり、ティーボなどのネットワークDVRやXbox 360のようにブロードバンド接続できるビデオゲーム機ができたおかげで、インターネットのコンテンツが普通のテレビに導入されたのだ。『ザ・ソプラノズ　哀愁のマフィア』などの質の高いドラマにしてみればユーチューブのガラクタなんか目じゃないだろう。テレビ放送への参入障壁は流通経路だけではない。高額な製作コストもある。デジタル・ビデオカメラだけで『CSI』はつくれないのであり、主流メディアの経済性だけが『LOST』など手のこんだドラマを支えられる。しかし通常の番組製作コストよりずっと安上がりの低予算番組を観る視聴者たちも存在するのだ。『アメリカズ・ファニエスト・ホーム・ビデオズ』（一般から募集したホームビデオの傑作集のような番組）のことだなんて大げさに考えないで、ローカル・スポーツや珍しい趣味などを想像してほしい。自分で選んだ質の高いコマーシャルとか出席しそこねた学会の発表なんかがそうだ。

ブロガーのトマス・ホークはこう書いている。

> 仮に今日『CSI：マイアミ』を観るとしよう。でも私は週末のたびに出かけるほど大のハンググライダー好きなので、もしカリフォルニア州ハンググライダー大会がマイクロコンテンツ・プラットフォームで観られることになったら、『CSI』はやめてそっちを観るだろう。
>
> 仮に今日テレビ放送網の番組を観るとしよう。でもそれよりずっとハンター・S・トンプソンの本を読むほうが好きなので、もしマイクロコンテンツ・プラットフォームがワイオミング大学でトンプソンが講演するところを観せてくれるなら、『CSI』はやめてそっちを観るだろう。
>
> 仮に私が一六歳だとして、ヒット・チャートには載らない、スケート・パンクの最先端を行くバンドが好きだとしよう。そしてもしスケート・パンク専門の音楽番組が簡単にカスタマイズできて、それが自分のマイクロコンテンツ・プラットフォームに配信さ

れるなら、『アメリカン・アイドル』よりはるかにそっちのほうに興味を持つだろう。

広告主がもっとも注目するのは一八歳から三四歳までの男性だが、この層のテレビ視聴率はすでにピークを過ぎ、下がりはじめている。インターネットやビデオゲームの双方向という魅力に奪われつつあるのだ。とはいえテレビ視聴率全体は空前の高さにあるので、放送業界はまだ動揺を見せていない。でもインターネットがテレビの手ごわい敵になる日もそう遠くはなさそうだ。今後どうするかが問題である。

テレビのテール問題

デジタル・ケーブルテレビにはチャンネルが何百とある。でも次々チャンネルを回していると、やはりテレビには限界があると思えてくるのではないか。僕もそれには同感で、テレビには何でも入っているようでありながら、映像の宇宙のほんの断片しか観ることができない。概してこれまでのチャンネル構造では、専門チャンネルは一日二四時間年中無休でスクリーンに何かを映し出せる程度には突っこんだ内容になる。だからＤＩＹ専門チャンネルや、スペイン語版ヒストリーチャンネルならばチャンネルとして成り立つ。でも『ヘイロー2』専門チャンネルやロボット専門チャンネルは実現しないだろう。そんなものは、別に観られなくても構わないだろうか。ではケーブルテレビ局のブラボーが提供している『プロジェクト・ランウェイ』（ファッション・デザイナー志願者を競わせ、選ばれた者をプロとしてデビューさせる番組）は去年のシーズンが最高だったのに、DVRに録画しそこねたり、とっくの昔に消してしまっていたりしたらどうだろう。それでもいいのか。

こうしたチャンネルの現実とテレビ番組の命のはかなさは、ケーブルテレビの流通のボトルネックから来ている。ロングテールのおかげで概して商品の種類は多ければ多いほどいいことが判明したというのに、テレビはいまだに商品スペースがかぎられているということだ。過去一〇年でケーブルテレビの容量は増えたとはいえ、映像作品が次々製作され、あらゆる分野で潜在ニッチ視聴者の数が増えていった勢いに比べれば、たいしたことはない。少なくとも時間の制約をはずしたティーボが多少束縛を解いてくれたかもしれないが、常に何でもダウンロードできるiTMSのモデルには足元にも及ばない。

あらゆる旧来のメディア産業の中でも、テレビはロングテールの追い風によって姿を変える可能性がもっとも高い産業だ。その理由は次の通り。

- メディアとエンタテインメント産業の中で、テレビの生むコンテンツの量はもっとも多い。テレビは推計で年間三一〇〇万時間のコンテンツを製作している。ラジオはもっと長いが、ただ人の話だけとか、すでに録音されてよそでも手に入る音楽を流す場合が多いので、比較できない。加えて個人のデジタル・ビデオカメラ用の録音テープは年間一億一五〇〇万本売れている。つまり毎年制作される映像作品の量は半端ではないのである。

●それにもかかわらず手に入る量はわずかだ。まずアメリカの平均的な家庭にはテレビのチャンネルが一〇〇あって、これは毎年八七万六〇〇〇時間の映像作品が放映されていることになる。ずいぶん多いようだが、実はアメリカで放映される全映像作品（大容量の衛星デジタル放送網のチャンネル四〇〇以上と地方番組を含む）の一〇パーセント未満にすぎない。おまけにＤＶＲ（アメリカの約一五パーセントの世帯しか持っていない）がなかったら、事実上そのすべてが観られないのである。たとえＤＶＲを持っていても、録画予約をするには時間をかけて番組表をチェックしなくてはならない。しかもテレビ番組は見逃したらそれで終わりだ。地方局で再放送されるのはわずかで、ＤＶＤになるのはもっと少ない。

●というわけでテレビは、制作されるコンテンツに比べ手に入るコンテンツの割合がもっとも低い産業だ。他にもっと多くのコンテンツをつくっている産業――たとえば印刷媒体――はあるが、手に入る量がずっと多い（グーグルで検索してみればわかる）。唯一テレビだけが上等なコンテンツを使い捨てにしているのである。まったくもって、実に多くが使い捨てだ。とはいえすべてではなく、日の目を見たかと思うとすぐさま捨てられるものはそこまで多くない(33)。

今後の難局をテレビはどう乗り切ればいいのか。多くの頭脳明晰な人々があれこれ考えてきた。しかしそれは容易なことではない。まず第一に、大半のテレビ放送網はコンテンツを借りているだけで所有しているのではない。作品を自分のものとして利用できないことが多いのだ。

たとえ所有していても、放送時には想定していない形でビデオを出すのは、とても難しい。著作権はまったくやっかいなものだが、DVDにリージョンコードを設定するなど地域限定で作品を流通させる取り決め（これはインターネットの国際性にそぐわない）や番組販売の問題によって、より複雑になっている。加えて映像作品には音楽が入っているのでますます話はややこしい。たとえば、なぜ昔テレビでやっていたドラマ『かっとび放送局WKRP』がDVDになっていないのか教えよう。このコメディの舞台がラジオ局という設定で、番組中にクラシック・ロックがじゃんじゃんかかるからだ。つまり音楽の使用許可をとるのに費用がかかりすぎてできないのである（実はこの作品は著作権問題を解決するのがもっとも難しい人気番組とされていて、他の番組で同じ問題を考える際の基準になっている）。他の古い番組の中には、ドラマ『マリィド……ウィズ・チルドレン』のようにDVDにはなったものの、初回放送とは音楽を変えているものもある。ファンはがっかりだ。

テレビの箱の外では

いっぽう映像には別の世界がある。はじめからインターネットで配信するようつくられた作品群だ。この手の動画——デジタル・ビデオカメラやアニメーション作成ソフトが普及して生まれた——には法的な障害がほとんどない。最初から無料でインターネットに流すためにつくられたこれらの作品群は、新放送時代の番組を生み出す開拓精神に満ちた豊かな土壌であることがもうわかってきた。

たとえばバリオ３０５［Barrio305］だ。これは「レゲトン」（レゲエやヒップ・ホップ、R&Bなどが融合したラテン系ダンス・ミュージック）のミュージック・ビデオやインタビューや都市ラテン文化を伝えるインターネット配信のみのテレビ放送だ。創立者の一人ノア・オタルバーロは「ＭＴＶのようなものだと思ってくれればいい。ただしスパングリッシュ（スペイン語系英語）のね」と言っている。一日に約五万分の映像を五〇〇〇人のユニークユーザー（延べではなく個別に数えたユーザー数）に届けている。これはテレビを基準にするとかなり小さい規模だが（レゲトンは誰にでも受けるわけではない）、これからどう成長するか興味深いところだ。

このサイトはブライトコーブ［Brightcove］の動画配信プラットフォームをもとにつくられている。どういうことかというと、オタルバーロと仲間たちはユーザーに動画を届ける方法を探す必要がなく、ただブログの投稿のように動画を公開するだけで、後はブライトコーブが配信してくれるのである。しかも他のサイトがバリオ３０５のコンテンツを使用したい場合、ウェブページにＨＴＭＬコードをコピーすれば動画のストリーミングをおこなえる。注目すべきは、そっちの視聴率のほうが高く、おかげでバリオ３０５はいい広告収入を得ているということだ。

ブライトコーブの創立者ジェレミー・アレイアが、こうした影響について述べている。

かつてダイヤルアップ・モデムは使いづらくウェブページもいいものがあまりなかったのに、消費者はインターネットに群がった。同じようにこの新しいメディアにも群がるだろう。どんな会社にも産業にも真似できないやり方で消費者の力を増すのだから。そのうち消費者は、テレビにつながれた黒い箱に番組予約していたことなど忘れてしまう。そしてパソコンでウェブページの文章を消費するぐらい自由に動画を楽しむようになる。

さらに重要なのは、インターネットがもたらした巨大な規模の経済と範囲の経済が、映像製作の世界にも広がるということだ。ウェブサイトをつくるのと変わらないぐらい手軽に映像作品をつくり、配信もできるようになって、何百万もの新たな映像製作者が次々に誕生する。(34)

要するに、大変な人気を集めている動画サイトのジブジャブ［JibJab］を設立した一人であるグレッグ・スピリデリスの言葉を借りれば、「視聴者がテレビ局になった」ということだ。

映像作品は「短・速・小」に

グーグル・ビデオやバリオ305のサイトを訪れるとまず気がつくのは、作品の仕上がりが実によくないという以外に、大半が三分以下の短い作品だということだ。この短さは、番組を三〇分単位（コマーシャルを除けば二二分）で切るテレビ放送ではあまり見かけない。受け身で観るテレビと、双方向で楽しむウェブページの間に位置する、新しいメディアである。

考えてみれば三〇分だからいいことなんて別にない。一時間ごとにきっちり切れ目が来るように放送スケジュールを組んでおくと便利だというだけだ。放送スケジュールの枠の外では、エンタテインメントでもニュースでも長さに決まりはなく、三〇秒のスポットから三時間のコンサートまである。本来三〇分にする理由はないのである。

現在受け入れられている多くの習慣と同じく、三〇分単位で映像作品をつくるという頑固な習慣は、非効率な流通形態から来ている。だがそのうちにこの習慣もなくなり、テレビ番組表や広告の都合ではなく、人間の集中力や映像の内容によって長さが臨機応変に変えられるようになるかもしれない。

流通が希少から潤沢へ移行することによって、ときに驚くような現象が起こるが、長さの変化もその一つである。いままで希少思考が文化にいかに根深く染みこんでいたかがわかろうというものだ。ブロードバンドで動画を楽しめて番組表が不要になると、一つの番組の平均時間は短くなるだろう。流通経路ではなく、僕たち視聴者の望むことがみるみる優先されるようになる。

同様に、動画を楽しめるｉＰｏｄや携帯電話からはじまった携帯型映像の普及も、短いコンテンツの増加に一役買うだろう。バスに乗っているとき、友達を待っているとき、仕事の息抜きのとき、合間を縫ってさっさと観られるようになるのだ。特にスポーツ番組の長さは千差万別になるだろう。たとえばまるまる一ゲームはもちろん、ハイライトと勝敗を分けたイニングだけとか、最後の二分のみとか、いろいろ考えられる。

三〇分という時間枠はテレビの国の新聞のようなものじゃなかろうか。流通の希少性が生んだこのような形式は、もう衰退していく。利便性や娯楽の面では短いコンテンツが求められ、奥深さや満足度の面では長いコンテンツが求められるようになる。誰かが勝手に決めた中間の長さはもうおしまいだ。

映画鑑賞の革命

ロングテールの世界では、映画という映像形式もまた変貌を遂げる。映画でもかつて八〇年代初期に破壊的な変化が起こり、大衆文化からニッチ文化へ大きく移行した。これはビデオデッキが発売されたからでもあるが、それ以上にビデオレンタル店が登場したことが大きい。それまでアメリカの中流家庭が晩に観ることのできた映画の数は、テレビ放送網が提供する三つか四つに限定されていて、さもなければ地元の映画館でたまたま上映されている映画を観るしかなかった。

ところがビデオレンタル店のおかげで、いつでもどの家でも観られる映画の選択肢が数千に増えた。結果的に映画は「押しつけメディア」(電波や地元の映画館に押しつける)から「引き出しメディア」に移行した。消費者は思いのままに映画を選べる権利を得たのである。ここまで来るとは、ほんの数十年前のウォルト・ディズニーだって想像できなかったんじゃないか。

選択肢の増大にともない、映画鑑賞の価格設定が大きく変わった。各人が鑑賞券を買うのが普通だったが、できるだけ大勢家に集まって一緒に観れば、一人分の費用はほんの少しで済む。長い間ハリウッド業界はそれを嫌がってずいぶん抵抗したが、やがてしぶしぶ受け入れ、結局は歓迎するようになった(憶えているだろうか。彼らは当初、店頭で映画を七〇ドルから八〇ドルで売ろうとしていたのだ。この価格は、普通の家族が映画館で好きな映画を二、三度観た場合を想定して計算されている)。

初期のデジタル音楽配信サービスであるリッスン・コムを創立したロブ・リードが、この変化の経済的な意味を説いてくれた。

八〇年代前半、テクノロジーのおかげで、好きな映画を夜映画館へ出かけなくても家庭で観られるようになった。そこで生まれた新たな需要を満たせるように、膨大な数の映画を早くビデオで発売しろと要望する声が強まった。家で一回ビデオを観る金額は低いけれど、何しろ数が多い。

当初、普通のアメリカ人の五人家族は好きな映画を観るのに二〇ドル以上は出さないだろうという確信がハリウッドにはあった（CBSが放送する無料の映画とは対照的。三〇分から四〇分間入るコマーシャルが心理的負担にならなければだが）。その結果、ミクロレベルの価格や利益を分析するには、一人の消費者とその一回の鑑賞費用をセットにして考えるべきだと思いこんだんだが、これは誤りだった。一人の消費者が映画全体に費やす金と時間の総量を見るべきだったんだ。(35)

映画館で『E.T.』を観るのに各人が二〇ドル払った五人家族（八〇年代だから四人家族じゃない）が、一回のレンタルには二〇ドル払わなくなる。このことに気づいたとき、映画会社は震えあがった。でも彼らは回数を二倍にするのを忘れていた。押しつけられるのではなく観たい映画を何でも選べるようになると、人々が映画に費やす金と時間の総量が一気に増えるのは明らかだ。また、『E.T.』に二〇ドルは払わなくとも、たとえば二ドル九五セントなら払うという人の数が何百万にも増えれば、映画会社が稼ぎ出せる総収入も同じく一気に増える。このことを、おそらく彼らは考慮に入れていなかったのである。

このようにビデオデッキとビデオレンタル店は、無限の選択肢の時代が来ることを予告するような存在だった。ビデオレンタル店は土曜の晩に観られる映画の数を一〇〇倍にし、ケーブルテレビもテレビ番組の数を一〇〇倍にした。いまネットフリックスがそれを一〇〇倍にしているが、さらに今後インターネットが厖大に増やしていくだろう。ビデオデッキにせよインターネットにせよ、新たなテクノロジーが選択肢拡大への道を拓くたびに、消費者はそれを求めて大騒ぎする。選択肢の多さは、誰もが昔からずっと求めてきたことなのだ。

第13章　エンタテインメント以外のロングテール市場
――ニッチ革命はどこまで広がるのか

本章では、メディアとエンタテインメント産業以外のところで見られるロングテールの事例を、五つ紹介しよう。その範囲は製造業からサービス業まで幅広く、世界経済のほとんどを構成する数々の産業に、ロングテールの方式を広げている。

……イーベイ

中古品を売るならガレージセールよりインターネットのほうがましなんじゃないか、と試すぐらいの気持ちではじめてから、この会社はまだ一〇年もたっていない。だがイーベイはすでに一つの現象をつくりだしている。毎日六〇〇〇万人のアクティブユーザーが三〇〇〇万点を超える商品を売買しているイーベイは、世界でもっとも巨大な小売業者の一つであり、一日に一億ドルを超える取引を仲介している。ウォルマートもほぼ同程度の量の商品を販売しているが、内容は大きく違う。イーベイが扱う大半の商品はウォルマートのような旧来の大手小売業者では手に入らない。売り手自身も違っていて、大半が旧来の小売店ではない。イーベイは商品だけでなく商人のロングテールでもある。ユーザーがつくる典型的な市場であり、イーベイはただ彼らのまとめ役にすぎない。

イーベイはロングテール戦略を片っ端から用いて、インターネット以前にはとても考えられなかったほど選択肢を増やした。アマゾンのマーケットプレイスのように、イーベイも在庫を分散させるという考えのもとに成り立っている。イーベイが提供するのは、売り手と買い手が出会い、価格を決める場であるウェブサイトだけだ（イーベイの本来のオークション形式は半分ほど。あとは固定価格形式）。だから在庫コストはゼロ。コンピュータの電源を入れてお金が入ってくるのを見守るだけ、というほど簡単ではないが、そう言ってもあながちはずれてはいないだろう。

またイーベイは売り手が自ら商品のカタログをつくり、梱包から発送までおこなうセルフサービス形式をとっている。だから驚くほど少ない従業員数で巨大なビジネスを立ち上げることができた。従業員一人当たり約五〇〇万ドルの収入を上げているが、これはウォルマートの三〇倍近い額だ。それからだいたい検索と多層式分類構造という形でフィルタを提供して、買い手が欲しいものを探す手助けをしている。

イーベイのやり方がさまざまな商品で通用することはもう立証済みだ。その商品の幅広さは想像を超えるほどで、国中の屋根裏にある物を一掃するなんてものではない。イーベイはアメリカ最大の中古車ディーラーであり、自動車部品販売業者でもあるのだ。スポーツ用品やコンピュータでも最大規模だ。またハーフ・コム［Half.com］（過剰在庫の商品を売るサイト）とショッピング・コム［Shopping.com］（新しい商品を売るオンライン大型店）を買収してからは、商品の範囲をヘッドからテールまでぐんと広げ、最新のヒット商品もごく珍しいニッチ商品や限定品も扱うようになった。

二〇〇五年にACニールセンがおこなった調査によると、イーベイを第一もしくは第二の収入源と考えているアメリカ人は、七二万四〇〇〇人を超える。また英国では、CD販売店から彫刻家まで六万八〇〇〇を超える中小企業が、収入の少なくとも四分の一をイーベイに依存しているという。イーベイに依存するこれらの企業は、平均して九人の従業員を雇っており、また企業の約半数がイーベイを通じて収入の四分の三を超える額を得ている。つまりイーベイは、中小企業の究極の集積者でもあるのだ。

しかしイーベイは完璧なロングテール市場ではない。その理由は、イーベイの事例研究を一緒におこなったスタンフォード大学経営大学院の学生チームと僕が、調査をはじめてすぐに突きとめた。まず僕たちは、なぜイーベイはアマゾンのようにレコメンデーション、レビュー、人気ランキング、価格ランキングなどの優れたフィルタを使わないのか疑問に思った。そしてわかったのは、なんとイーベイは何が売られているのかほとんど把握していないということだった。

誰が売り誰が買っているかは知っているが、大半の小売業者が在庫管理のために使っている個別の商品番号のSKU（在庫保管単位）のような基準は持っていない。売り手自身が商品紹介をおこなうため、売り手ごと、商品ごとにその説明内容が違ってしまうからだ（ただし例外もあって、CDや車に関しては標準的な分類と名称を用いることを推奨している）。もしレコメンデーションのようなものがあれば、他のロングテール小売業者の需要をかなり促せるはずなのだが、製造者側からの情報がないので、効果的なフィルタのテクノロジーの多くを提供することができない。加えて売り手が商品名を書き間違えたりすることも含め、ありとあらゆる紹介の仕方が混在するので、買い手は選択肢のすべてをチェックできたかどうかなかなか把握できない。この深刻な脆弱性さえなければ、イーベイは見事な市場になるだろう。

イーベイの販売量のほとんどは、昔のビーニーベイビーズの縫いぐるみを売りたいおばあさんではなく、約四〇万を数える世界中の中小レベルの小売業者によるものだ。彼らはイーベイを自分の売り場として利用しているが、いっぽうで自らのウェブサイトも持っていることがほとんどだ。そしてグーグル・プロダクトサーチやヤフー・ショッピングなどの集積者がますます優れた手法を見つけて、これらの厖大な数の売り手から必要な情報を引き出し、イーベイでは不可能な商品比較までできるバーチャル市場をつくろうとしている。イーベイが次にやるべきことは、自分のところでも同様のサービスをして、競合他社を寄せつけないことだ。つまりもっといいフィルタを用意して、売り手の情報だけでなく商品の情報においても、顧客が求めるものを見つけ、安心して買い物できるよう手助けをすればいいのだ。

キッチンエイド……………

料理用ミキサーにロングテールがあることをご存じだろうか。しかも色のである。キッチンエイドは質のいい高級調理器具で有名だが、色の種類の豊富さでもよく知られている。事実、世界的な色の流行発信源の一つと考えられているほどだ。

大型量販店ターゲットなどでは、キッチンエイドのミキサーの色を通常三種類展示してある。白、黒、そしてもう一つ別の色だ。この第三の色はたいてい他のメーカーにはないコバルトブルーのような珍しい色で、小売店に三種類置くスペースをもらう代わりにキッチンエイドが提供している。これほど少ない種類でも他のミキサーとの差別化ができ、全体の販売数が増加するだけではない。実は第三の色が、白い商品の販売数も増やすことがわかっている。キッチンエイドの推測では、その理由はおそらく、小売店の家庭用品コーナーに行くとキッチンエイドの棚のところが特に色とりどりなので人が集まりやすく、また色の豊富さによってブランドの独自性が出て、それが消費者に評価されるからだろうとのことだ。つまりだいたいの人々はいったんきれいな色に惹かれてくるが、冷静になってみると基本的で流行に左右されない白のほうがいいことに改めて気づき、最終的にはそれを買うのである。

ここまではいいが、では小売店は第三の色としてどの色を置けばいいのだろう。そしてキッチンエイドはどの色を提供すればいいのだろうか。カラーリストなどの専門家はいるが、他の「前置フィルタ」のように推測という要素もかかわってくる。決定が下されて商品が店頭に並んでからは、売れても売れなくてもその理由を知るのが難しい。他にも商品ディスプレーの状況や競合他社の商品など、不確定要素がいろいろからみあってくるからだ。それで最近まではお手上げだった。キッチンエイドは何色でも提供できるのだが、小売業者が選ぶのは毎年六色から七色だけなので、消費者の手に入るのもそれだけだった。

ところが二〇〇一年から二〇〇三年にかけて、すべての色——さまざまな商品を合わせると通常五〇種類を超える——がインターネットで手に入るシステムをキッチンエイドは立ち上げた。いまではキッチンエイドかアマゾンのサイトなら、メニューからどんな色でも選べる。普通の色もあるが、インターネットでのみ手に入る大胆な色もある。たとえば、ピスタチオ、タンジェリン（蜜柑色）、クランベリー、グレープ、クリスタルブルー、シエナ、レモンなどいろいろ。

おもしろいことに、キッチンエイドの色五〇種類すべてが手に入るとなると、顧客の選ぶ色は旧来の小売店の六、七種類だけにとどまらなくなる。ロングテールの登場だ。もちろんいちばん売れるのは白や黒など普通の店に売っているような色だが、それ以外の色もすべてが売れている。そして毎年トップ一〇には誰も予測できないような色が入る。二〇〇五年にはタンジェリンが入ったが、これは店舗型小売業者ならまず置かない色だ。実のところキッチンエイドにも、なぜこの色が人気なのかよくわからない。人気テレビ番組でセットに置いてあったのか、マーサ・スチュワートのようなトレンドセッターが使っていたのか、あるいはただ季節的なものかもしれない。

ともあれインターネットという流通経路で顧客をすべての商品に導いてはじめて、キッチンエイドはそれまで見えなかった潜在需要を引き出せるようになったのである。

レ ゴ

もしレゴを子供の誕生会やおもちゃ屋の商品棚でしか知らないなら、この会社のことを半分しかわかっていない。実は普通の組立キットでは飽き足らない子供から、究極の模型制作ツールと考える大人まで、幅広いファンの要求にこたえる会社でもある。

すべては通販ビジネスからはじまった。最初は古典的な通販カタログを使っていたが、いまではウェブサイトが中心になっている。普通のおもちゃ屋にレゴは二、三〇種類しかないが、インターネットなら屋根のタイル一袋とか三〇〇ドル近くする『スターウォーズ』のデススターの模型とか、あれこれ一〇〇〇種類近く手に入る。もし旧来の店舗によるレゴ市場とどれだけ差があるか知りたいなら、インターネット市場の人気ランキングを見ればいい。上位に表示される商品のうちほんのわずかしか店舗では手に入らない。たとえば一四〇ドルする『スターウォーズ』のサンドクローラーの模型や、フィギュアをセットにした四三ドルの大袋など。

さてここでロングテールがどこにあるか考えてみよう。レゴの商品の少なくとも九割は小売店では買えず、通販カタログかインターネットでしか見つからない。後者の場合、在庫と流通の経済効率がいいため、ニッチ商品がずっと手に届きやすくなるからだ。レゴの売上は年間一一億ドルだが、そのうち一〇から一五パーセントが小売店にない商品による。これらの商品の純利益は、トイザらスのような店舗で売られる場合に比べて収入を山分けする必要がないため多くなる。

バーチャルな店には（顧客の中心となる九歳の男の子だけでなく）子供から大人まですべてのレゴ・ファンのための商品があるため、価格帯も一ドルのレゴブロックから、先ほど出てきた三〇〇ドルの『スターウォーズ』ものまでと幅広い。

レゴの上級者になると、年間約四〇ドルでブリックマスターというプログラムに参加する。このプログラムに入ると通常のレゴクラブ向け『レゴマガジン』誌より厚いブリックマスター版を購読できるうえ、ＣＤ‐ＲＯＭを含めたくさんのＤＩＹ企画の他に五つの限定セットが送られてくるし、レゴランドというテーマパークの入場券ももらえる。

これこそ普通のファンから熱狂的ファンまでいる顧客を分割して、それぞれを満足させるレゴの戦略だ。誰にでも同じものを売る店舗型小売業者の市場のずっと先を行っているのである。

さて次はまじめに自分の作品づくりをはじめる段階だ。レゴは長い間、他のファンとの交換など共同のピア・プロダクションを促進させる手段をインターネットで提供してきた。二〇〇〇年にはマイ・オウン・クリエーションという企画のもと、ファンのオリジナル作品のコンテストがおこなわれた。優勝者は鍛冶職人で、レゴは使用許可をもらって商品としてしばらく販売していた。その後レゴは、写真をアップロードするとレゴブロックでつくったような絵になるレゴモザイクというソフトを提供した。

二〇〇五年、レゴはピア・プロダクションを奨励するかつてなく野心的な企画、レゴ・ファクトリーを発進させ、現在もつづけている。このバーチャルな製造工場サイトでソフトをダウンロードすると、自分の作品を画面上でデザインできるようになる。そしてデザインが完成したらそれをレゴ・ファクトリーのサイトにアップロードする。するとそれから約一週間後、表に自分の作品の画像が貼ってある箱が届く。開けると中にはその作品づくりに必要なレゴブロックや部品がセットで入っている。何より気がきいているのは、他のファンもそれと同じセットを購入でき、自分も他のファンがつくったいい作品の中から好きなセットを選んで買えるという点だ。一〇万点以上の作品がこうしてつくられ、優秀作品は正式なレゴの製品として発売される。その際、原作者には著作権使用料も支払われる。

しかしレゴ・ファクトリーの可能性はそれだけにとどまらない。マス・カスタマイゼーションもいいけれど、七〇〇〇種類の部品に七五色もそろっていたら（選択肢が約五〇万はある計算になる）、顧客に完全に選択の自由を与えればむしろ困らせてしまう結果になる。そこでレゴは二つのやり方で選択肢に制限を加えている。まず、どの作品もたとえば「自動車部品」のようなレゴブロックの中の一つのジャンルからしか選べない。次に、部品の入っている袋は既製のセットになっているので、必要以上の量が届くことになる。何も考えずにデザインすると、普通の店で買えば一〇ドル未満で済んだはずの簡単な自動車などの作品に、一〇〇ドル近くかかることもありえる。袋の残りが無駄になるからだ。

でも避ける方法があって、レゴのファンは袋の種類のデータベースをジャンル別にチェックできる。さらに袋の中身をもっと無駄なく使えるようにするソフトもできた。これでレゴブロック一個のために高価な袋全部を買わずに済む。懐の広いことに、レゴはできるだけ無駄にしないで全部使うことを推奨してきた。しかしほとんどの人（僕も）にはまだ難しく、限界がある。そこで現在レゴは改善策を検討し、もっと楽にデザインできるソフトの開発をはじめた。

僕はレゴのシニア・ブランドマネジャーのマイケル・マクナリーに質問した。他の会社でレゴと同じようにニッチ市場を持ち、ピア・プロダクションを促進する戦略をとっているところはあるか。するとおもしろいことに彼は、似た試みとしてアップルコンピュータのｉＴＭＳを挙げた。ｉＴＭＳではアルバムＣＤ全部ではなく、曲を個別にダウンロードできる。また独自のプレイリストをつくって他のユーザーに公開できるが、これはレゴの既製の部品からオリジナル作品をつくるのにちょっと似ている。「ｉＴＭＳが音楽でしているのと同じことを、レゴ・ファクトリーはものづくりが好きな人たちにしているんですよ」とマクナリーは言っていた。そこにはプラスチックのレゴブロックのロングテールがあった。

セールスフォース・ドットコム

二〇〇五年が明けた頃、マーク・ベニオフは微妙な立場にいた。彼の会社セールスフォース・ドットコム［salesforce.com］は、営業関係の人々にソフトを売るという刺激のない世界に、斬新な戦略を導入した会社だ。他の会社のように「コンタクト管理」（顧客などの要望や取引の履歴をデータベース化して管理しやすくすること）できるCD‐ROMを渡してコンピュータにインストールしてもらうのではなく、自社のサーバーでソフトを稼働させ、登録料を支払った顧客に普通のウェブ・ブラウザを通じてアクセスしてもらうようにしたのである。彼はソフトをサービスに変身させたのだ。このサービスは、自らソフトを維持する面倒を省きたい中小企業にとって特に魅力があったため、大成功をおさめた。二〇〇五年までに、そのあまりの急成長ぶりにオラクルやSAPのような大手のソフト販売会社が注目、彼の手法と同じようなことをはじめ、打倒しようとしていた。

普通なら防衛のために、大手に負けないほど自社サービスの機能をアップさせるなどして事業を拡大するところだ。ベニオフも最初はそうした。しかしその後、別の方法でも拡大できることに気づいた。つまり、インターネット経由でソフトを提供する彼の手法は、インドなど低コストの地域にいる小規模のソフト開発者たちにも、同じ顧客を相手に仕事をする機会を提供できるのだ。普通、小規模な開発者のソフトは質が悪くサポートも不十分なので、結果的に事業発展の妨げになるといって嫌われがちである。そこで、登録した会社がソフト遠くからサービスを提供することで、ベニオフは誰もが同じ事業に参加できる足場を築いた。

彼は、ロングテール理論をソフトウェア・ビジネスに用いたのである。そしてこれが驚くほどぴたりと符合した。他の産業でもそうだが、ソフトウェア産業にもヘッドとテールがある。頂点はマイクロソフトで、テールはおもにインドや中国に住む何百万人ものプログラマーたちだ。そしてその間には厖大な数の開発者がいるのだが、概ね世界中にいる取引相手とつながるためのいい方法がほとんどない。この曲線もヘッドが高い形を示していて、マイクロソフトがほぼ独占している。究極のヒット優位市場だ。

しかしメディアとエンタテインメント産業と同様、ソフトウェア産業にも三つの追い風が吹いて事態を変えようとしている。高性能のパソコンが普及したことで劇的に下がったソフト制作のコストが、ますます急速に下落している。インドや中国にいる人件費の安い優秀なプログラマーたちが、インターネットを通じて世界中でどんどん活躍できるようになったからだ。またCD-ROMに代わってデータのダウンロードという形式が主流になったため、ソフトの流通コストも下がった。さらに個別の需要に合ったソフトを探すコストもかなり減少している。これはインターネットで横のつながりを持つユーザーたちが、高いコンサルタントよりも役立つレコメンデーションとサポートをこぞってやってくれているからだ。このように、顧客のコンピュータにリスクを負わせずに遠くからウェブ・ブラウザを通じてソフトを提供する能力は、物理的にも心理的にもあらゆる面で大幅にコストを削減したのである。

ニッチなソフトの市場はこれまでにもあった。ネット上で取引されるシェアウェアや、体験版ソフトである。でもリスクや難しさやパソコンのOSの問題などがあって、市場は大きくならなかった。そこへ突破口を開いたのが、ソフトウェアのホスティングだった。世界のユーザーとの間にウェブ・ブラウザを置き、プロに難しい点を解決させ、結果的にOSの問題も回避したのである。

二〇〇五年の後半には、セールスフォース・ドットコムはロングテールのソフトウェア市場にいち早く着手した。外部の開発者が的を絞ったニッチなアプリケーション（たとえば勤務評定や人材開発など）をつくり、それがセールスフォース・ドットコムのサーバーで他のソフトと統合されて、運用される。何千何百という小規模開発者がセールスフォース・ドットコムの顧客の個別の需要に応じられれば、セールスフォース・ドットコムはもっと一般的な需要に集中してとり組める、というもくろみだ。言いかえれば、テールがヘッドを補助するのである。そして二〇〇六年初頭までに、この市場で販売されたアプリケーションは二〇〇を超える。販売曲線は予想通りの形になった、とベニオフ。「我ながらびっくりしました。完璧なロングテールなんですよ。教科書通りのね」

SAPがすぐに独自のインターネットのプラットフォームを使う戦略であとを追ってきた。いくつかの中小企業も似たモデルで追ってきた。ロングテールで慣例となっているスタイルがすべて当てはまる。こうした会社はニッチなソフトをそれぞれのプラットフォームに統合し、フィルタ（一ジャンル内の販売ランキングやユーザーによるレビューなど）を提供した。

おかげで人々は安心して曲線を下っていき、市場を独占している画一的なソフトよりも、自らの需要に合うニッチなアプリケーションを試すようになった。このモデルはヘッドとテールを巧みにつなげた。

この新しいソフトウェア市場がどれだけ成功するかはまだわからないが、この事例はニッチを手に入れるためのコストを下げるとどれだけ状況が変わるかよく示している。ジョットスポット（この戦略を試みている別のソフトウェア会社）のCEOジョー・クラウスはこう言った。「これまで厖大な数の人々による数少ない市場が焦点となっていました。それがいまは数少ない人々による厖大な数の市場になったんです」彼は後者が伸びると確信している。そしてそう信じる人たちはますます増えている。

グーグル…………

旧来の広告市場は典型的にヒット中心主義の産業だ。コストがかさむので、最大規模の売り手と買い手に焦点を合わせざるをえない。どういう仕組みか説明しよう。GM（ゼネラルモーターズ）など広告主はまずマーケティング予算を決め、広告会社に広告をつくらせ、それからテレビ、ラジオ、出版物、ウェブサイトなどのメディアにその広告を載せるようメディア・バイヤー（広告枠の買いつけをする人）に依頼する。

いっぽう広告に依存するメディア側には独自の広告営業チームがいて、広告主とメディア

・バイヤーに自社の広告媒体の利点を売りこむ。こうした営業がうまくいくと何百万ドルもの金が動くが、すべてに人手がかかり、無駄話などが必要なのでよけいにコストがかさむ。広告の効果に対するしっかりした評価基準がないため、販売手腕や人間関係が広告を勝ちとる鍵となっているからだ。

職業別電話帳の広告にせよ、スーパーボウルの試合中のコマーシャルにせよ、ほとんどの広告は電話による売りこみや外回りの営業などによって実現している。ここに広告を出すと自分から決めて出す例はあまりない。営業の人々はただ一方的にすすめるだけでなく、最近は広告コンサルタント業務にも励んでいる。メディアをうまく活用するにはどうすればいいか広告主に教えたり、広告を出す創造的な新手法を一緒に考えたりするのだ。それはいいのだが、費用がかかるので見えないコストを負うことになる。つまり、潜在広告主の中でも金になる最大規模の会社だけに集中せざるをえない。言いかえれば広告曲線のヘッドに偏るのだ。

ここまで見てきた市場がどこもそうだったように、ヘッドは潜在市場のわずか一部にすぎない。そしてこれまでのやり方だとコストがかかるため、残りの中小の潜在広告主は自分のやり方で広告するしかない。たいていは顧客に直接電話で売りこんだり、三行広告を出したり、自家製の宣伝コピーを地元の新聞に送ったりする。前世紀の広告はほぼこんな感じだった。

しかし二〇〇一年、誕生してから二年たち地上最速の成長率を誇っていた検索エンジンのグーグルが、しかるべきビジネス・モデルを模索しはじめた。そしてちょうど検索を先達とは違うやり方でおこなったように、広告も違うやり方でおこなうことにした。オーバーチュアを創立した起業家のビル・グロスによってその数年前に開拓されたモデルを採用し、史上もっとも経済効率のいいロングテール広告製造機の原型をつくりあげたのである。

広告の売買からコストをほぼなくすことができれば、潜在する広告の売り手と買い手を劇的に増やせることをグーグルは知っていた。ソフトにほぼすべての仕事をやらせれば経済的な参入障壁が低くなり、市場をずっと大きくすることができる。

グーグルの広告モデルはロングテールの重要な三つの特徴を備えている。まず一つめは、バナーではなく検索語彙をもとにした広告になっている。言葉や語句には事実上無限のロングテールがあるのはもうご存じと思うが、検索される語彙も同じだ。次のグラフは、エキサイトという検索エンジンの創立者の一人、ジョー・クラウスが提供してくれた、二〇〇一年頃の検索語彙のランキングである。

全体の数からすればトップ一〇の語彙は三パーセントにすぎない。検索語彙は他に数千万もある。この検索語彙の一つ一つに広告の機会があることを、グーグルは見抜いたのである。それぞれの言葉に何らかの意志や関心がこめられているのだから、かなりターゲットを絞った広告ができるはずだ。広告を出す場所は、検索結果を出すのと同じページランクのアルゴリズムを使って決めればいい。

でも数千万もの広告をどうやって売るのか。ソフトにやらせるしかない。これがグーグル

エキサイトの検索語彙の分布（2001年頃）

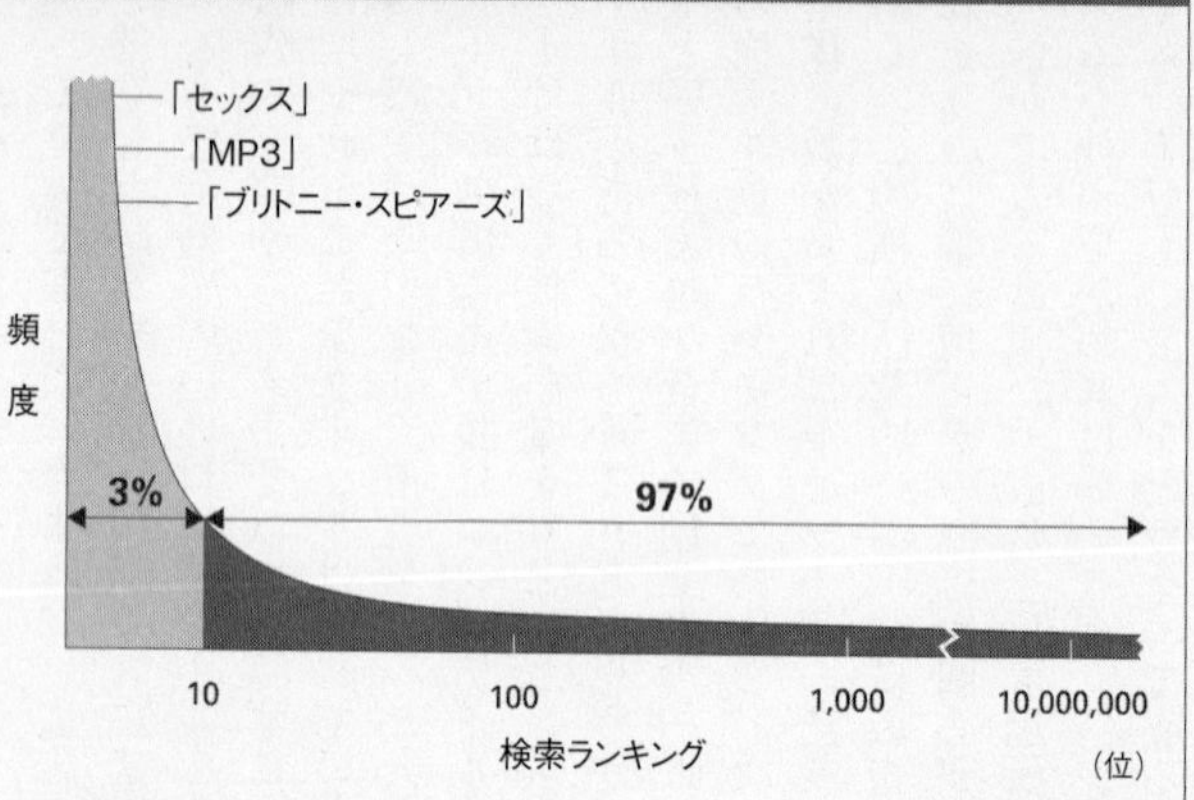

資料提供・Joe Kraus

の二つめのロングテール・テクニックである。

結果的に市場を獲得するコストがさらに大幅に下落した。それは非常に安い簡単なセルフサービスのモデルを基礎にしており、自動オークションのプロセスでキーワードを買えば誰でもグーグルの広告主になれる。その最低入札価格は一クリックわずか〇・〇五ドルだ。

セルフサービスならグーグルにとっても広告主にとっても安く済むだけでなく、広告の効果も向上する。「クリックスルー」（顧客が広告をクリックして広告主のサイトへ行くこと）の回数を最大にするため、広告をカスタマイズしたりテストしたりできるツールが提供されているからだ。なんといっても自分のビジネスのことは自分がいちばんよく知っている。望む効果が得られるまで、キーワードや宣伝文句にこだわって微調整しつづける広告主もまれではない。

このやり方で、グーグルの広告ビジネスはどの会社よりもテールを伸ばすことになった。グーグルの広告主の中には、これまで一度も広告を出したことのない小規模事業者が何千といる。彼らがこの新市場に集まってきたのは、セルフサービスで広告でき、効果が数値でわかり、参加するコストが安く、しかもいつでも自ら広告に手を加えて改善できるからだ。いっぽうグーグルは広告をとるために営業をする必要はない。広告主とまったく接触せずに済むのだ。したがって雇用人数を減らせることになり、テールでもヘッドと同じぐらい効率性を高めることができる。

そして最後に三つめ。グーグルはこれと同じことをウェブ・コンテンツ制作者にもおこなっている。かつてウェブサイトの制作者が広告で収入を得るには方法はほぼ二つしかなかった。広告営業チームを雇って広告主を誘致するか、広告ネットワークに参加して何であれ最低水準の価格の広告を入れてもらうかだ。そこでグーグルがひらめいたのは、検索されたキーワードとの関連性を見つけて適切な広告を選ぶテクノロジーは、第三者のサイトに広告を結びつけるのにも役立つ、ということだった。

現在『ニューヨークタイムズ』のサイトであろうとただのブログであろうと、ＨＴＭＬコードを数行貼りつければ、内容に合ったグーグルの広告を表示させることができる。これもやはりセルフサービスで、許可も電話確認もいらない。広告がクリックされるたびに広告主がグーグルに金を払い、グーグルはサイトの制作者にその何割かを渡す。

サイトの制作者がプロかアマチュアか、またコンテンツが一般的か専門的かをグーグルは問わない。もし広告の効果がなければ、自動的に違う広告に変えてまた様子を見る。グーグルにとってはウェブページ（つまり「在庫」だ）にコストはかからないので、誰もクリックしないような広告でも惜しみなく載せることができる。他の広告を入れていれば得られていたはずの収入が入らない場合でも、その損失である「機会費用」は第三者であるサイト制作者が負う。これは注目すべき手法だ。何十万ものブログを含むデジタル出版のロングテールにまで、広告市場の範囲を広げたのだ。

CEOのエリック・シュミットははじめての株主総会で、なぜ「ロングテールに奉仕すること」をグーグルの使命としているのか詳しく述べていた。まず彼はべき法則分布のグラフをスライドで示した。縦軸がドルで横軸が人だ。その曲線のヘッドにはウォルマートがいる。そしてテールの最終地点に「六〇億」という数字が書いてあった。

私たちは昨年の市場を見ていてこんなことを考えました。〝我々はうまくやっているのか〟と。広告主を見てみましょう。市場には、世界最大級のウォルマートのような会社から、もっとも小さな会社である個人までいろいろいます。これをロングテールと呼んでいます。とても話題になっている言葉ですが、おもしろいアイディアですね。

それで、これを眺めて言いました。〝ロングテールの中央部分では、我々はこれまでかなり成功している。優れた人材がやりがいある仕事をしている、経営状態のいい中規模の会社がいるところです。しかし最大規模の顧客の問題についてはどうだろう〟そこで昨年、巨大広告主のためのサービスをはじめました。これで巨大企業は私どものサービスをすべての部門で使い、大きな収入を生むことができます。もちろん、そのモデルで広告が予測可能性や変革などの原動力になるからです。

では個人の顧客はどうでしょう。ごく普通の人がCEOやCFO（最高財務責任者）をやりながら現場をこなし、補助作業までやっているような小規模な事業所や二、三人しかいない会社のことです。そこで私たちは、ほぼ自動でサービスが利用できる、セルフサービスの小さなツールをたくさんつくったのです。

ですから、大と小の両方へ向かったわけです。セルフサービスを小規模な会社に提供することで、私たちはこれまでの広告業界の枠に入れなかった広告主とも仕事ができるようになりました。そして頂点にいる巨大企業に向かうことで、身に余るほどの大変大きな取引が実現できただけではなく、この種のオンライン・サービスにはそれまで関わらなかった新分野にも進出できたのです。

何百万ものこうした中小規模の顧客が、巨大な新広告市場のロングテールを代表する存在なのだ、とシュミットは後に語ってくれた。

テールの長いことといったら実に驚かされるよ。それに、旧来の広告営業に相手にされてこなかった企業がいかに多いことか。うちみたいなビジネスがパレート分布を示すという認識がどれだけ鋭い読みか、誰も気づいていないようだね。パレート分布は研究者たちにはずっと前から知られていたことだけど、誰も注目する人はいなかった。社内で事業の見直しをしていたとき、特に曲線の真ん中あたりに向いているビジネス・モデルをつくることになったんだが、あの記事（『ワイアード』に初出したロングテールの記事のこと）を読んでから、テールも検討したんだよ。そして〝このビジネス・チャンスを放っておくわけにいかない〟と考えたんだ。

たとえば世界の企業を収入順に並べたパレート曲線があるとしよう。第一位はウォルマートだ。じゃあ最下位は何だい。インドでかごに手作りのものを入れて売り歩くような人だよ。その間の曲線には一〇億もの人がいて、事実上それが世界のGDPを形成している。じゃ曲線の下から出発して左のほうへのぼって、本人とインターネットで接触できるところまで行こう。そのあたりには教育を受けていて、小規模のビジネスをしていて、商品を市場に出したいと思っている人たちがいる。そこで考えたんだ。〝彼らの収入を増やすため、うちのモデルはどう役立てばいいのか〟答えはこうだ。居住地以外でも商売できるようにしてあげれば、彼らはもっと大きな市場に手を伸ばし、多くの供給者とも出会い、いい意味で価格競争にもつながる、などいろいろ利点があるじゃないか。

これがなかなか進まないのにはあれこれ理由があるんだが、おもな問題はインフラだ。でも、じゃあ仮に九割の人たちを視野に入れないとしよう。それでもまだ一億人はいるんだ。数が大きいから、大部分を切り落としてもまだ巨大な市場なんだよ。

現在グーグルの収入は年間五〇億ドルを超え、それが九カ月ごとに倍増している。ほとんどの収入は曲線のヘッドから入ってくるのだが、顧客の大半はテールにいる。将来はここから成長が見こめる。しかもグーグルはまだ生まれてまもないのである。

グーグルは、実に多くのやり方でロングテールのゲームをおこなっているからおもしろい。まずグーグルは広告の集積者だ。つまり広告主のロングテールが、広告に依存するウェブサイト制作者のロングテールとつながることができる市場をつくった。

でも有名なのはむしろ情報の集積者であるグーグルだろう。誰にでも同じものを押しつけるモデルとは違った進化をした、おもしろい技術を提供してきた。iTMSという音楽の集積者は、さまざまな音楽ジャンルを表示する方法に限界があったが、同じ限界が情報検索にもある。キーワードからすべてがはじまるのだが、その言葉はさまざまな文脈で出てくるかもしれない。それぞれの文脈にそれぞれの表示が必要なことに、グーグルは気づいた。もしある場所を探したければ地図が欲しいだろう。絵やビデオを探しているなら画像が見たいはずだ。このように、検索ですら同じやり方がすべてに通用するわけではない。そしてこの問題に対してグーグルは、あらゆる形の「垂直検索」（一ジャンルの中だけで検索すること）を提供している。たとえば、グーグル・ローカル、グーグル・スカラー（学術論文検索）、グーグル・マップ、グーグル・プロダクトサーチ、グーグル・ニュース、グーグル・ブックサーチ、グーグル・ビデオなど。

現在では他にヤフー、マイクロソフトなどが参入しているが、こうした垂直検索市場の台頭は、集積した情報をさまざまな需要に合ったニッチにスライスしていく動きの一例だ。グーグルの検索機能はそれぞれ表示の仕方が異なり、情報の宇宙の中で、役立つ適切な結果を出す部分だけを検索する。言いかえれば、それぞれのメディアに合わせた専用の検索表示をカスタマイズしているのである。

もし探すものがちゃんとわかっていて、なおかつ何もかもごった煮の集積者ではなく、分類をきちんとする専門的な集積者を使えば、いい検索結果を得られる。これが垂直検索のよさだ。そして検索がうまくいけばいくほど人はそのテーマを掘り下げ、すべてのロングテールを一気に駆け下りていくだろう。

第14章　ロングテールの法則――消費者天国をつくるには

ロングテール・ビジネスを発展させるコツは、まとめると次の大事な二点になる。

①すべての商品が手に入るようにする。
②欲しい商品を見つける手助けをする。

一つめは言うほど簡単ではない。サンダンス映画祭に毎年出品される六〇〇〇の作品のうち配給されるのは一二作品未満で、残りの大半は映画祭以外のところで上映すると法律に触れる。音楽の著作権問題のせいだ。テレビ放送網の過去の番組もほとんどそうだ。高額すぎてDVD販売またはストリーミング配信をする許可をとれない。

似たような著作権問題で、クラシック音楽とビデオゲームも厳しく制限されている。いつかこれまでのすべての作品の著作権問題が――配慮しなくても、機械的に、産業規模で――

解決される日まで、この法的規制はロングテールの成長を阻む最大の壁でありつづけるだろう。

二つめに必要な要素はもっと早く進歩している。賢い集積者は集合知を利用したフィルタやユーザーの評価づけなど、レコメンデーションを使って需要をロングテールへ誘導する。これは押しつけか引き出しかの違いだ。つまり、全員に同じものを押しつけるか、個人の好みを引き出すかである。ロングテールのビジネスは、消費者を個人として扱い、画一的な大量生産に代わるものとしてマス・カスタマイゼーションをおこなうのだ。

エンタテインメント産業にとって、レコメンデーションは非常に効率のいいマーケティングで、おかげでニッチな映画や音楽にも客が見つかる。レコメンデーションに頼れるという選択の手軽さから、消費者は新境地を開拓しはじめ、音楽や映画への情熱に再び目覚める。したがってエンタテインメント市場全体が大きく成長する可能性がある（ネットフリックスの顧客は普通一カ月に七枚のDVDを借りるが、これは店舗型ビデオレンタル店の常連客の三倍だ）。加えて文化の多様性が増すというい影響もある。一世紀つづいた流通経路の乏しさによって作品におもしろみがなくなったが、それをくつがえして、ヒット作の一人舞台を終わらせる。

さてざっとあらましがわかったところで、ロングテールの集積者として成功するための九つの法則を挙げよう。

コストを削減する

法則1――在庫をできるだけ集めるか、消してしまう

最初に道を切り拓いたのはシアーズだ。大きな集中管理型倉庫を用いた古い通信販売の強みを生かして、飛躍的に経済効率を高めた。現在ウォルマート、ベスト・バイ、ターゲットなど多くの小売業者がウェブサイトを持ち、自社の倉庫網を駆使して、店舗をはるかに上回る選択肢を提供している。在庫を集中管理するほうが、何百とある店舗の商品棚に並べるよりもずっと効率がいい。

アマゾンのような会社は「バーチャル在庫」を広げて、選択肢をさらに増やした。物理的には、提携している小売業者の倉庫に置いてある商品を、アマゾンのウェブサイトに表示して販売するのである。その「マーケットプレイス」プログラムは、このような分散した在庫を集積している。商品は何千とある小規模小売業者のネットワークの最前線に保管されており、アマゾンはその保管コストを払わなくてよい。

ただしもっともコストがかからないのは、iTMSのようなデジタルの在庫だ。CDを送る代わりにデジタル・ファイルをストリーミングさせるようにしたことが、音楽市場にどんな影響を与えたかはもうご承知だろう。同じことがまもなく映画、ビデオゲーム、テレビ番組などにも起こる。ニュースは紙の時代から立ち去り、ポッドキャスティングはラジオに競

争を挑んでいる。そして、もしかしたらこれを読んでいるあなたはいま、液晶画面で読んでいるかもしれない。物質や周波数の制約をなくすのは、コストを削減する効果的な方法であり、完全に新しいニッチ市場を生むことにつながるのだ。

法則2――顧客に仕事をしてもらう

「ピア・プロダクション」によってイーベイ、ウィキペディア、クレイグスリスト、マイスペースが育ち、ネットフリックスに何十万件もの映画のレビューがあらわれた。そしてセルフサービスのおかげで、グーグルは一クリックにつきわずかな額で広告を売っている。またインターネットでユーザー同士が無料通話できるソフトを提供するスカイプには、二年半のうちに六〇〇〇万人が登録した。どちらも、本来なら会社が賃金を払って社員にやらせる手続きを、ユーザーが無料なのに喜んでやる例だ。外注《アウトソーシング》ではなく「皆注《クラウドソーシング》」だ。

「皆注」には経済面で利点があるだけではない。顧客も能力を発揮できる。ユーザーが投稿したレビューは明快で情報に通じた内容であることが多く、何より他のユーザーからの信頼度が高い。顧客が集合すると、全体では事実上、無限の時間とエネルギーを持つ。ピア・プロダクションだけがロングテールを最大限伸ばすことができるのだ。そして、セルフサービスの場合、仕事はそのテーマにもっとも関心があり、なおかつ需要をいちばんよくわかっている人たちがおこなうことになる。

ニッチに注目する

法則3――流通手段を増やす

店で買いたい人もいるし、インターネットで買いたい人もいる。あるいはインターネットで検索してから店で買いたい人、店で見てからインターネットで買いたい人、いますぐ欲しい人、待ってもいいという人、いろいろだ。また店の近くに住んでいる人もいるが、そうでない顧客はばらばらに存在している。商品の需要はまとまっている場合もあれば、分散している場合もある。ある顧客グループだけに流通させようとすると、他の顧客を失うリスクを負うことになる。

形而上学みたいだが、理想的なロングテール市場は時間と空間を超越する。地理的限界に制約を受けず、人々がいつ何を欲しがるか推測しない。iTMSの強みはおもに、その選択肢の多さとダウンロードの手軽さだが、さらに一日二四時間年中無休で営業してもコストがかからないということもある。

いまやテレビ放送網のドラマ『CSI：科学捜査班』を入手する方法はいろいろある。たとえばビデオ・オン・デマンドで、iTMSからのダウンロードで、DVD（レンタルか購入）で、あるいはティーボによる録画で、などさまざま。そしてそれを観ることができる画面もさまざまで、プラズマテレビやソニーのPSP（プレイステーション・ポータブル）などがある。同じくNPR等のラジオ番組も、地上波放送（リアルタイムか少し遅れて）、衛星放送、インターネットのストリーミング、ポッドキャストなどで聴くことができる。もしくは文章にしたものをメールで送ってもらうことも可能だ。このように、流通経路を数多く用意しておかなければ、市場を最大にすることはできない。

法則4——消費形態を増やす

かつて音楽を手に入れるには、アルバムCDを買うしかなかった（シングルは売れないので多くのミュージシャンはわざわざ出したりしなかった）。いまインターネットにある選択肢を考えてみよう。アルバム、一曲だけ、三〇秒の無料サンプル、ミュージック・ビデオ、リミックス、別人によるリミックスのサンプルなどが、ストリーミングやダウンロードで手に入り、すべてにたくさんのフォーマットとサンプリングレートがある。

ウメイア・ハクはこれを「ミクロチャンキング」（物事をまとめて単位ごとに分けることをチャンキングといい、一単位をチャンクという）と呼ぶ。いまコンテンツを細かい構成要素（「ミクロチャンク」）に分ける戦略が必要とされている。そうすれば人々は好きなように消費でき、また他のコンテンツとリミックスして新しいコンテンツを生み出すこともできる。新聞も記事ごとにミクロチャンキングされ、それが専門的なウェブサイトにリンクされる。こうしたサイトはさまざまな情報源から得たコンテンツから、さらにテーマを絞りこんだ新しいものを生み出す。DJのようにブロガーがニュースをリミックスし、新しい作品をつくるのだ。

商品やブランドがいくつにも分割されて売られているのはもうご存じだろう。たとえばさまざまな好みに合わせたさまざまなタイプのスパゲティソースだ。そしてこの傾向はビデオゲームのキャラクターやマップでも見られるし、また料理本を一レシピ単位で売るなど、あらゆるところに広がっている。こうして形を変えた商品が、違う流通ネットワークで違う消費者のもとに届く。消費のあり方を多くし、多くの人に合わせるのだ。

法則5――価格を変動させる

ミクロ経済学でもっともよく理解されている原則は、弾力的な価格設定だ。所持金額や時間などのあらゆる理由から、人それぞれがあらゆる価格に金を出す。しかし旧来の市場では、一つの商品につき一つのバージョンしか置く余地がなかったように、価格も少なくとも一度の機会では一つと固定されている場合が多かった。しかし豊富な選択肢を置く余地がある市場では、変動価格設定にすることが商品価値と市場規模を最大にするための強力な武器になる。

たとえばイーベイでは、顧客はオークションで買う（価格は安めだが、その代わり面倒で不確実だ）か、あるいはすぐ買う（価格が高め）か選べる。ｉＴＭＳでは、わかりやすくするために一曲九九セントに価格を固定しているが、それでもアルバムごと買えば一曲分が安くなる。ラプソディはもっと先を行っていて、一曲の価格設定を七九セントから四九セントまで試してみたところ、価格が半額になると販売数がおよそ三倍になることがわかったそうだ。

製造と流通の限界費用がゼロに近い音楽などの分野では、変動価格設定にするのが自然だ。小売業者が、人気がある商品は高く、人気のない商品は安く設定できる。これがまだ実現していないのは、主にいまでも音楽ビジネスの収入の大部分を占めるCDとのチャネル・コンフリクトを避けるため、レコードレーベルが通常一曲七〇セント前後に卸売価格を固定しているからだ。ところが二〇〇七年、音楽を無料で配信する試みを、レディオヘッドやプリンスのようなミュージシャンたちがおこなった。というより、レディオヘッドの場合は実際には顧客に価格を設定させていた。いつかレーベルもどうするべきか気づくだろう。そうなれば価格がもっと流動的になり、小売業者が安い価格でテールに消費者を呼べるようになる。

支配をやめる……………

法則6——情報を公開する

人気ランキングがあってわかりやすい市場と、似たような商品がただ並んでいるわかりにくい商品棚の違いは情報にある。

いちばん売れている商品が何かわかっていても、顧客に教えない店もあるし教える店もある。価格ランキング、レビュー・ランキング、メーカー別といった情報もそう。そういうデータはすでにあるので、後はどう顧客に伝えるのがいちばんいいのかが問題だ。情報は多ければ多いほどいいとはいえ、さらなる混乱を招かずに、選択肢の整理を促すやり方でなくてはならない。

同様に、購入パターンに関する情報は、レコメンデーションという形で紹介されるなら強力なマーケティングの手段になりうる。顧客に購買を思いとどまらせるような疑問は、レビューや仕様書など商品の詳細情報によって解決できる。ある商品をすすめるのは過去に類似商品を購入したことがあるからだ、というようにレコメンデーションの理由を表示すれば、顧客はシステムに対して信頼感を持つようになるし、もっとうまく利用できるようにもなる。透明性を高めれば無料で信頼を確立できる。

法則7――どんな商品も切り捨てない

市場がゼロサムゲームだと考えるのは、希少思考から来ている。何であれどちらか選ばねばならない運命だと間違った思いこみをしているのだ。どっちのバージョンでリリースしようか。この色を売るか、別の色にするか。こういう考え方になるのも、商品棚や放送チャンネルの世界では当然のことだ。一つの場所に一つの商品しか置くことができないからである。

しかし無限のスペースがある市場では、すべてを提供するのが戦略として正しいことが多い。

どちらか選ぶ行為が好ましくないのは、選ぶ過程が必要になるからだ。選ぶ過程には時間と手間と推測が必要とされる。誰かが何らかの基準で、これはあれより売れると判断しなくてはならない。そしてその判断はマクロな視点で見れば当たっているかもしれないが、ミクロな視点で見るとだいたいいつも間違っている。

DVDの映画の結末に別のパターンが用意されていることがある。大半の人が普通の結末を好むいっぽう、そうでない結末を望む人たちも常にいて、いまや両方満足させられる。さらに言語の選択や、ワイド画面か標準画面かという選択肢もあるし、作品のカットの程度にもいろいろな等級がある(PG、PG-13、R、ノーカット(PGやRは子供の映画鑑賞を規制する等級を示したもの))。数は多くないかもしれないが、どの選択肢にもそれを選ぶ視聴者がいる。主流ではないこうした選択肢を選ぶ「その他」の視聴者は、DVDの容量が潤沢になったからこそあらわれた。映画監督が記憶装置を惜しみなく使って、劇場のスクリーンやビデオテープなど容量の少ないメディアには入らなかったコンテンツも入れられるようになったのである。

ネット上のあらゆるデジタル市場についても同じだ。記憶装置の価格は下がり容量は増加していることから、何の容量であれ事実上無料になるのは間違いなく時間の問題だ。そして記憶装置や流通経路が潤沢になればなるほど、選んだり切り捨てたりする必要がなくなる。選択の判断は「どっちも」のほうが「どっちか」よりずっと楽なものだ。

法則8――市場に整理をゆだねる

希少市場では、何が売れるか予測しなければならない。潤沢市場では、ただ全部を市場に放り出してそこで仕分けされていく様子を見守ればいい。「前置フィルタ」と「後置フィルタ」は、前者が予測で後者が測定という違いがあるが、測定のほうが正確なのは間違いない。インターネット市場はまぎれもなく集合知を効率よく測定することができる手段だ。また情報がふんだんにあるため、人々は容易に商品を比較したり、好きなものについて口コミを広めたりすることができる。

たとえば集合知を利用したフィルタは、市場の情報をもとにして商品の販売促進をおこなう方法だ。人気ランキングは市場の声であり、口コミのいい循環によって増幅される。商品の評価づけは全体の意見であり、商品比較や分類がしやすいように数値化される。これらはすべて、消費者にわかりやすいよう選択肢を整理するツールだ。小売業者はあれこれ先を読む必要はない。予測しないで測定し、その結果に応ずることだ。

法則9――無料提供をおこなう

商品を無料にすることは、著作権侵害などのような商品価値の損失につながるというので評判が悪い。しかしデジタル市場の注目すべき特徴の一つは、無料が実現可能になることだ。

コストがゼロに近いので価格もゼロに近づけることができる。すでにスカイプやヤフーなど、もっともよく見られるインターネットのビジネス・モデルの一つが、無料サービスでどんどんユーザーを引きつけている。ユーザーは有料サービスに登録してアップグレードし、もっと質のいいサービスや特典を加えようと考える。デジタルのサービスは非常にコストが安く、無料で利用するユーザーがいてもあまり負担にならないので、たとえ料金を払うようになるユーザーがわずかでも問題ないのだ。

音楽の三〇秒試聴やビデオのプレビューなどのサンプル提供が可能なのも、ブロードバンドを使ってデジタル配信するコストがほとんどかからないからだ。ビデオゲーム制作者も、決まっていくつかのレベルをデモ版として無料で配信する。もし気に入れば買って残りをやればいい。二〇〇五年、ユニバーサル・ピクチャーズは、『セレニティー』(SF映画)の最初の九分をノーカットでインターネット上に無料で公開した。インターネットで観たいという人に全編の一割近くを配信するコストは、マーケティングの価値を考えればささいなものである。観客を映画の物語の中へ引きこみ、続きに興味を持たせる。観客はこの後どうなるのだろうとそわそわさせられるが、映画館で鑑賞券を買わないとわからないという仕組みだ。

テレビはほとんどが広告に支えられていて、無料で観られる。にもかかわらずテレビ放送網はいまだにネット上で金をとる道を探っている。製作コストはテレビ放送でまかなわれているし、ネット配信のコストは安いというのに。なぜインターネットでも開放しないのか。

（途中じゃなくて）最初と最後に広告を入れるか、スキップも早送りもできないプロダクト・プレイスメントで、もっと多くの視聴者に見てもらえばいいではないか。

潤沢な市場は競争が激しいため、いずれ価格はコストに準じることになる。デジタル経済の力で、そのコストは下がっていくばかりだ。

第15章　マーケティングのロングテール──「売りこみ」はもう通用しない

二〇〇六年春先のこと、デトロイト郊外のウォーレンにあるキャンベル＝エワルド広告代理店の企画チームが、バーガーキングのばかばかしい（しかも、ばかばかしいほど成功した）「服従チキン」という双方向型《インタラクティブ》インターネット広告を見て、どうすればこのぐらいしゃれたことを自動車でやれるか頭をしぼっていた。それもただの自動車ではなく、シボレーの主力商品であるタホというSUVだ。この車は親会社GMの繁栄を一〇年近くにわたって押し上げてきたが、当時ガソリン一ガロン三ドルという高値の壁にまっしぐらの状態だった。

キャンベル＝エワルドは、キャンベル氏とエワルド氏が一九一四年にルイ・シボレー氏に会って以来、ずっとシボレーの広告をつくってきた会社であり、過去にとらわれていないことと、なおかつ守るべき伝統を忘れていないことを示したいという熱意を持っていた。でも一つだけはっきりしていたことは、いまは通常のやり方──凝りすぎのテレビ・コマーシャル──ではうまくいかないということだった。一つの理由としては、テレビ・コマーシャルはかつてのような効果をあげなくなりつつある。コンサルタント会社のマッキンゼーは、二〇一〇年までにテレビ放送の広告の効果は、一九九〇年における効果の三分の一にやっと届くかどうかという程度になるだろう、と推測している。要因は、コストが増加したこと、視聴率が減少したこと、広告が過剰に増え続けていること、視聴者がティーボのおかげでコマーシャルを早送りできるようになったことなどだ。それからイラク戦争、気候変動、国中に広がる環境意識の高まりといった小さな問題があり、これらのせいで、大きな体で石油消費主義を標榜しながら走るような車を売るのが、通常よりずっとやっかいな仕事になった。

キャンベル＝エワルドの企画チームは、タホを売る方法はインターネットにあると期待していた。というのも、インターネットのマーケティング・キャンペーンは双方向にすることができるので、そうすれば受け身のテレビ・コマーシャルよりも人を惹きつけるかもしれないだけではなく、もうテレビ・コマーシャルにはまったく注目しなくなった消費者にも見てもらえるからだ。テレビ放送網がアメリカという国そのものを代表していた時代は過ぎ去った。消費者としてよく狙われる一八歳から三四歳の男性の層は、ますますインターネットやビデオゲームに傾倒し、そうでないときもテレビ番組表からはそっぽを向くようになっている。女性の同年代の層も一歩その後ろにいるだけだ。そして裕福であればあるほど、ティーボやケーブルテレビのセットトップボックス（テレビに接続して双方向の通信を可能にする家庭用端末）のようなDVRを使い、録画して後で視聴する傾向が強くなる――おそらくは途中で入るコマーシャルも飛ばしてしまう。

キャンベル＝エワルドは次のように考えた。シボレーのキャッチフレーズを「アメリカ的革命」にする。それじゃ何か、えーと、革命的なことをしよう。初歩的な双方向のネット広告――マウスを使って車を運転してみよう！　とか――では不十分だ。これを一段上を行くものにしよう――じゃあインターネットで、新型タホを宣伝する最高のテレビ・コマーシャルをつくれるのは誰か、コンテストをやろうじゃないか。シボレーがビデオ・クリップと音楽を提供する――そのほとんどは、タホが一台きりで見通しのいい道を颯爽と走っているところや、壮観な崖の縁に停まっているところや、さもなければ険しい自然の中へ、たぶんでこぼこに揺れたりしながら運転手を運んでいくところなんかの、お決まりの映像だ。ユーザーはその素材をいろいろ組み合わせ、独自のキャプションをつけることができる。三〇秒コマーシャルのウィキ化だ――これ以上革命的なことがあるだろうか。

　コンテストは三月に始まり、四週間おこなわれた。『アプレンティス』（参加者が企業に採用されるために課題をこなすリアリティ番組）スペシャル版の間に放送したテレビ・コマーシャルで、新たにもうけたマイクロサイト（ホームページの中にある別の目的で独立したサイトのこと）のシェビー・アプレンティス・コム［Chevyapprentice.com］へ行き、そこに用意したビデオと簡単な編集ツールを使って自分独自のコマーシャルをつくるよう、視聴者を促した。コンテストには三万を超える作品が寄せられ、その大半は車の数々のセールスポイントを律儀に宣伝していた――シートを完全に折りたためるとか、電動ハッチだとか、比較的――「比較的」を強調――燃費がいいとか。とはいえ困った作品もあり、それらは地球温暖化、社会的無責任、イラク戦争、特大の車を好む人の隠れた性心理などに触れて、タホのコマーシャルを台無しにしていた。悩ましいのは、そういう作品がもっとも気の利いた作品群の中に入っていたことだ。「夏みたいだって？　慣れればいいじゃん（地球温暖化で暑くなってもかまわない人のための車だと示唆）」とか「ピーク・オイル（石油の産出量が頂点に達し、その後減少するという理論）になってるよ。歩くべきじゃないかな」とか。そして当然こんなのも。「神なら何を運転するだろう（キリスト教徒がモットーにしている「神ならどうするだろう（WWJD）」のパロディ）」タホは自身の公式サイトで、どうしようもない古くささから人類に対する罪まで、ありとあらゆることで非難を浴びたのである。

さらに困ったことに、中でももっともたちが悪くておもしろい作品が、今度はユーチューブで配信されて数十万の再生回数を獲得していた――これはシボレーの公式サイトより多い。キャンベル＝エワルドはまさに欲しいもの――服従チキンのような口コミによるヒット――を手に入れたわけだ。ただし、まったくとんでもない原因で。ネット集団がキャンペーンを横取りして、製品を攻撃する内容にしたのだ。そしてテレビ放送網レベルの数の視聴者が、アメリカの一大ブランドを生け贄にして祭り状態になった。

まもなくブロガーや記者たちが、シェビー・アプレンティス・コムで何か奇妙なことが起きているのに気づいた。でも最初は皆、インターネットの世界を「わかっていない」大企業がまたいたか、ぐらいにしか思っていなかった。それから、その作品群がすぐに消されないので、シボレーは自社の公式サイトがどんな状態になっているかさえ気づかないほど鈍いんだろう、と思った。そしてやっと少しずつ、シボレーに攻撃的な作品を消去する意図がないことがわかってきたのだ。

実際、キャンベル＝エワルドの企画チームは、否定的な反応が出てくることを前からずっと想定していたし、もしそれを引っこめるようなことをすれば完全に信用を失うとも考えていた。シボレー部門の責任者であるエド・ペパーは、ＧＭのファーストレーン・ブログ［FastLane Blog］への投稿で、タホはエタノール燃料で走るし、他の大型ＳＵＶより燃費がいいことを指摘したのだが、シボレーからのコメントに関するかぎり、それだけで終わりだった。

広告業界ではコンサルタントたちが大喜びで騒ぎを見ていて、あなたのブランドを下層民の手にゆだねてはいけないことがこれでわかったでしょう、とクライアントに念押ししていた。しかし、どんな客観的尺度から言っても、タホ・アプレンティス・キャンペーンは成功だった、と評価しないわけにはいかない。コンテストの優勝者はアナーバー近郊在住のマイケル・スレイムズだと発表される四月末までに、例のマイクロサイトは六二万九〇〇〇の訪問者を集めていたのである。訪問者は平均すると、マイクロサイトに九分よりも長くとどまり、その三分の二近くがシボレーの公式サイト、シェビー・コム［Chevy.com］を訪れた。シェビー・アプレンティス・コムは、運営されていた三週間の間に、グーグルやヤフーよりも多くの人々をシボレー公式サイトに送りこんだことになる。いったん公式サイトに行くと、情報をくれるよう求めたり、ディーラーのウェブサイトを示すクッキー（サイトからユーザーのコンピュータに送られて保存されるデータで、ユーザーを識別するために使われる）を残していったりする人たちがたくさんいた。

ＳＵＶの購入はたいてい晩秋がピークだというのに、春にもかかわらず売上高も急に伸びた。二〇〇六年一月に発表されてから九カ月で、新型タホはフルサイズSUV全体の四分の一を超える割合を占めたが、これはすぐ後を追うフォードのエクスペディションの二倍だ。キャンペーンを開始した三月には、新型タホの市場占有率は三〇パーセント近くに達した。自動車情報サービスのエドマンズによると、四月までには、平均的なタホは四六日以内に売れるようになっていた——四カ月近くの間、ディーラーの駐車場で放置されていた前年とは大きな違いだ。マーケティングの専門家たちの野次る声すら止んでしまったのは、『アドバタイジング・エイジ』誌編集長スコット・ドネイトンがコラムでこう書いてからだ。例のキャンペーンが、ユーザーがつくるコンテンツの危険性を証明していると思った人は手を挙げてほしい、と。「はい。かなり手が挙がりましたね——全員退場してもらってけっこう。マーケティング・ビジネスは、もうあなたがたのサービスを必要としていない。素敵な餞別として、鉄道のおもちゃをあなたに」

ドネイトンが指しているのは、「黄金時代」のマス・メディアのマーケティングがよりどころにしていた信条である。つまり広告をコントロールすれば、広告業界が製品の受けとられ方《パーセプション》をどうにかコントロールできる、という考え方だ。キャンベル＝エワルドの幹部エド・ディルワースはこう言っている。「消費者がつくるキャンペーンをやれば、否定的な反応も多少受けることになります。かといって、どんな選択肢がありますか——閉じたままでいる？　それは未来の姿ではありません。それに、消費者がこれまでタホのことを語っていなかったと思いますか」もちろん語っていたのだ。ただし違うのは、ユーチューブ時代には、消費者をコントロールするという幻想はもはや維持できないということだ。「トーチカの中にもぐったままでいることもできるし、そこから飛び出して参加を試みることもできる。そして、参加しないのは重大な過ちなんです」

なぜ敵からやっつけられたにもかかわらず、タホの広告は効き目があったのだろう。さてまず、SUVを選ぶと環境保護にあまりよくないというのは、見こみ客たちにとって初めて聞く話ではなかった。それどころか、大型車が環境にうるさい人たちを怒らせるという事実を魅力の一つだと思う人が、タホを好むレッド・ステイト（共和党支持者が多い州のこと）の人々の中にいてもおかしくない。それから、シボレーが最初にコンテストをはじめて、否定的な作品を消さなかったことによって、実はとてもかっこよく見えたという要素がある。これはアメリカの古い自動車ブランドにとって、不可能なことをやってのけたに近いことなのである。

しかしタホの例が示しているように、このすべてに代償がついてくる。ネット上の対話内容を決めるのはユーザーであってマーケターではないのであり、これは自分の考えを出してくれるようにユーザーを招いているのと変わらない。インターネットで双方向の交流をして人々を引きつけようとすると、決まってコントロールがきかなくなる。ブランドを守ってきた担当者たちは、仕事を始めてからほとんどの時間を洗練された広告づくりに費やしてきたのだから、広告はもはや自分たちがつくるものでも所有するものでもないという考え方は、彼らにとって異常か脅威かといった感じだろう。

しかし押しとどめることはできない。ますますもって消費者たちは、勝手にこういうことをやるようになっている。ユーチューブには、タホ・アプレンティス・キャンペーンから生まれたどの作品よりもずっと洗練されている、頼んでもいないのにつくられたシボレー「広告」がたくさんある。内容が否定的であろうとなかろうとだ。年代もののシボレーが飛び跳ねながら道を行く「シボレー・シャコタン・コマーシャル」や、ギャングスタラップ〔過激な歌詞のラップ音楽〕のヒット曲「シェビー・ライディン・ハイ」に合わせて、改造したシボレーが次々出てくるスライドショー「シボレーに乗って」があったり、それどころか若者が、こよなく愛するSUVをジャンプさせたり横滑りさせたりし、最後には壊してしまう品のいい動画「追悼シボレー・タホ」なんていうのまである。

消費者がつくる広告は、深刻な下剋上を引き起こした。ブランドはかつてこちらに向かって声高に訴えていたが、いまや何か言いたいことはないか尋ねてくるようになった。ブランドはもう僕たちのアイデンティティを定義する（ギャップキッズ〔ギャップの子供向けブランド〕やマールボロ・マン〔タバコの広告に登場するカウボーイ風の男性のこと〕）のでは満足せず、自らを定義する手助けをしてほしいと僕たちに求めてくる。しかしこれにも増して妙なのは、のんびり座ったまま人々に独自の解釈をさせて製品を売ることができる、という考え方だ。誰もが消費者の意見を聞きたいと言っているが、それじゃどんな意見を求めるか気をつけよう。消費者はしゃべりだしたら黙らないのだ。

つまりロングテール消費者の地位向上ということだ。市場の細分化にともなって、マーケティングの細分化もやってくる。放送メディアで全員にフリーサイズを与えるような広告は、そのメディアを観もしないし、本当に自分に向けたものではない広告には反応もしない消費者たちには、もはや影響を及ぼさない。ユーザー主導型であるインターネットの隆盛にともなって力が逆転――個人の信頼性が高まり、団体の信頼性が下がる――すると、もっとも影響力のある広告メッセージは対等な仲間《ピア》から来る。口コミに勝てるものは何もないのであり、これまで見てきたように、インターネットは史上もっとも優れた口コミ増幅器なのだ。

市場が細分化して消費者が一人一サイズを求めるようになると、問題になるのはその数の多さだ。どんな会社も、需要がありそうな潜在的ニッチのすべてに合うよう、うまく狙った広告はつくれない。それにせめて近いことをしている次善の策、つまり広告を関連性のある内容のそばに載せる、グーグルのターゲット広告もテキストに限られるし、「スポンサーリンク」の見出しのもとに出されるので差別を受けてしまう。

それよりロングテール消費者に物を売るいちばんいい方法は、誰が彼らに影響を及ぼしているのかを見きわめ、そこへエネルギーを集中させることだ。それは、メッセージを送るよりも「耳を傾ける」ことから始まる。

幸運にも、耳を傾けるツールがとてもよくなっている。インターネットは、もっとも優れた口コミ・メディアであるとともに、もっとも把握が可能なメディアでもある。ブランドが人々からどんなふうに言われているか、またその人々の中で誰がもっとも影響力を持っているか教えてくれる、数々の無料ツールがインターネットにはある。以下がそうだ。

・**テクノラティのフィルタ**（またはグーグル・アラート）――これらを使って、指定したURLにリンクしたか、あるいは設定したキーワードを使った、すべてのブログやサイトをいつでも教えてくれるようにしておける。それらはメールかRSSフィード（これはブログラインズのようなフィードリーダーはもちろん、マイ・ヤフーのページでも購読して読むことができる、連続して入ってくる情報のことだ）で届けられるのだが、注意深くキーワードを選ばないと、圧倒的な量になることもある。でも、もし読み続けられる時間の余裕があるなら（あるいは誰かにやってもらえるなら）、いちばんネットの世界の動向をとらえられる手だ。

・**グーグル・トレンド**――あるキーワードや商品がどれだけ検索されているかを見ることもできるし、時間ごとの変化を見たり他のキーワードと比較したりすることもできる。それだけではなく、そのキーワードをもっともよく検索したのはどの都市や地域なのかも示してくれる。お遊びで、試しにどれか有名ブランドをとりあげ、「[ブランド名] はひどい」と「[ブランド名] はいい」の結果を比較してみてほしい。もしたまたまその有名ブランドで働いている場合は、まず心の準備を。

・**ソーシャル・ネットワーキング・サービス**――マイスペースやフェイスブックのようなサイトの強みの一つは、ブランドや商品名が挙げられている部分を検索でき、さらにその文脈を分析できるという点だ。誰がその商品について語っているのか。彼らはどんなことを言っているのか。彼らは誰に影響を与えているのか。科学的な正確さは少しもないのだが、噂を広めたりトレンドを生んだりすることができる隠れた「影響力の大きい消費者《アルファ・コンシューマー》」の、典型的な人物像を描く助けになる。

僕が会社を訪問するときに必ずやるのが、平均的な消費者がしている行動をおこなうと——知りたい会社があれば、まずグーグルで検索する——その消費者は何を知ることになるのか尋ねることだ。答えられない会社がいかに多いか知ったら、あなたも驚くだろう。彼らは自分をグーグルで検索しない。大事なのは、公式サイトが検索結果のどのあたりに出てくるかだけでなく、同ページで他にどんなサイトが出てくるかだ。それは公式サイトより上位に来ることもあるだろう。

多くの場合、上位の検索結果の中に、会社に関するウィキペディアの項目が入っている。その項目は、その会社に関心を持っている普通の人々によって書かれているのだが、彼らにはたいてい最高のファンと最悪の敵の両方がいる。双方が相殺されて会社に対して中立的な（望むらくは正確な）見方になっていくというよりも、むしろウィキペディアで慣例となっているのは、主に会社を取り巻く論争にあてられた欄の中に批判を載せる部分がもうけられることだ。どんな会社にもいくつかの論争があるわけで、批判者にとってはどんな小さなこともはずすわけにいかない。たいていは何らかの比較検討がなされて、項目が批判ばかりになることはないのだが、僕が興味深いと思うのは、自社の項目の編集内容をチェックだけでもしている会社が、いかに少ないかということだ。

ウィキペディアの一項目に加えられる変更のすべてをフィードにして見守るよう、誰かに指示するのはささいなことだろう。でも、何か本当に不当な内容が出てきたらどうするかは、また別問題である——会社が自社の項目を編集するのはいいやり方ではなく、変更を加えた人のIPアドレス（コンピュータなどの通信機器一つ一つに割りふられた識別子）と、会社に割り当てられたIPアドレス・ブロック（IPアドレス群のひとかたまり）とを照合させるのは簡単なことなので、会社が自社の項目を体裁よくとりつくろったことが、世間に暴露される事例が増えているのだ。次の手としては、家か公共のネット接続から編集するようなずるい行為（技術的には有効だが、道徳的には不正だ）か、個人の投稿者に誤りや偏った部分を訂正してもらうため、各項目にもうけられた掲示板で訴えをおこなう方法がある。

ブロガーに対応することのほうが理論的には簡単だが、実際には負けず劣らず神経をつかうし、時間がかかる。この場合もやはり、まず耳を傾けて（誰かにフィードを監視するよう指示して）、それからいつどのように対応するのか考えることからはじめる。もしブロガーが会社や商品をほめているのなら、感謝のメールをするとたいていは高く評価される（「私のブログを読んでいるとは！」）ので、息の長い信奉者をつくりだせる。

批判はもっとやっかいだ。この場合も、何らかの反応を示すほうが何もしないよりましなのだが、それは一つにはブロガーに敬意をあらわすことになり、それが事態を沈静化させるのにおおいに役立つからである。ブログでは、公開しておこなうのが約束ごとになっているので、誰でも読むことができるコメント欄でのレスポンスが、私的なメールよりも大きな見返りを生むことがよくある。また、そのレスポンスは広報担当者ではない人から送られるのが理想だ。誰でもそうだが、ブロガーたちも注目されたいのであり、だからレスポンスをする人間がそのとき批判している問題に近ければ近いほどいいのだ。だから、たとえばプロダクト・マネジャーからのレスポンスのほうが、カスタマー・サポートからのレスポンスよりいいだろう。商品を最初からつくった責任者がその批判を聞いて、真剣にとりあげたことになるからだ。

しかし基本的には、世論を操作するためにできることには限度がある。せいぜいのところ、影響力のある消費者たちの間に口コミを引き起こすことに集中したロングテール・マーケティング戦略によって、認識を促すことができるだけだ。もしその商品がだめなものなら、どんなにメールしたとしても、こきおろされたり無視されたりするのを避けることはできない。

実際、ひどい商品を絶えず出している産業があるのだが、見事なマーケティング力で、最近までまんまと切り抜けてきた。ハリウッドだ。発表される映画の大半については、おとしめるつもりはない。しかし映画の出資と製作のやり方は、約束通りのものをつくれるかどうかわからないうちに、かなり前から脚本とスタッフに大きな賭けをしなくてはならないという性格を持つ。そしてそれがうまくいかないことが、たびたびあるのだ。ハリウッドの映画製作所とベンチャー投資家は似ているようだが、ここで道が分かれる。ベンチャー投資家は、成功しそうにない会社は打ち切ってしまう。ところが映画製作所は、効果的なマーケティング・キャンペーンが投資を回収できるぐらいの客を映画館に呼びこむと読んで、たいていはとにかく公開してしまうのだ。

その読みは、だんだん正しくなくなってきた。問題は、口コミがあまりに速く広がって力を発揮するので、ひどい映画はひどいということで、ほぼすぐに追いやられてしまうことだ。旧式なハリウッドのマーケティングの典型的なやり方はこう。何人かを強く説得してたくさん広告を出し、何千ものスクリーンで「大公開」しておけば、少なくとも映画の出来が予告編とはずいぶん違うことに世間が気づく前に、まあまあ人が入る週末が何回か保証されるはず、というものだ。

でも今日、大公開するだけではだめだ。二〇年前は、平均的な映画の興行収入において、最初の週末から二回目の週末への落ちこみが三〇パーセントを超えることはなかった。今日では、平均が五〇パーセントを超えている。ひどい映画は公開されるずっと前に突きとめられてしまう（ロットン・トマトズ［Rotten Tomatoes］やエイント・イット・クール・ニューズ［Ain't It Cool News］のような熱狂的映画ファンのサイトがあるからだ）。また、かつて試写会での観客の反応は表に出てこなかったが、いまは映画が終わって照明がついたら数分でブログされる。

映画が実際に公開され、主要なメディアの批評家に評価される頃までには、映画が成功するかどうかについての内部情報が必ず口コミで世界中に広がっていて、その範囲はかつてそうした噂話をよくしていたハリウッドのコミュニティの範囲をはるかに超えている。こうなってしまったら、マーケティングにできることは限られている。

二回目の週末の興行成績がそこまで急激に落ちこむようになったのは、映画の出来がひどくなったからではない。いい映画とひどい映画と、その間にある数多くの月並みな映画は、これまでもずっと混在してきた。変わったのは、はるかにすばやくひどい映画と月並みな映画を見きわめられるようになったことだ。より多くの批評——賞賛も批判も、またプロからもアマチュアからも——を読むことができるし、試写会で観た人を含む他の観客の意見も聞くことができる。こうしていい映画は後押しされるが、ひどい映画はこてんぱんにされる。インターネットの口コミは、ハリウッドのマーケティングに対抗する手段だ。そしてハリウッドのマーケティングが衰退するいっぽうで、ネットの口コミは力を増している。残念ながら、この件でハリウッドにできることはあまりない。もう消費者から何も隠してはおけないのだ。消費者がコントロールする。


会社がこうした消費者たちの意見に耳を貸さないでいると、どうなるか。ジェフ・ジャーヴィスのお粗末なパソコンをめぐる、身の引き締まるような話を聞いてほしい。

二〇〇五年六月、ニューヨーク市で出版関連のコンサルタントをしていたジャーヴィス（僕は彼と同じ持ち株会社の違う部署で働いていた）は、買ったばかりのデルのノートパソコンに不具合を生じた。そういう状況に陥ったたいていの人たちと同じく、彼もテクニカル

・サポートに電話をし、哀しくもたいていの人たちと同じく、あれこれと言い訳でかわされた。そうして何週間も過ぎると、ジャーヴィスはいらだちをつのらせた。不良品を買ったんだ！　ここのカスタマー・サービスはだめだ！　この会社、これで見逃してもらえると思ったら大間違いだぞ！

こういうとき通常の選択肢は、友達にぼやく、二度とデル製品を買わない、ことによってはマイケル・デル（デルの創業者）本人に手紙を書く、といったところだろう。しかし、ジャーヴィスは先端を行く消費者の一人だ。彼はバズマシン［BuzzMachine］という、主に出版のこと（それと、気が向いたら『アメリカン・アイドル』のファンの世界）に関する、かなり読者の多いブログを持っていた。そして、ブログは次々にネタを必要とするものだし、彼は普通の人がしゃべるより速く書けるので、デルのいらだつ体験をブログすることに決めた。長々と詳細に。

彼はその投稿に「デル地獄」とタイトルをつけたが、この名はずっと残ることになる。彼はブログに、次から次へとこの会社と製品とカスタマー・サービスへの怒りをぶちまける投稿をした。品質管理がよくないということだけでなく、もっと悪いこと、つまり会社がぜんぜん聞く耳を持たない、ということも。それはインターネット時代の重大な罪だ。彼によると、「デルからメールをもらっているが、彼らがどうでもいいと思っていることは明らかだ。あるメールには『拝啓ミスター・ラングリー』と書いてあった。私はそれを訂正して、名前はジャーヴィスだと言った。すると返事はこうだ。『拝啓ミズ・コラー』」。

もしジャーヴィスの経験が珍しいことだったら、彼の投稿を読む人は少数で、それから忘れ去られていただろう。しかし、あいにくジャーヴィスの体験は珍しいことではなかった。実際デルは、品質管理に大きな問題を抱えていたのだが、それにデル自身すら気づいていなかった。デルは大きく成長しすぎていたし、コストを下げろという金融業界の強い圧力にさらされていたし、洞察力に優れた創業者が早期に引退することを決めて以来、ずっと押し流されていた。その結果、世間にはジャーヴィスのように怒った消費者が何千人も生まれていたのである。だから、彼がデルに関して初めて書いたときの「記事の投稿」のクリックは、まるで酸素テントでマッチをするようなことだったのだ。

騒ぎは最初の投稿についたコメントで始まり、続いてメールや二五〇〇近いコメントが来て、それでまた一〇あまりの投稿をすることになり、その間に声の高まりが一つの運動のようになっていった。三週間の間に、ジャーヴィスの投稿は何千もリンクされ、「デル地獄」という言葉はインターネット用語の一つになってしまった。主流のメディアもこれに注目し、『ニューヨークタイムズ』からMSNBCまで、あちこちでジャーヴィスと壊れたパソコンのことをとりあげた。

そうして初めてデルは、怒った群衆が門まで来ていることにやっと気づいたのである。即座にデルは、普通にまっとうなことを全部おこなった。ジャーヴィスに謝罪する、パソコンを交換する、サービスの手続きの改善を約束する、などなど。でも遅すぎた。ブランドの名は傷ついてしまった。グーグルで「デル」を検索すると、最初のページにジャーヴィスの投稿があらわれるようになり、ウィキペディアのデルの項目ではその失態が論じられた。

二年たってみると、その経験が会社を変える力になったと言っても過言ではない。マイケル・デルが戻ってきて、会社を顧客第一という原点に回帰させることを誓った。彼は、テクニカル・サポートのほとんどをインドにオフショアリングする計画を取り消した（言っておくが、こうした外部委託が必ずしも悪いというわけではない。ただサービスよりも利益を優先させたことがうまくいかず、デルのイメージになってしまっただけだ）。デルは製品の生産ラインを修正し、劇的に品質を高めただけでなく、その過程で見事に洗練され革新的になった（この文章はデルの新しいノートパソコンで書いている。長年シンクパッド派だったことを思うと、けっこう驚くべきことだ。それにしてもデルに対する見方は変わった……）。

グーグル・トレンドで「デルはひどい」と入力すると、二つのことがわかる。一つめは、ピークが三つあること――ジャーヴィスが最初に投稿したときと、彼がはじめた騒ぎが主流のメディアに登場した一カ月後と、デルのノートパソコンで何台か発火事故が起きた一年後だ（ソニーのバッテリーのせいだったことを取り急ぎ付け加えておこう）。その後うれしいことに、デルはひどいと検索される数は最小限になった。

二つめは、「デルはひどい」を検索している場所の一位がテキサス州オースティンだということだが、ここがデルの本拠地であることは偶然ではない。そう、デルが「デルはひどい」を検索しているのであり、これが本来あるべき姿なのだ。デルはちゃんと耳を傾けている。

さあ、おもしろい実験をしよう。もしデル製品を持っていて、それに未解決の問題があり（まずまっとうに普通の解決手段を全部試すこと）、しかもブログをやっているなら、その問題をブログに書いてみよう。そして待つ。最近の経験から言うと、デルの誰かが解決のために一週間以内に接触してくるはずだ。デルにはいま、ブログ圏を見守っていて、批判が見られたらすぐ処理するのを担当にしている専門チームがある。ネットワークでつながった消費者たちの力に気づいていなかったデルが、ロングテールの意見に耳を貸す最優良事例《ベストプラクティス》になったのだ。

二八七ページにある、被リンクが多いサイトのトップ五〇を示したグラフから、影響力の新たな勢力図を数値でどうあらわすかが少し見えてくる。五一位から八〇〇万位までの状況は、このグラフには出ていない。主流メディアのアマチュアに対する比率は下がり、二〇〇位までの段階でもう、影響力の強いブログのほうが旧来のメディアよりも数が多くなる。どうして僕が影響力を測る尺度として、被リンク数をこれほど奨励するのかというと、いまのところ口コミの程度を示す最善の方法だからだ。

ハイパーリンクは、影響力を評価するやり方が大きく変わったことを象徴する存在だ。メディアの影響力や威力を測るために、これまでの伝統的なやり方がもとにしていたのは、観客動員数、読者数、聴取率、視聴率、発行部数、購読者リストなどのようなものだ。だいたいはメディアと交流した人々の数に基づいている。読んだことについて人々がどう思ったか、またそう思った結果どうしたのかについては知りようがない。

新しいやり方――被リンク数を合計する――のほうがどうしてそんなにいいかを理解するためには、ハイパーリンクの社会的な取り決めを本当に理解しなくてはならない。急進的な大思想は何でもそうだが、ハイパーリンクも完全に理解されるまでに数十年かかるだろう。インターネット上でこれを実現させたのは、一九九〇年にワールド・ワイド・ウェブを発明したティム・バーナーズ＝リーだが、その概念については、一九六〇年に未完成に終わったザナドゥ計画で、文書をリンクしてグローバル・ウェブをつくることを考え出したテッド・ネルソンにさかのぼる――そしてそれもまた、ヴァネヴァー・ブッシュによって一九四五年に初めて打ち出されたグローバル・ブレインという独自の考えをもとにつくられたのだ。いま僕たちに見えてきたのは、すべてをひっくるめた結果にすぎない。

考えてみると、ハイパーリンクはネット上で気前のよさを示す究極の行為だ。別のサイトにリンクするときにしていることは、読み手に別のところへ行きなさいと言うことである。こんなふうに。「読者さん、もしもっと知りたかったら、私のサイトからこっちのサイトへ行くことをここでおすすめします。それに時間を割く価値はあると思いますよ。行ったらきっと満足することでしょう。行ってとても満足したのでこのサイトに戻ってくるでしょう。そして戻ってきたら、賢明にもそのリンクを提案してくれてありがとう、と私に感謝するでしょう」

同様に、誰かがリンクしてきたら、その人はこう言っているのだ。「私はあなたや、あなたのコンテンツや、あなたが支持するいろいろなことをとても評価していますので、何年もかけて読者から得た私の評判をいくらかあなたに譲ってあげます。読者が私に寄せてくれる信頼を持っていって、あなたのトラフィックに変えます。そのトラフィックはあなたに好意的である傾向があります」

こうした第三者のリンク（もしくはこうしたリンク次第で決まるオーガニック検索結果〔スポンサーによるリンクや有料登録の結果などを除いたメインの検索結果のこと〕）から来るトラフィックの読者は、内容に対して好意や敬意を持ったり高く評価したりする傾向がある。信頼している情報源の推薦に従ってきたからである。トラフィックに好意の傾向がついてくるというこの考え方は、まったく新しいものだ。メディアの旧来のやり方では視聴率、聴取率、読者数はわかるが、人々がどう思っているかはわからない。中立だ。出会ったものを好む人もいれば嫌う人もいるけれど、フォーカス・グループ（市場調査などで、少数の人人を集めて議論させること）のようなことでもしなければ、どっちなのか知るのは難しかった。でもハイパーリンクをもとにして来るトラフィックは、いまや平均的なサイトのトラフィックの半分以上に相当するが、リンク元の評判が引き継がれるために最初から熱心な傾向を持つ。

そして、これがなぜ重要なのかというと、ウェブを貨幣化する手段であるグーグルが、何よりもハイパーリンクにいちばん特権を与えているからだ。

グーグルが関連性があると判断するとき、言葉の意味を分析して判断しているわけではない。被リンクの数を測定して判断しているのだ。こうした被リンクは得票数だ。信任投票のようなものであり、関連があると投票しているようなものなのである。精度の高い測定ができる、承認の印だ。

そういうわけで、リンクによってグーグルのオーガニック検索における上位の位置を得られる。上位にあって、なおかつオーガニック検索だと、それはトラフィックの増加に結びつき、このトラフィックはグーグルによる推薦なので、また好意的な傾向がついてくる。その好意的な傾向を持つトラフィックが、終点のサイトで広告収入に結びつくわけだ。基本的には経済交流なのである。グーグルが評判を注目量（トラフィック）に変え、サイトが注目量を金に換える。

だから現在、口コミがすべてを支配しているのだ。意見を交わすもっとも古いこの手段が、いま一〇〇倍に増幅され、測定され、世界中に広められ、直接金に換えられる。だからこそロングテールのマーケティングは、被リンクを誘いこむことからはじまるのであり、その被リンクが、信頼性のある、本物の、広告なしの、下層からの、草の根の意見を動かし、その意見が最終的に二一世紀の消費者行動に影響を及ぼすのだ。

団体から個人へ権威が移行する件については、もっとも大きい団体のことを考えてみよう。巨大多国籍ブランドのことだ。彼らは最大のブランド・エクイティ（ブランドの名前で得られるマーケティング効果など、ブランドが有する無形の資産的価値）を失うことになるので、上から指図するような従来の広告のやり方から脱却するのを概ねいちばん嫌う。だからこそよけいに、マイクロソフトのチャンネル９の話には驚かされる。

二〇〇三年初頭、世間のマイクロソフトのイメージは、どん底まで落ちたような感じだった。九〇年代末期にほぼずっとつきまとった反トラスト法（米国の独占禁止法）違反の調査がまだ暗い影を投げかけていて、株価は横這い状態だった。そしてグーグルが、かっこいいハイテク企業として君臨していた。

マイクロソフトは、どうやらイメージを変えられそうになかった。考えてみれば、無理もない。何十年もの間、この会社を代表する顔は二人の男だった――ビル・ゲイツとスティーブ・バルマーである。彼らがどう思われようと、それがマイクロソフトのイメージになる。もしも彼らが貪欲な独占主義の人間だと思われれば、ほとんど何を言ってもそのイメージを変えられない。そして彼らが、アップルのように消費者に愛着を持たれ大喜びしてもらえるような製品を体質的につくれないと思われていれば、うーむ、それは広告キャンペーンやプレス・リリースで変えられるようなことじゃないぞ。

こんな思いが、マイクロソフトの開発者会議から戻るレン・プライヤーの頭に、ずっとよぎっていた。彼はマイクロソフトの「プラットフォームの啓蒙活動《エバンジェリズム》」を担当する責任者だったのだが、年々その仕事は難しくなっていた。プログラマーたちは、リナックスのOSやアップルのパソコンで動くアプリケーションソフトの需要が高まってきたことに気づきはじめていた。ヤフーやグーグルのような会社は、インターネットで実におもしろいことをかたっぱしからやっていた。そしてウェブ２・０の動きが高まったことで、パソコンよりもウェブ

・ブラウザで動くソフトを書くツールが安くて優秀になり、おかげで多数の新規事業がはじめられたほどだが、その事業のほとんどはマイクロソフトのソフトをまったく必要としていなかったのである。

二〇〇三年後半、プライヤーが開発者会議でブログの運営を試みたところ、大人気となった。しかし会議が終わると、ブログもおしまい。どうすればマイクロソフトは、そうしたコミュニケーションの手段を一時期ではなく年間を通して、しかもそうした会議に出席するような筋金入りの開発者だけでなく、もっと多くの人に広げていくことができるのか。

たまたまその頃、プライヤーは飛行機に乗るのを怖がっていた。親友が九〇年代前半にあわや墜落というところで命拾いしたのだが、それが彼の心理に深く影を落としていたのだ。見ず知らずの二名のパイロットの手に自分の命を委ねると思うと、パニック発作を起こした。飛行機に乗る前は決まって胸のあたりがむかつき、飛行中はほぼずっと静かに瞑想するか、恐怖にかられて肘掛けを握りしめるかの繰り返しだった。その後、彼はデルタ航空のパイロットに会った。プライヤーはパイロットに、飛行中のジェット旅客機について細かいことまでかたっぱしから聞き出した。何重のバックアップ・システムが用意されているのか。どうなると飛行機は空から落ちるのか。これは効き目があった。パイロットの頭の中をのぞくことによって、飛行機の旅が実はどれだけ安全なものかわかったのだ。

これをプロセスの透明性と呼ぼう――システムがどう動いているか、わかればわかるほど信頼性が高まる。

これは、ユナイテッド航空が機内オーディオ・プログラムのチャンネル9で、乗客に操縦室と管制塔のやりとりを聞かせることにした際に念頭に置いていた理念と同じである。もし飛行機が気流のせいで恐くなるほど揺れても、パイロットと航空管制官が細かい飛行計画を話しているのを聞くことができれば、会話がまったく普段通りだとわかるので気持ちが落ち着く。

　プライヤーは、似たような手法を使ってマイクロソフトをもっと理解してもらえないものかと考えた。もし外部のプログラマーに社内のエンジニアをもっと容易に知ってもらえる——社内の開発プロセスの透明性を高める——ようにできたら、プログラマーたちはマイクロソフトに警戒心を持たなくなるだろう。

　二〇〇三年一二月、プライヤーはデベロッパー・リレーションズ担当のゼネラル・マネジャーであるヴィック・ガンドトラに、その考えを話してみた。いまではプライヤーも、ちょっと大胆だった、と認めている。『ワイアード』誌のフレッド・ヴォーゲルスタインにこう語っている。「私は会議室すべてにカメラを設置する、テレビのリアリティ番組みたいなものを提案しました。ソフトの仕様を公開したかったんです——完全なオープンソースでいくために。ガンドトラはもうちょっと抑えめにしろと言ったんですが、基本的な考えは気に入ってくれました」ガンドトラはその構想を実行に移すために、プライヤーに二カ月間と二万ドルを与えた。プライヤーは自らを含めた五名のチームをそろえてビデオカメラを持たせ、社内で自由に仕事や製品についてエンジニアをインタビューさせた。そのビデオ映像を——

内容を吟味せず、ほとんど編集なしで――ウェブサイトで公開し、社内だろうと社外だろうと、誰でも観てコメントを書けるようにするというアイディアだ。

これは一見、荒唐無稽な話だ。どうやってマイクロソフトの弁護士、広報担当者、役員、マーケティング担当者たちをよけて通れるというのか。もしチャンネル9のカメラが、ホワイトボードにメモした知的財産をうっかりとらえてしまったらどうするのか。撮影中に被写体が興奮して何かまずいことでも口走ったらどうするのか。優れたエンジニアでも、見た目がだらしない変質者みたいな者はどうするべきなのか。

チャンネル9は二〇〇四年四月六日にはじまり、すぐに二つのことが明らかになった。弁護士、マーケティング担当者、広報コンサルタントたちが恐れていたことが現実になってしまったということ――でも、それが会社のためになるということ。最初にチャンネル9で公開された動画の一つ、ビル・ヒルという研究者へのインタビューがその最たる例だ。ヒルは髪をとかして髭を切りそろえる必要があった。しかも、彼の話題は――「いちばん大事なオペレーティング・システム（OS）は、ウィンドウズじゃないんです」――社の方針から大きくはずれていた。彼がプログラマーに言いたかったのは、重要なオペレーティングの骨組みは人間であってソフトじゃない、ということだ。このインタビューはおもしろくてよく考えられた内容だったが、明らかに広報は認めないだろうし、ましてやつくるはずもないものだった。ところが、これが大当たり。いまだにこのサイトの人気動画の一つだ。

「誰がこんなことをしていいと言った？　君の部署の責任者とミーティングをしたい」と、

ウィンドウズ部門のマーケティング担当幹部からメールが来た。「最新の動画で情報に誤りがあった。株主がこれで訴訟を起こすかもしれないのをわかっているのか」という一言を送ってきたのは弁護士。それに、廊下で気まずい言い合いが何十回もあった。広報やマーケティングの担当者がプライヤーを呼び止めて、「何様のつもりだ」みたいなことを言ったりしたのだ。でも上司たちがプライヤーを援護し、検閲されないよう食い止めた。

このサイトは、一般の人々にかなりの人気を博した。それは結局、チャンネル9が狙っていた視聴者——独立系の開発者——の人気をたちまち集めたということであり、こうしてサイトの存続は確実となった。初日が終わるまでに、口コミで一〇万の視聴者数が集まった。半年後、トラフィックは一カ月に一二〇万人のユニークビジターにまで達した。現在、チャンネル9には毎月四五〇万人近いユニークビジターが来る。動画は一五〇〇以上が公開された。

ロバート・スコーブルのことを聞いたことはないだろうか。彼はマイクロソフトのブロガーであり、自社に関するすがすがしいほどあけすけな内容の投稿でソフト開発者たちの支持を獲得し、ネット上のセレブになった（彼は二〇〇六年後半にポッドキャスティングの新規事業に鞍替えした）。でもスコーブルは、チャンネル9がマイクロソフトではじめたような透明性の革命において、いちばん目立つ顔というだけだ。事実、七万一〇〇〇名の社員がいるこの会社には、いま四五〇〇名を超えるブロガーがいて、新規事業からＳＱＬまでありとあらゆるテクノロジーの話題について投稿している。その中にラリー・フリブというＸｂｏｘ

ライブのプログラミング・ディレクターがいて、メジャー・ネルソン――Ｘｂｏｘライブで彼が使っているハンドルネームだ――の名で一日に二、三回ブログし、毎週ポッドキャストもやっている。彼の投稿は、従来のＸｂｏｘの広報活動をほぼ時代遅れも同然にしてしまった。マイクロソフトのもっとも正式かつ最新のゲーム機情報を知りたいなら、メジャー・ネルソンのブログでわかる。

その後マイクロソフトは、二人の大物が先頭に立つ頭のかたい巨大企業ではなく、僕たちとあまり変わらない人たちがたくさんいる集団みたいになっていった。マイクロソフト製品のどれを使っていようと、どれに関心があろうと、それについてエンジニアやプロダクト・マネジャーが公開で話し合いをおこなっている。どれもスコーブルほどの読者を集めてはいないが、ニッチな話が中心なのでかえって話し合いの質はよくなる。

僕はマイクロソフト・メディア・センターのビデオとミュージックのソフトにたまたま興味があるので、そのチームの人たちのブログをいくつか購読している。典型的な投稿はこんな感じ。アルバムのカバーアートが手に入らない場合、どうアルバムを表示するか、内部で議論されたことを語るのだ。きれいなプロポーショナル・フォントを使うのがいいか、それとも見た目はよくなくても等幅フォントにして、アルバムの「棚」全体の表示を統一させるほうがいいだろうか。ささいな点だし、マイクロソフトの顧客の大半には関心がないことだが、僕には関心があった。それに最終的な製品が出たら、僕が提案したスタイルが採用されていたので、いつもならマイクロソフトのソフトには感じないような愛着や好意が一気に湧いてきた。

マイクロソフトは評判を操作しようというとき、大がかりな広報作戦を頼りにしていたものだった。それはいまや社員に託された。すると広報はどうなるのか。

プレスリリースを旧来のメディアに送る通常の役割は、おそらく旧来のメディアがあるかぎりつづくだろう。しかしロングテールのメディア――テッククランチ［TechCrunch］やギズモードといったミクロなメディアから個人のブロガーまで、強い影響力を持つ新しい顔ぶれ――についてはどうか。それに、ディグ［digg］やレディット［reddit］（実を言うと、このサイトは僕たち『ワイアード』が所有している）のような、ソーシャル・ニュース集積者《アグリゲータ》（ユーザーがニュース記事の作成のみならず、投票やコメントの形で編集にまで参加するサイトを、ソーシャル・ニュース・サイトと呼ぶ）はどうか。

これらは、もっとも強力なタイプのマーケティング――口コミ――がはじまるところなのだが、ほとんどは広報担当者の話をぜんぜん聞こうとしたがらない。ブログは、金で操作された情報ではなく、信憑性の高さと個人が発する声にすべてがかかっている。多くのブロガーと、並はずれて前向きな広報のプロたちは、実に文化的に食い違っているようだ。雇われてやっていることを隠しつつディグに投稿して告発される広報たちよ、汝らは災いなるかな（企業の広報が個人のユーザーを装い、自社製品に有利な記事を投稿したことが、ネット上で暴露されたことがある）。

さてと、自分がそんな広報のプロになったと想像してみてほしい。あなただったら、どうするだろう。なじんだ世界にしがみついて、旧来の報道機関に（彼らの地位が後退し、影響力が衰えつつあるのを見ないようにしながら）プレスリリースを伝えるため電話したりメールしたりしつづけるだろうか。それとも、旧来の報道機関だけでなくブロガーへもスパム・メールを送って、うまくいくように祈るだろうか。それとも、アルファ・ブロガー（読者の多い人気ブロガー）だけを旧来の報道機関のように扱って愛情を注ぎ、他は無視する？

僕はこの三つの道がとられるところを全部見たことがあるが、二つは同じぐらいそこそこの成功をおさめていた。文化的なずれがあっても、実際にブログを読んで内容を理解しているとわかる私的なメールやコメントという形であれば、広報担当者から連絡をもらうのを実は気にしないブロガーがたくさんいるのは確かなのだ。そしてマイクロソフトやサン・マイクロシステムズのような会社は現在、広報の戦略を変えて、影響力のあるブロガーに特別な注意を払うようになり、非公開の説明会に招待したり、新製品をいち早く見させたりしている。

しかし基本的には、ソーシャルメディア（ブログやソーシャル・ネットワーキング・サイトなど、個人同士の情報交換が可能なインターネットのサービスのこと）はP2P《ピアツーピア》のメディアだ。ブロガーたちにとっては、何かかっこいいことをしている人から連絡をもらうほうが、雇われてその人の代理で販売促進をしている人から連絡をもらうよりもいい。問題は、このかっこいいことをしている人たちが忙しいということで、そもそも、だから広報担当者を雇って顧客の対応をしてもらっているのだ。

僕はこれを解決する方法は、広報の役割を外部向けから内部向けへ、つまり、外へ伝達することから、社員に自分でうまく対応する方法を指導することへと進化させることじゃないかと思う。

こうしたソーシャルメディアに対応するためのある社内指導カリキュラムは、こんな内容から始まる。

・私たちの分野で影響力を持っているのは誰か（また、どうやってそれを知るか）
・その人たちに影響を及ぼしているのは何か、または誰か
・ソーシャル・ニュース・サイトに投稿してもらうには
・効果的なブログ作成
・ベータ版への招待リストをマーケティングとして利用する
・リンクしてもらうよう頼む技
・広報活動、コンテスト、新機軸、ミームなど、リンクを誘うおとり
・情報を伝えることと、伝えすぎることについて。進行中の仕事を口コミにのせる潮時を、どう判断するか

広報のプロであるアビゲイル・ジョンソンが、こうした移行のことをもっともうまく言いあらわしていた。「ある意味、ロングテールは私たちを人間のコミュニケーションの基本に戻したんです。メディアとその後のマスメディアがあらわれる前は、どんなことであっても情報を伝えるには口コミしか方法がありませんでした。そして、口コミは発展していくもの

だし、人々はあまり時間をかけて大げさに宣伝したりしなかったので、たいていは存在の本質が市場にちゃんとあらわれていました」

　これまで、主にインターネットのオンライン・マーケティングについてお話ししてきた。ところで、オンラインの世界の特徴である文化の細分化とニッチ化が、オフラインの世界にも影響を及ぼしているのを見るのは実におもしろい。つい最近まで、僕が住んでいるカリフォルニア州バークレー（僕はヒッピーとか六〇年代とかスパでスピリチュアル体験みたいなことは、だいたい嫌いなんだけど）は、非主流の定義そのものだった。ここは人々が主流から逃れてくるところであって、主流を定義するところではなかった。でも今日、オーガニック食品やこだわり系食品《アルティザナル》（アルティザナルとは職人の手で丁寧にこだわってつくられていること）への関心の高まり、ハイブリッド車、グリーン・コンシューマー（環境問題に配慮しながら生活する消費者）、社会問題を意識したビジネスが――すべて、バークレーのようなカウンターカルチャーの中心地に根づいていた――ウォルマートからゴールデンタイムのテレビ番組に至るまで、消費者のありさまを変えつつある。

　たとえばチョコレートだ。スイスの人たちとハーシーによって、カカオ豆の新市場開拓のためにできることは、すでに何もかもおこなわれてきた。でもそう遠くない以前には、僕らがスターバックスに毎朝三ドル払っているようなコーヒー用のカカオ豆についても、同じことが言われていたのだ。前はコモディティだと思われていた商品に大《メガ》ニッチを発見することの威力をあなどってはならない。

現在、チョコレートは急速にコーヒーのあとを追っている。あるいはワイン、ビール、パン、紅茶、オリーブオイルのあとを。これらはすべて、利口な起業家がロングテールの末端に大きな市場があることにひとたび気づくと、非コモディティ化された。その市場はたまたまうまいことに、もっとも舌が肥えたもっとも富裕な消費者がずっといたところでもあり、全員にフリーサイズではないやり方に潜在的需要があると誰かが気づくのを待っていたのだ。

僕は友人のルイス・ロセットの新しいこだわり系チョコレート会社ＴＣＨＯ《チョー》を訪問して、このことを直接目の当たりにした。話はまず、ロングテールのチョコレートのびっくりするような統計結果のことからはじまった。アメリカのチョコレート市場全体は基本的に横這いを示すもので、人口や物価上昇率よりも速く成長するようなものではない。しかし「高品質《プレミアム》」チョコレートは、年一六パーセント伸びている。「高品質」の中に含まれるいくつかのニッチは、もっと成長が速い。オーガニック・チョコレートは年七〇パーセント成長しているし、「フェアトレード（国際的な不公平をなくして貧困問題などの改善を目指す取引のあり方）」チョコレートは毎年推定で二〇〇パーセント成長している（もともとが非常に少なかったのではあるが）。

新しいニッチ・チョコレート製造業者は、コーヒー製造業者がつくりあげた道をたどっていった。この産業の他のほとんどの業者（こだわり系の新興チョコレート業者から「溶かしなおし屋」とバカにして呼ばれている）のように大量のチョコレートを買ってきて、それを混ぜて成型するというより、生産者から豆を買い、出荷、発酵、乾燥、磨砕のすべての進行状況をいちいち見守っている。ＴＣＨＯのチョコレートを買うと、コードがついてきて、それをあるウェブサイトに入力すると、畑から店まで豆がたどってきた道をグーグル・アースで見ることができる。途中で立ち寄る地点ごとに、誰の手でどんなことがおこなわれているのか、動画で見ることができるのだ。それはチョコレートのバージョンごとに異なっていて、それに豆の供給者、仲介者、製造工程がさまざまに組み合わさってくる。こういうことにこだわる消費者のために、すべて知ることができるようになっている。

チョコレート一口一口がグローバル化の情報の宝庫なのだ。

情報が価値を持つ。人々は食品がどこから来るのか、つまり食品の品質や労働者の経済状態を守っているか知るために、ますます金を払うようになるだろう。他にどんな商品がこんなふうに非コモディティ化されそうだろうか。

ある意味で、オーガニック、こだわり系といったような「職人」的農業生産物は、昔の地方の農家や手作り生産や伝統の技を思い起こさせる。では、なぜこれをテクノロジー主導型の二一世紀文化へ移行した一例だと考えるのかというと、ニッチの主流化をあらわしているからだ。しかもそのニッチの主流化を生んだのは、現代の先進諸国の文化が持つ数々の常識的事実だ。つまり、豊かになったこと（ニッチ商品はコストがかかることが多い）、嗜好がますます洗練され情報通になったこと、多様性に人々が耐えられるようになったどころか、むしろそちらを好むようになったこと、流通経路（ホール・フーズからスターバックスまで）が史上かつてないほど多様性を受容できる力を持ったことだ。

それから、インターネットがある。ウェブの世界を商品の市場だと思うのはやめて、意見の市場だと思うようにしよう。ウェブはマーケティングの偉大なる平等主義者だ。そのおかげでニッチ商品も世界中の注目を集めることが可能なのである。ほとんどの商品は、これまで通りインターネット以外のところで売られるだろう。でも今後は、細かく消費者をグループ分けすることができ、史上もっとも口コミに影響を及ぼすことができるインターネットのサービスの力を利用して、ネット上で〝マーケティング〟される商品がますます増えていく。すべての産業が無限の種類の商品を持つのに適しているわけではないけれども、すべての産業が無限の種類の顧客を持っている。ようやく顧客を一人一人の個人として扱うことができるのだ。三〇秒コマーシャルの時代は終わりだ。

結　び　テールの未来

五〇〇〇ドルほど払えば、デスクトップ・ファクトリーの3Dプリンタを自宅に置くことができるようになった。まだちょっと値が張るが、これは卓上型の優れた工学技術で、しかも価格は一〇年前のレーザープリンタのように、どんどん下がっている。なんとも想像力をかきたててくれる前衛的なテクノロジーだ。レゴ・ファクトリーの話を思い出してほしい。オリジナル作品をデザインしてアップロードすると、一、二週間後に制作キットが送られてくる。3Dプリンタがあればその配送をもう待たなくていいのだ。3Dプリンタというのは、ほぼ何でも一個ずつ製造できる家庭内工場のようなものだ。いつかインクジェット・プリンタと同じくらい普及して、価格もそう変わらなくなるかもしれない。そうなったらどんなことが可能になるか、想像してみてほしい。

3Dプリンタにはいまいろいろな種類があるが、普通はレーザーで液状ポリマーやパウダーを好きな形の硬化プラスチックにしてくれる。CADの図面ファイルや、ビデオゲームのキャラクターの画像をそのまま読みこんだポリゴン・ファイルなど、三次元オブジェクト・ファイルを入れると、レーザーがそれをなぞっていく。すると中でデータを完全に複製したものが一層ずつあらわれる。つまり、デスクトップ・ファクトリーの3Dプリンタは、自宅でデジタルを物質に変換できるのである。物のロングテールのための究極の製造テクノロジーだ。

3Dプリンタ技術が割れやすいプラスチックにとどまらず、金属や合成繊維などさまざまな素材に応用されていけば、スペアの部品やおもちゃなどを自分でつくれるようになるかもしれない。それどころかバーチャルな小売業者からデータをダウンロードして、機械をまるごとつくってしまうなんてこともありえる。すでにデジタルな商品でそんなことができる。たとえば会計ソフトを一〇日以内にアマゾンに箱で配送してもらうか、ダウンロードしてすぐ使うか選ぶことができる。また音楽でも同じようなことができるサービスがあって、来週CDを届けてもらうか、いまデジタルで曲をダウンロードするか選べる。それと同じことがいつか物理的な商品でもできるようになるかもしれないのだ。いまは家庭で写真をプリントしているけれど、そのうち写真を入れる額も家庭でつくれるようになるかもしれない。

そうした兆候はすでに見られる。ビデオゲームの伝説的クリエイターであるウィル・ライトは、最新作『スポア』の最終仕上げをおこなっている。このゲームでは、生物に自分の好きな習性や特徴を与えながら進化させることができる。できた生物が気に入れば『スポア』のサーバーにアップロードする。すると約二〇ドルでリアルな――色や質感なども全部――

フィギュアにしてもらえる。この世に二つとない作品が、ものの一週間か二週間で自宅に届く。これをキャラクター・グッズのロングテールだと考えれば、これからどんなことになっていくのかちょっと考えただけで興奮してしまう。

何でもそうだが、物のロングテールも集積され、デジタルで保管され、光ファイバーで家庭に届けられるようになるだろう。消費される時点ではじめて再び物質に戻るのだ。SFのような世界だが、ほんの一〇年前に音楽のコレクションを全部ポケットに入れて持ち歩けるようになったときだって、同じように思えたものだ。

エンタテインメントと情報の世界では、すでに商品スペースやチャンネルの容量の制約がなくなり、全員に同じものを押しつける必要がなくなった。やがて大量生産品の制約も消えるかもしれない。デジタルの効率性のおかげで文化には選択肢が一気に増えたが、これは生活のいたるところで起こるようになる。今後問われるのは、選択肢が増えるのはいいことかどうかではなく、本当に欲しいものは何かだ。無限に広がる商品棚の上に、載らないものはないのだから。

補遺

『ロングテール』の初版が出てから数カ月のうちに、目をみはるようなことが二つあった。一つめは（ニッチの影響力に関する本としては皮肉にも）ベストセラーになったこと。アメリカでは『ニューヨークタイムズ』のトップ一〇に入ったし、中国ではノンフィクション部門で一位になった。でももっと大事なのは、この本が読まれ、しかもロングテール市場だとは思いもしなかった産業で反響を巻き起こしたことだ。何百人もの読者が、ロングテール現象がありとあらゆるところで起こっていると僕に書き送ってくれた。教会コミュニティ（キリスト教系の在宅教育《ホームスクーリング》は教育のロングテールだ！）からポルノ（人間集団の嗜好が実にさまざまであることをありのまま示すいちばんいい例かもしれないが、この件を肉付け……おっと、ふくらませるのは他の人たちに任せよう）に至るまでだ。

僕は、メディアやエンタテインメントといったデジタルの世界以外で見られるロングテール効果の例をもっと挙げてくれ、と頼まれることがよくあった。本の中でイーベイやレゴの例は出したんだが、読者は市場が細分化されたり、消費者の需要がニッチ商品に向かったりする傾向が、旧来の小売業者や一般消費財にも当てはまるのかが知りたかったのだ。答えは、当てはまる。ただし、流通経済がもっとも急速に変化している純粋にデジタルな世界ほど劇的にはいかない。

ファッションはいい例になることがわかった。ファッションは、高級ブティックやデザイナーズブランド（これらがつくる流行が、最終的に量販店という短いヘッドの世界へ行き着く）といった既存のニッチ市場から、ヴィンテージ服（イーベイがその最大の小売業者だ）やスレッドレス・コム［Threadless.com］みたいな手作りTシャツ・デザインのサイトのような新興市場まで、多岐にわたる。

旅行もそうだ。イージージェットやライアンエアなどをはじめとした格安航空会社ブームは実質的に流通コストを下げ、いまや何百万人もの旅行者が東ヨーロッパや西ヨーロッパの小さな町など、観光の主流ではない都市や地域を訪れている。

それから、オーガニック食品や「こだわり系」食品の市場が急成長している。これは僕が住んでいるバークレーや、イタリアの小さな農場周辺で始まったスローフード運動（伝統的な食のあり方や質のよい食材を守る運動）のような市場でミクロなニッチとしてはじまり、いまやホール・フーズを通じて主流派になった。ウォルマートが、何百万という中流アメリカ人の顧客の需要を満たせるだけのオーガニック牛乳をなんとか確保しようと苦労している光景は、ロングテールの追い風が急速にヘッドの世界に届くことを示す印象的な例だ。

ロングテール理論はここまで広がっているという、昨年のもっともクールで驚くべき（しかもすかっとする！）例の一つが、アルコールだ。アメリカ最大手のビール醸造業者アンハイザー＝ブッシュは、ロングテール・ライベーションズという部署をもうけて、「クラフト・ビール」や地ビールなどのニッチなアルコール商品を出した。

僕は、なぜヒットからニッチへの移行が飲み物にも来ているのか、クライズデール馬（バドワイザーのマスコットになっている馬の一種）の口から直接聞こうと、アンハイザー＝ブッシュに連絡をとった。インターネットが多くの市場で流通コストを下げ、より多い選択肢（無限に広い「棚のスペース」）を可能にしているのはわかっているが、それがリアルな棚のビール瓶にどう当てはまるのか。

ロングテール・ライベーションズ担当責任者パット・マゴーリーの説明によると、アンハイザー＝ブッシュがニッチなビールを採用したのは、流通経済の根本的な変化に押されてのことではなく、むしろ文化全体にニッチへ向かう傾向が広く見られることによる結果だそうだ。アンハイザー＝ブッシュは、規模が大きいので独自の流通網をコントロールすることができ（他の会社は外部の販売業者を通すのだが、販売業者はミクロ市場のよさを売りこむことがなかなかできない）、したがってニッチ消費者を狙った商品を試験的に次々出してみることができるという点で、はからずもビール醸造業者の中では希有な存在なのだ。

ここ一〇年にわたってこの会社が提供するビールや冷酒類などのアルコール飲料の数は大幅に増え、一九九七年には二六ブランドだったのが、二〇〇七年には八〇ブランドになっている。現在はオーガニック・ビール、女性向け飲料、またベア・ナックル・スタウトやツィーゲンボック（テキサスでしか手に入らない）のような多数のミクロなビールをつくっている。

しかし実に感心したのは、最新のビールだ。さらなる細かいニッチ・ビールを追求していくうちに、この会社はもうオーガニックやこだわり系はおろか地ビールを超えるところまで行ってしまい、今度はアレルギー対応ビールの市場を発見したのだ。二〇〇六年後半、小麦や大麦ではなくモロコシでつくった、グルテンを含まないレッドブリッジというビールを発表した。

考えてみれば、いかにも納得がいく——グルテンを含まないどんな食品にも市場があるのだから、ビールにあってもいいじゃないか。実際、あらゆるアレルギー対応商品の市場は、典型的なロングテール機会だ。僕がこれを発見した際には、ニッチな掃除機の市場が、ロボット掃除機（ルンバ）や高級なダイソンを超えて、花粉や動物のフケを減らす特殊なフィルタがついた掃除機にまで広がっていることもわかった。

もう一つ例を挙げると、文化のグローバル化にはロングテールが当てはまる。スポーツ、ニュース、エンタテインメントにおいては、一つの地域に集中している視聴者のみを考えるのではなく、世界中に分散した視聴者を考えるように移行しつつある。

ある国のヒットは別の国ではニッチだ。日本ではアニメやマンガは主流だが、ここアメリカではニッチだ。テレノベラ（テレビの連続もののメロドラマ番組）はラテンアメリカでは主流だが、よそではニッチだ。それから、あのサッカーだって、どうやら他の地域では主流のようだが、アメリカではワールド・カップの時期以外はほとんどテレビで見かけない。

クリケットを見てみよう。英連邦加盟国及びインド亜大陸とかつて大英帝国の一部だった他の国々では、非常に規模が大きい。インド、パキスタン、オーストラリア、南アフリカ、ニュージーランド、イギリスでは、クリケットの大きな試合はすべてテレビで実況中継される。でも他の地域ではほとんど見かけない。テレビ放送の経済性に照らせば、それも道理だ。放送波が乏しいので一般大衆向けの内容にするしかない。しかし、視聴者が集中しているいくつかのこうした市場の外側に、何百万ものクリケットのファンがいる。そして彼らは母国にいる同胞たちと同じぐらい、実況で（いや録画でもいいから）クリケットの試合を観戦したいと強く望んでいる。いまではインターネットのストリーミング動画配信のおかげで、それも可能だ。

インドから離散した移民は約二五〇〇万人いるが、そのほとんどがテレビでクリケットを放送しない国々にいる。彼らをクリケット離散民《ディアスポラ》、つまり潜在的に規模が大きい分散した視聴者だと考えよう。ラグビー離散民、サッカー離散民、相撲離散民なども同じ。では立場を替えて、世界中に潜在しているアメリカのスポーツの視聴者も同じように考えてみよう。アメフト離散民、野球離散民、バスケット離散民だ。今度はそれをニュースやテレビ番組や音楽をはじめ、もっと他にも広げてみてほしい。僕の言いたいことがおわかりだろうか。

現在テレビが、放送と同時に観る番組スケジュールの世界から、ストリーミング動画配信で観るオンデマンドの世界へだんだん移行していくにつれ、視聴者が分散した市場が、集中している市場に負けないほどの価値を持つ時代に入ろうとしている。ロングテールの映像は、離散した民をその共通の文化で再び結びつけるだろう。たとえ各人の周囲ではニッチな文化だと思われていてもだ。このことはすでに、アメリカでラテンアメリカ系のラジオ局が人気を集めている例に見られる。この動きはもうすぐアメリカでも海外でも、すべての移民文化に広がるだろう。ロングテールは細分化を促す力だと思われがちだが、すでに細分化されたものの結合を促す力にもなりうるのだ。

おそらく、ロングテール理論のこうしたさまざまな驚くべき適用例から、最優良事例を集めた本がもう一冊書かれるべきなんだろう。でも、それは次の機会までお預けにせざるをえないし、他の作家が書くことになるかもしれない。最後にここで僕がしておきたいのは、ロングテール理論でもっともよく見られる勘違いのいくつかについて、簡単にお話しすることだ。最初の本が出た後で僕が講演などをするときに、繰り返し耳にした勘違いだ。

なんといってもいちばんよくあるのが、ロングテールはヒットの終焉を告げるものだという誤解だ。そうじゃない。ヒットはニッチと同じぐらい流通のべき法則分布の一部だ。終わりなのは、ヒットの〝独占状態〟である。

あまりにも長きにわたり、ヒット商品またはヒット狙いの商品が舞台を独り占めしてきたが、それはヒット主導型の会社だけが小売の販路にアクセスでき、なおかつ小売の販路にはベストセラーしか扱う余地がなかったからだ。しかしいまや大ヒット商品は多数のニッチ商品と舞台を分け合わなくてはならないのであり、そのせいで市場はかなり違ったものになってくるだろう。ご説明しよう。

本質的にヒットには三種類ある。これをタイプ1、2、3と呼ぶことができる。最初の二つは「上から下《トップダウン》」のヒットで、これは主流のレーベルや映画撮影所や出版社のような類の旧来のヒット製造機から出てくる。三つめは新手の「下から上《ボトムアップ》」のヒットで、これは草の根から出てくる。厖大な種類を抱えていて、力を増している市場だ。

・**タイプ1** 真の「上から下《トップダウン》」ヒット。優れていて、幅広い客の共感を呼ぶ商品（コールドプレイからワールド・カップまでいろいろ）。ビッグに登場して、ビッグなままでいる。

・**タイプ2** 偽《にせ》の「上から下《トップダウン》」ヒット。死ぬほどマーケティングして、まんまと多くの人々に試してもらうことに成功するが、おおかた試したことを後悔されてしまういまいちな商品（『ガーフィールド2』とか）。ビッグに登場しても、すぐ落ち目になる。

・**タイプ3** 「下から上《ボトムアップ》」ヒット。口コミや草の根の支持で人気になる商品（クラップ・ユア・ハンズ・セイ・ヤーとか『皇帝ペンギン』とか）。小さく登場して、ビッグになる。

タイプ1のヒットはこのまま成功しつづけるだろうと思う。タイプ3は以前よりもはるかに大きな成功をおさめるだろう。インターネットはいままでもっとも優れた口コミの増幅器だからだ。しかし、タイプ2のヒットは苦労するだろう。消費者がこれまでにない速さでひどいという噂を広めるからだ。

要するにこうだ。ロングテールの世界では、多くの「上から下」ヒットが小さくなるが、はるかに多くの「下から上」ヒットが大きくなる。〝ヒットの終わりではない——新種のヒットが上昇してくる〟のである。

もう一つよく聞く質問は、ロングテール理論は無名の生産者が金持ちになれると期待してもいいということなのか、というものだ。残念ながら、話はそう簡単じゃない。

まず、この理論が本当に伝えていることは何なのか振り返ってみよう。簡潔に言うとこの二つの組み合わせだ。A、もし生産と流通のコストを大幅に下げられれば、ずっと多くの種類の商品を提供できる。B、商品の種類が増えて、しかも個人の好みに合わせて商品を簡単に整理できるツールがあれば、人々は旧来の大ヒット文化におけるように互いの共通点に甘んじるより、だんだん互いの差異を楽しむようになる。

ロングテール市場には消費者、集積者《アグリゲータ》、生産者という三つのタイプの参加者がいる（ただし一人が三者すべてである場合もありうることに注意。三つは互いに相容れないわけではない）。それぞれが受ける主な影響は以下の通り。

・**消費者**——概ね文化的な影響。人々の選択肢が増え、そのため次第に個人の好みがかなえられるようになるが、文化はだんだん細分化していくことになる。

・**集積者**——概ね経済的な影響。厖大な種類を集めるのも、それを整理する検索やレコメンデーションなどのツールをつくるのも、とても容易になった。種類が増え、さらに種類の多さに対する需要が増えると、それは市場機会となる。また、一サイズが全員に合うわけではないという、商品に言えるのと同じことが、集積者にも言えることに注目してほしい。僕は、イーベイやアマゾンやiTMSやグーグルのような勝者独り占めの例は、初期段階の現象だと思う。専門に特化したニッチ集積者（たとえば不動産情報サービスのジロー［Zillow］のような垂直検索）が頭角をあらわしてきている。

・**生産者**——概ね非経済的な影響。生産者にとってロングテールによる恩恵は、主に直接収入から来るわけではない。普通のブログに載せたグーグルのアドセンス［AdSense］（グーグルが自動で配信する広告をサイトに載せておくと、それがクリックされるたびにサイト運営者に報酬が支払われるサービス）は、ばかばかしいほどの報酬しか生まないものだし、マイスペースにいる普通のバンドはおおかたCDが売れなくて、録音にかけたコストも回収できないほどであり、ましてや昼間の仕事をやめるどころではない。しかし、こうしたミクロなセレブを個別に単位化できる技術が、別のところで重要となる場合がある。たとえばブログは、個人をブランド化する優れた手段であり、それを通じて仕事の依頼が来たり、コンサルティング契約をしたりと、あらゆることにつながる。またマイスペースのほとんどのバンドのページは、ライブにファンを呼び集めることを意図しているのであって、ライブこそ大半のバンドがもっとも気にかけている市場なのだ。評判の非貨幣経済という観点からすれば、ロングテールはそこに住む人々にとって、以前よりずっと居心地がいいところになるようだ。

普通のブロガーやミクロな出版者にとって、ロングテールは富を約束してくれるものではない。もしやっていることに価値があるなら、そのときは注目や評判や読者数が増えるのを見こめる。でも、その金ではない通貨を、現金に換えるのはあなた次第だ。やってみたいと思う人の数だけ方法がある。多くの人にとっては、高く評価されることがしばしばじゅうぶんな報酬となる。しかし期待はほどほどに持つことが大事だ。ロングテールは無名な状態でなくしてくれるのではなくて、ただ無名な程度を弱めてくれるだけだ。でも、テールで暮らしたり働いたり、あるいはただ遊んでいたりする僕たちの大半にとっては、少数派の嗜好へ文化が移行することによって、以前より豊かで活気ある文化がすでにもたらされつつある。いつどのように金がついてくるのかは、この先数十年かけて見えてくることなのである。

原注と参考文献

本書は、およそ二年にわたる調査および企業幹部や経済学者などへのインタビューをまとめたものである。またネットフリックスやイーベイなど、ロングテール市場を構築している企業が、独自の販売データや利用データを分析した結果を、大量に提供してくれたおかげで実現した（このプロジェクトを支援してデータをくれた企業幹部たちには、いくら感謝しても足りない）。さらに本書は幾多の研究者、思想家、作家たちの仕事に支えられている。多くは引用したが、彼らのアイディアや考察は僕の考え方に多大なる影響を与えた。

注釈には主要参考文献とともに、補足情報、説明なども加えた。主要な文献の多くがウェブサイトなのだが、その場合はURLを示した。ただしURLは変わることがあるので、検索エンジンで見つけることができるように、特定できる情報も入れておいた。

1　ヒット・アルバムのデータは、全米レコード協会（www.riaa.com）を参考にした。ここではゴールドディスク、プラチナディスク、マルチプラチナディスク、ダイヤモンドディスクといったアルバムに関する、すばらしいデータが調べられる。ハリウッド映画の興行成績のデータはボックスオフィス・モジョ（www.boxofficemojo.com）を参考にした。

2　テレビに関するデータは、ニールセン・メディア・リサーチの提供だ。

3　ロビー・ヴァンアディベはイーキャストを二〇〇五年に退社した。

4　ここに関しては補足説明をしたい。ウォルマートなどオフラインの市場では、ほぼすべての音楽がアルバムの状態で販売される。つまりCD市場だ。それに対してｉＴＭＳやラプソディなどオンラインのサービスでは一曲ずつダウンロードできるし、実際ほとんどが一曲ずつダウンロードされている。そして一枚のアルバムの中に人気のある曲とそうでない曲がある以上、アルバムの市場をシングルの市場に換算するときに、アルバムの平均曲目数である一四をただ掛けただけではじゅうぶんとは言えない。もっと正確な結果を得るために分析をおこなったところ、ラプソディの人気上位一〇万曲は約二万二〇〇〇アルバムに入っていることがわかった。これは一アルバム平均約四・五曲という計算だ。上位一〇万に入らない人気のない曲については、一アルバム平均五・五曲ということにした。結果として、ウォルマートの四五〇〇タイトルのアルバムは、ラプソディの二万五〇〇〇曲に等しい計算になる。

5　大型書店とアマゾンの比較にも頭を抱えた。アマゾンはタイトルごとの販売データを公開したことがない。だからわかっている範囲内で推測するしかなかった。その情報のほとんどはアマゾンが表示している本のランキングの数値と、第三者によるさまざまな分野の本の総販売部数データだ。初期の段階でこの研究をおこなったのは、マサチューセッツ工科大学のErik BrynjolfssonとカーネギーメロンM大学のMichael Smithとパーデュー大学のJeffrey Huである。彼らは論文"Consumer Surplus in the Digital Economy: Estimating the Value of Increased Product Variety at Online Booksellers"(2003)の中で、アマゾンのランキングのデータを大規模解析したものをもとに販売部数曲線を推測していた。そして上位一〇万タイトル(大型書店の平均的な在庫数に当たる)に入らない本の販売部数は、アマゾンの総販売部数の四〇パーセントを占めるという結論を出した。

しかし、アマゾンをはじめとした書籍産業とのその後のやりとりから、この数字は大きすぎたことがわかった。主にアマゾンがランキングを出すアルゴリズムが推測と違っていたことと、この類の曲線分析が上位一〇〇タイトルを少なめに見積もってしまう傾向のせいである。その後相対的なランキング数値を、出版社から直接もらった販売部数の数値と対応させて換算し、分析結果をより正確にした。それからそれを研究者が見積もったアマゾンの書籍総売上の数値とつき合わせてチェックした。現在、上位一〇万位より下のタイトルの販売部数はアマゾンの総販売部数の二〇から三〇パーセントだと推測している。そこでグラフでは平均値である二五パーセントという数値を使用した(訳注/二五パーセントは初版時の数値。今回は変更されている)。

6　Walter Benjamin, *The Work of Art in the Age of Mechanical Reproduction* (1936)〔「複製技術時代の芸術作品」、ヴァルター・ベンヤミン『ベンヤミン・コレクション1　近代の意味』所収、筑摩書房、久保哲司訳、浅井健二郎編訳、一九九五年〕

7 二〇〇五年二月にチャーチル・クラブでおこなわれたJeff Bezosの講演より。
8 ジョン・ロブのサイト（globalguerrillas.typepad.com）より。この投稿は二〇〇五年三月一八日付だ。
9 ウィキペディアに関しては、『ワイアード』二〇〇五年三月号に掲載されたDaniel Pinkの「The Book Stops Here」という記事を参考にした。
10 ポール・グレアムのサイト（paulgraham.com/web20.html）より。
11 世界経済フォーラムが発行している『グローバル・アジェンダ』二〇〇六年版を参考にした。
12 この段落の詳細については、『ワイアード』二〇〇五年一二月号に掲載されたXeni Jardinの優れた記事を参考にした。
13 カリフォルニア大学バークレー校情報学部においてGarage Cinema Research Projectsの一環であるMedia Streams Metadata Exchangeで研究をするRyan Shawら学生のチームだ。
14 全米大学売店協会のサイト（www.nacs.org）を参考にした。
15 書籍産業研究会のサイト（www.bisg.org）を参考にした。
16 二〇〇五年一一月にリーマン・ブラザーズの小資本会議［Small Cap Conference］でおこなわれたReed Hastingsの講演より。
17 「べき法則」という言葉は、ただ$y=ax^k$の分布を言うために使ったのであって、厳密ではない。本書で用いられる実際的なデータでは、yは総販売数あるいは人気度であり、xはそれに対応するそれぞれの商品の販売数か人気度のランキングだ。a項はxがじゅうぶん大きいときには定数であり、kはxにかかる累乗で「べき指数」と呼ばれる。実はこのような指数関数にはさまざまな種類があって、一見べき法則に見える市場が、本当は対数正規分布など、似た仲間の統計分布だったりすることがあるのだが、そういう細かい差違にこだわるのは本書の意図するところではない。とはいえ、カリフォルニア大学バークレー校情報学部（とグーグル）のハル・ヴァリアンがこうした微妙な点を指摘してくれたことに感謝したい。

18　ロードアイランド国際映画祭のサイト（www.film-festival.org）を参考にした。

19　バーンズ・アンド・ノーブル、PRX、レディフ・コムに関する数値は、どれも各社の幹部から個人的にもらった。

20　この調査結果は出版されていない。下書きの状態で提供されたため、数値のいくつかがその後変更されている。

21　オンライン市場とオフライン市場の差は歴然としている。左頁の表は、市場の販売分布の違いをあらわしている。

22　この一節は『フォーブスASAP』に初出し、その後 *Telecosm: How Infinite Bandwidth Will Revolutionize Our World*（2000）にも掲載された［ジョージ・ギルダー『テレコズム――ブロードバンド革命のビジョン』、ソフトバンククリエイティブ、葛西重夫訳、公文俊平解説、二〇〇一年］。

23　私的なやりとりから。

24　『アトランティック・マンスリー』二〇〇五年一〇月号の Richard Florida の記事より。

総販売数比

販売ランキング	ウォルマート	ラプソディ	ブロックバスター	ネットフリックス
1-100位	65%	47%	68%	38%
101位以下	36%	53%	32%	62%

注・ニールセン・サウンドスキャンとビデオスキャンはCDとDVDという2つのカテゴリーのオフライン総販売数を調査しており、ウォルマートとブロックバスターの販売数もここが提供してくれた。ただしウォルマートとブロックバスターは市場における最大規模の小売業者であるため、両者の販売パターンは似ていると見て差し支えない。

25 『ディスカバー』二〇〇五年九月号の Steven Johnson の記事より。
26 *The Death and Life of Great American Cities*（1961）より［ジェイン・ジェイコブズ『アメリカ大都市の死と生』、鹿島出版会、山形浩生訳、二〇一〇年］。
27 PBSのドキュメンタリー番組『フロントライン』の「The Way the Music Died」(2004) の中でインタビューを受けた David Gottlieb の発言より。
28 資料提供は前出の Brynjolfsson と Smith と Hu だ。
29 コロンビア大学の Sheena Iyengar とスタンフォード大学の Mark Lepper による〝When Choice Is Demotivating: Can One Desire Too Much of a Good Thing?〟（2000）より。
30 リーズ大学経営大学院の Nicola Brown と Barbara Summers、そしてロンドン大学経済学大学院の Daniel Read による〝The Lure of Choice〟（2002）より。
31 私的なやりとりから。
32 『フォーブスASAP』一九九九年一二月一三日号の Virginia Postrel の記事より。
33 カリフォルニア大学バークレー校の Hal Varian らによる〝How Much Information?〟（2003）より。
34 二〇〇五年一〇月のストリーミングメディア・コム［StreamingMedia.com］より。
35 私的なやりとりから。

謝辞

本書はまさに、何千人もの人々の助力と共同作業の賜物だ。

まず雑誌の記事として発表したところ広く読まれ、次いで本書の進捗状況をブログに書いた。このように完成までのプロセスを比較的オープンにしたため、結果として感謝すべき人たちの数がみるみる増えた。ここでも紹介するが、数人は「原注と参考文献」の中にも登場した。

まず、僕の次にがんばったのは妻のアンだ。彼女のように頼れるパートナーがいなければ、こんなプロジェクトは不可能だった。いやアンはそれ以上の存在だ。絶えず僕を支え、理解してくれた。僕は本書にかまけて妻との時間をずいぶん台無しにしている。休日に妻が子供の面倒をみている間、僕はスターバックスで原稿を書いていたし、外泊して一緒に過ごせない夜も多かった。休みにどこかに行くでもなく、夜のデートに出かけることもしなかった。妻の払った犠牲は大きい。それでもアンは、僕の理解者、最初の読者、相談相手、親友として励ましと助言を与えつづけてくれた（僕の子供たち――ダニエル、エリン、トビー、イザベル――もまた、父親にあまり会えない日々が一年つづいた。現実をしっかり受け入れてくれたことに感謝している。僕としては子供たちの心に傷が残らなければいいがと思う）。

調査をおこないつつ本の大まかな骨組みをつくる段階で、仕事と思索のために地上最高と思えるような場を二つも使うことができたのは幸運だった。『ワイアード』誌を創刊したルイス・ロセットとジェーン・メトカーフは、隣人であり友人でもある人たちだが、ありがたいことにバークレーにある快適なオフィスを、二〇〇五年の夏の数カ月間貸してくれた（僕は離れの書斎を持つ大先生にでもなった心地で、なんだか頭までよくなったような気がした）。それからもう一人、親友のピーター・シュワルツがエメリービルにある彼の会社、GBN（グローバル・ビジネス・ネットワーク）に、やはりすばらしいオフィスを提供してくれた。優秀な執筆アシスタントであるスティーヴン・レカートとともに、大詰めのブレーンストーミングや議論はほとんどそのオフィスでおこなった。

『ワイアード』のスタッフたちも得がたい仲間だ。特に編集責任者のボブ・コーンと編集長代理のトマス・ゲッツは、編集長の僕が本書に時間をとられていく中、僕を励ましつつ見事な働きで仕事の穴埋めをしてくれた。ボブは最初のロングテールの記事を担当して論旨や文章を一緒に練ってくれたが、その結実が本書にも生きている。それからメラニー・コーンウェルが原稿にコメントを書いてくれたおかげで、ずいぶんポップ・カルチャー関連の誤りが見つかったし、他にもあちこち文章が磨かれた。また編集主任のブレーズ・ズレガは僕が不在にすることが多い中、編集部という大車輪を軌道からはずれないよう回しつづけてくれた。調査主任であるジョアンナ・パールスタインは、前半に登場するグラフを作成する手助けをしてくれた。そしてとりわけサイ・ニューハウスには感謝したい。本書の土台となる彼のすばらしいアイディアを最初の段階で僕に託してくれたのだ。

さらに多くの学術関係者が、ロングテールの影響を数値化して分析するにあたり、重要な貢献をしてくれている。マサチューセッツ工科大学スローン経営大学院のエリック・ブリニョルフソンとパーデュー大学クラナート経営大学院のジェフリー・フーは、アマゾンのロングテールを推測する前半の仕事に関わってくれた。おかげで理論構築のための分析的枠組みが完成して僕の中に自信が生まれ、これならできる、と思えたのである。この分野で彼らがつづけている研究は非常に優れており、その彼らが僕の仕事に手を差し伸べてくれたことには感謝してやまない。またハーバード大学経営大学院では、アニタ・エルバースが見せてくれたネットフリックスのＤＶＤに関するロングテール研究が非常に役立った。その成果を出版することも含め、彼女の今後の仕事ぶりを楽しみにしている。

スタンフォード大学経営大学院教授のヘイム・メンデルソンは、彼の講義中に僕が発表する時間を設けて、ロングテールを研究テーマに加えてくれた。それがきっかけで、運のいいことに学生たちと分析を進めることができた。学生のアンジー・シェルトン、ナタリー・キム、サロニ・サライヤ、ベサニ・プールたちは、ヤフー・ミュージックとイーベイの事例について研究した。イーベイについては、調査会社のテラピークが市場の売り手と買い手のロングテールに関する貴重なデータを提供してくれた。またカリフォルニア大学バークレー校の経済学者ハル・ヴァリアンは、そのアイディアや助言で僕を指導し、違う角度から見るよう促したり、もっとがんばるよう励ましたりしてくれた。

ロングテールの実態を知るうえで、もっともいい事例がラプソディだ。ここは前半のデータ元の一つである。ラプソディを所有するリアルネットワークスのロブ・グレーザーとマット・グレーヴズが変わらぬ助力と励ましをくれたことは、いつまでも忘れないだろう。ネットフリックスCEOのリード・ヘイスティングスは初期の支援者でありデータの提供者でもあるが、それだけにとどまらず、僕に「ロングテール」という言葉は以後残るかもしれないと言ってくれた人だ。実に先見の明がある。ヤフーのデイヴ・ゴールドバーグは音楽産業の分析を助けてくれた。またDVDステーションのビル・フィッシャーはデータに加え、変化してやまないDVD経済に関する示唆をくれた。そしてこの企画を僕に始めさせたのは、当時イーキャストにいたロビー・ヴァンアディベだ。この点では彼に特別な感謝をせねばならない。

次に言葉やアイディア面から本書に貢献した思想家や作家たちを紹介したい。ウメイア・ハクにはハウス・ミュージックのところで多大なる世話になったし、グレン・フライシュマンはアマゾンのところでおおいに貢献してくれている。GBNのアンドリュー・ブラウにはロングテールを考えるうえで刺激となる見方を教えられた。またロブ・リードからは変化しつづけるエンタテインメント経済に関して長いメールをもらい、その見事な内容を僕はずいぶん引用させてもらった。そしてニッチ商品群の力を早くから見抜いていたケビン・ローズの洞察は、僕の最初の記事に影響を及ぼした。

よき理解者であり助言者でもあるエージェントのジョン・ブロックマンは、思想家や科学者たちが待つ、彼の潤沢な世界へ僕を招き入れてくれた。彼が音頭をとって実現した多くの会食や出会いの場は、人生でもっとも心躍る機会となった。それからハイペリオンの編集者であるウィル・シュワルブは、僕が本に集中できるようずいぶん気を遣ってくれた。本の現在の骨組みは彼の賢明な助言に負うところが大きいし、完成にまでこぎつけたのも、彼がいつも熱心に、なおかつ寛大に導いてくれたからだ。

それから僕の両親はことさら感謝に値する人たちだ。父のジム・アンダーソンは、グローバルな視点と知的誠実性がいかに大切なものであるか教えてくれた。母のカーロッタ・アンダーソンは、文章に対する厳しい目と尽きない好奇心で後押しをしてくれた。

出版産業の調査はもっとも困難で、理想的なデータ（アマゾンの販売記録）が手に入らなかったために、ほとんど第三者のデータから分析せざるをえなかった。この件に関してはモリス・ローゼンタールとティム・オライリーにとりわけ感謝している。

最後になったが、僕がブログ（thelongtail.com）をはじめたのは、ジョン・バッテルが『ザ・サーチ――グーグルが世界を変えた』（日経BP社、中谷和男訳、二〇〇五年）の制作過程をブログで公開したのに触発されてのことである。そしてこれまで僕のブログには、数えきれないほどの優れたアイディア、助言、データ、知識が寄せられた。何千人もの聡明なるブログの読者に、心からお礼を申し上げたい。

解説

アンダーソンが見た潤沢化する世界とその未来

インフォバーン　代表取締役CEO
小林弘人

本書『ロングテール』は、二〇〇六年に米国で刊行され、その後、間髪を入れずに日本でも発売された。当時ウェブ業界では著者クリス・アンダーソンの「ロングテール理論」はすでに話題になっており、多くのカンファレンスで、登壇者たちが口々に「ロングテールが……」と話していた。日本での発刊後はインターネット・ビジネスに興味のある一般層にも「ロングテール」という言葉は浸透し、概念として完全に定着したといっていいだろう。そして、二〇〇八年にソフトカバーのアップデート版が刊行され、内容についての加筆が行なわれた。

インターネットやテクノロジーの動向について書くことには、常にリスクが伴う。それは「陳腐化」である。ドッグイヤーと呼ばれるＩＴの世界では、犬の一年が人間の七年分に相応するがごとく、あらゆる潮目が通常の何倍もの速度でめまぐるしく変化する。実際に、本書に登場するサービスのいくつかは、上梓された当時と比較して、すでに王座を後続に明け渡したものもある。しかし、それらは瑣末な話でしかない。本書はそんな生き馬の目を抜く時代のなかで錆びゆくことなく、新たな古典として長い時間の経過を生き延びてきた。そして、その後にアンダーソンが書いた『フリー〈無料〉からお金を生みだす新戦略』（NHK出版、高橋則明訳、二〇〇九年）も、翻訳書としては日本で異例の大ベストセラーとなり、最新作『MAKERS 21世紀の産業革命が始まる』（NHK出版、関美和訳、二〇一二年）も大いに注目の的となっている。そしてその原点こそ、その後の本に通底する思想性が色濃く表れている、本書『ロングテール』なのだ。

わたし自身は、この『ロングテール』をはじめて読んだとき、ウェブについての入門書として非常に適した一冊であると感じた。それはネット小売店の品揃えの話だけではなく、あらゆる分野を縦横し、ウェブ特有のクチコミ・マーケティングからユーザー同士によるピア・プロダクションまで、当時のウェブ状況を概観した一冊となっている。また、現実世界のビジネスではありえないことが、ウェブ世界では転倒し、それが勝利の法則として作用する場合がある。その後に続く『フリー〈無料〉からお金を生みだす新戦略』も基本的には本書と同様にそういったウェブならではの法則を解説するという構造になっている。また、本書でも触れられる「潤沢と稀少」については、無料とは何かを問う『フリー』において、重要な主題となっているが、このロングテールでも潤沢化は核となる概念である。

本書でも紹介されるジャーナリストのジョージ・ギルダーは、国家や企業がこれまで希少だったものを徹底的に潤沢化させることで富を生み出したことに着目した。このアイディアはアンダーソンが説く「潤沢化」の礎となっている。ギルダーは、過去に労働力、鉱石、エネルギー、現代では半導体やソフトウェア、光ファイバーによる情報転送から潤沢の経済を見いだした。たとえば、マイクロソフトは飛躍的に向上するチップの演算処理能力を自社のソフトウェアやオペレーティング・システムを用いてフルに使い倒し、PCの処理能力を潤沢化させた。グーグルも検索エンジンによって情報を検索可能（ファインダブル）にするとともに、多くのコンテンツを潤沢化させ、無料にしてしまうことで力を得てきた。アンダーソンは、アマゾンやイーベイの売上が描く「長いシッポ」にその潤沢化の法則を見いだしたのだ。

そして今、本書を再読すると、アンダーソンが発見したロングテールの法則もさることながら、そこから導かれる「大衆文化から超並列文化への移行」といったテーマが改めて説得力をもって語りかけてくることに気づく。それは本書が書かれてから十年近くたつ現在より鳥瞰することで、より鮮明な像を結びつつある。

最新作『MAKERS』で、アンダーソンは3Dプリンティングやレーザーカッターなどのデジタル・ファブリケーションツール（ネットと繋がったデジタル工作機）やオープンソース・ハードウェア（ユーザーによって共創され、改変可能なハードウェア）による製造業の民主化を説く。本書ではロングテール市場の参加者が消費者のみではなく、生産者と集積者であると説明されるが、まさにその後に起きたことは、これら二者の台頭なのだ。『MAKERS』は生産者側のロングテール化現象について書かれたものであり、いわば、アンダーソンの超並列文化思想に連なる連峰のもうひとつの頂なのである。

ロングテールの白眉

さて、改めて本書が語る〝あらゆるモノのロングテール化〟について見てみよう。ただし、ここでは著者が提起した事柄が現時点でどうなっているのかを中心に見てみたい。

インターネット以前には、少数のものを多数に届ける仕組みがすべてを支配していた。しかし、インターネット以降、潤沢化された市場が発達し、多数のものを多数に届ける仕組みができつつある。その中身はロングテール・グラフのテール部に見られ、エンタテインメントやメディアを始め、あらゆる製品にまで及びつつある。

たとえば、ロングテール化は、政治、軍事、科学、ジャーナリズムほか多岐にわたる。本書が書かれて以降、金融の分野ではソーシャル・レンディングやクラウドファンディングというかたちのロングテールが伸長している。前者は、お金を貸す側と借りる側をウェブでマッチさせた。お金の貸し手は銀行や消費者金融ではなく、ウェブで集まった名もなき人々だ。後者は自分が申請したプロジェクトにウェブを介して小額の投資を集める手法だが、わが国でも若いユーザーを中心に利用が広まりつつある。ほかにも、小額をツイッター経由で送金できる決済システムなど、さまざまなテールが延びつつある。

また、教育の分野では全米の大学から火がついたMOOCs《ムークス》と呼ばれる、無料のオンライン公開授業が始まった。その先駆として、本書が刊行された年、米のサルマン・カーンがウェブ上で高度な教育を誰でも受講可能にするべくカーン・アカデミーを立ち上げている。これらは教育を潤沢化させつつある。

宿泊ではエアビーアンドビーが、ユーザー同士によって自分の部屋を宿泊施設として貸し出せる「ベッド・アンド・ブレックファスト（朝食付きで廉価に宿泊できる施設）」の潤沢化を促す。まさにホテル版イーベイだ。また、ゴーゴーボットのようなソーシャルトラベルの分野が活況を呈している。これは旅行を計画する際に本サービスで他の旅行経験者に質問し、アドバイスをあおぐことができる大人気サービスだ。有名旅行代理店による旅行プランがヘッドだとしたら、こちらはテール部にあたり、旅行の潤沢化を加速させる。

もっと身近なところでは飲食もロングテール化している。日本上陸が決まったブルーボトルコーヒーを筆頭に、スローフードならぬ、スローコーヒー・ムーブメントが起きつつある。生産者直取引の豆をその日に提供するサードウェーブ・コーヒーの波がそれだ。また、わたしとアンダーソンの共通の友人たちが創立したチョコレートメーカーの「チョー」も含めて、旧来型の大衆型加工食品に対する多様な潤沢化は、食品や飲料にもおよび、そこにはウェブやテクノロジーが当たり前に介在している。

音楽もすでに本書が予見したとおり、スウェーデンから始まり、いまや全世界十数カ国で多くのユーザーを獲得した音楽定額配信サービスのスポッテファイが事実上の標準になりつつある。

いよいよ、あらゆる市場のテールは多岐にわたり、これまでのヘッドを象徴する大衆型社会と並列で存在感を増している。そして、従来は仮想世界だけの話だったものが、デジタル・ファブリケーションの力によって、工業製品等にも及んでいる。『MAKERS』刊行後、『ワイアード』の編集長を辞めたアンダーソンは、自らが興した無人飛行機の製造企業「DIYドローンズ」の経営に専念することを発表。著者本人が、製造業におけるロングテール化の一翼を担ったのだ。

大衆型社会を超えて　超並列文化でどう稼ぐのか？

では、あらゆるものが潤沢化していくとき、われわれはどのように換金化をしていくべきだろう。本書で語られるように膨大な商品リストを備えられるのは、トップ上位のウェブサービスに限られてしまう。ニッチで勝負をけしかけようとする際に、無限ともいえる競合の多さに埋没しかねない。さらにライバルたちは同じようにフェイスブック・ページを立ち上げ、ツイッターアカウントをもち、ユーチューブに動画を流す。著者も指摘しているとおり、人間にとっての希少性は時間であり、それは有限資産である。そのなかで注目を獲得するのは、これまで以上に至難の業となるであろう。

本書にも登場するテクノラティ社（日本でのサービスは〇九年に終了）の創業者ディビッド・シフリー氏は、ロングテール・グラフの胴体《トルソー》に着目し、かつて、その部分を「魔法の真ん中《マジックミドル》」と呼んだ。

これは、そのトルソーに優れたブロガーがいることを説明したものだが、その理論をもう少し広めに解釈すると、あまりにもテールで稼ぎが薄い場合、ヘッドまでいかずとも、真ん中くらいのニッチを集積したビジネスについて可能性があるということだ。米ではブログについて、このトルソー部の有名ブログの買収が繰り広げられた。すでに製造業やソフトウェア開発でも同じような動きが見られる。

アマゾンは、〇九年にテールやトルソーで光る作家を自ら発掘し、スターにしようと目論むべく、アマゾン・パブリッシングという出版サービスを立ち上げた。それはアマゾン・アンコールという自費出版や絶版本から人気作を発掘するサービスと、アマゾン・クロッシングという海外翻訳を行うサービスを束ねたサービスほかから成るものだ。この試みが大成功したという話は寡聞にして知らないが、ロングテールから明日のスターを発掘し、それをマジックミドルまで育てるという考え方は理解できる。

アンダーソンが勤めていた『ワイアード』の創刊メンバーで編集局長だったケヴィン・ケリーは、「千人の忠実なファン《ワンサウザンド・トゥルー・ファン》」という理論を唱えているが、ミドルからテールに分布する者にとって、ひとつの指標となるかもしれない。ケリーは、以下のように語る。

「ロングテールの水平な直線で売上を増やすためには、『忠実なファン』と直接つながる必要がある。別の言い方をすれば、千人の『平凡なファン』を千人の『忠実なファン』に転向させることである」（『ケヴィン・ケリー著作選集Ⅰ』堺屋七左衛門訳、達人出版会刊より）

ケリーは、一人のファンが一年あたりに一〇〇ドルを創作者のために使ってくれるとし、千人であるから合計一〇万ドルを集めることができると仮定する。彼はその理論のなかで、マイクロセレブ理論を紹介する。

マイクロセレブとは一五〇〇人に有名な人物のことだ。ケリーが語る一〇〇〇人はそこから五〇〇人少ないが、要旨は同じだ。現在はクラウドファンディングなどの仕組みもあるし、小口決済でさらに少ない金額を集めることも可能だろう。この「忠実な千人のファン理論」は、これから訪れる超並列文化の換金化として、あるいはロングテールのトルソー（胴体）を目指す者が念頭に置く目標値だろう。それには、アンダーソンが語るように最高から最低までの品質のダイナミックレンジが広いテール部から、いかに突出するかがカギとなる。つまり、誰かの劣化コピーのようなコンテンツや製品ではテールでの定住を余儀なくされるということは肝に銘じておいたほうがよい。

新たな集積者たち

もうひとつ、ロングテールにおけるフィルタの役目を果たす集積者についても述べておこう。当時はレコメンドエンジンが念頭に置かれていたが、その後、フェイスブックがグーグルに並ぶ巨大勢力となったいま、あなたやわたしの友人たちがフィルタと化した。人と人との相関性を記述したソーシャルグラフのなかでは、あなたやわたしの友人らが情報の集積、もしくは選別を行なっている。信頼する友人の推薦によって商品を購入の候補リストに加えたり、未知の情報を運んでくれるなど、心当たりのある人は少なくないはずだ。あるいは、キュレーションと呼ばれる人力によるレコメンドやまとめがおおいにその役目を果たしている。加えて、ソーシャルグラフ経由であなたにとって関係性が高そうなコンテンツを自動レコメンドするインタレストグラフといった仕組みもある。

超並列文化が発達するほど、今後はますます人間、ないしはテクノロジーによる精度の高い集積が脚光を浴びるであろうし、そこが生産者以外によるロングテールの換金化ポイントともなる。

さて、前述のようにアンダーソン自身はすでに編集者を辞し、自らロングテールの一生産者となった。彼の資質を鑑みると、今後も執筆は続けることと思われるが、次はいったい何を提起してくれるだろうか。願わくば、本書が予見した超並列文化のその先について綴ってほしいと思うのは、わたしだけではないだろう。

二〇一四年五月

本書は、二〇〇九年七月にハヤカワ新書juiceより刊行された『ロングテール［アップデート版］』を改題・文庫化したものです。

訳者略歴　翻訳家　訳書にラオ『幸せになる技術』（早川書房刊），リー『黄金の少年、エメラルドの少女』，フェリス『私たち崖っぷち』など多数

HM=Hayakawa Mystery
SF=Science Fiction
JA=Japanese Author
NV=Novel
NF=Nonfiction
FT=Fantasy

ロングテール
「売れない商品」を宝の山に変える新戦略

〈NF408〉

二〇一四年五月二十日　印刷
二〇一四年五月二十五日　発行
（定価はカバーに表示してあります）

著者　クリス・アンダーソン
訳者　篠《しの》森《もり》ゆりこ
発行者　早川浩
発行所　株式会社　早川書房
郵便番号　一〇一－〇〇四六
東京都千代田区神田多町二ノ二
電話　〇三－三二五二－三一一一（大代表）
振替　〇〇一六〇－三－四七七九九
http://www.hayakawa-online.co.jp
乱丁・落丁本は小社制作部宛お送り下さい。
送料小社負担にてお取りかえいたします。

印刷・三松堂株式会社　製本・株式会社フォーネット社
Printed and bound in Japan
ISBN978-4-15-050408-3 C0163

本書は活字が大きく読みやすい〈トールサイズ〉です。